高等学校应用创新型人才培养系列教材

/ 人力资源管理专业

U0892639

组织设计与工作分析

萧鸣政　张　满　张占武　编著

高等教育出版社·北京

内容简介

本书是在北京大学政府管理学院本科生“组织设计与工作分析”课程多年教学实践基础上，由北京大学人力资源开发与管理研究中心与企业相关专家人员编写而成，主要内容包括组织设计理论与方法、工作分析的方法与技术、组织设计与工作分析的实践案例与操作流程说明等内容。在编写过程中，本书广泛吸取了作者长期研究的相关成果、国内外同行的相关研究成果与同类教材的先进表现形式，便于教师教学与学生学习。本书在编排上，特别在每章章后通过二维码关联习题实现在线测试，便于读者检测学习效果。

本书适合于经济管理、工商管理、公共管理及人力资源管理等相关专业选用，对于组织人事部门的管理人员，对于人力资源开发与管理、人才开发与管理以及组织行为学的研究人员，均有一定的参考价值与意义。

高等学校应用创新型人才培养系列教材
／人力资源管理专业
编委会

总 序

今天，说起人力资源几乎无人不知，人力资源是第一资源的观点也已深入人心，但是，追溯“人力资源开发”、“人力资源管理”等词汇在我国出现的历史，却仅有30余年。

根据笔者掌握的资料，在我国，是毛泽东首先使用了“人力资源”一词。1955年毛泽东在为《发动妇女投入生产，解决了劳动力不足的困难》一文所做的按语中指出“妇女是一支伟大的人力资源”。

《江淮论坛》是我国最早刊载人力资源问题论文的杂志，1980年第5期发表了中国社科院于光远的论文《人力资源及其利用》，1981年第4期又发表了北京经济学院（现首都经济贸易大学）王胜泉的论文《试论我国的人力资源问题》。

在管理学中，“人力资源”的首倡者是著名管理学家彼得·德鲁克，他于1954年在其《管理的实践》一书中引入了“人力资源”的概念。而“人力资源管理”的概念是怀特·巴克（E. Wight Bakke）于1958年出版的《人力资源功能》一书中提出的。

“人力资源管理”一词，在我国最早出自香港长河出版社出版的，黄明坚翻译的《日本的管理艺术》一书，该书由美国斯坦福大学教授理查·巴斯克（Richard T. Pascale）和哈佛大学教授安东尼·艾索思（Anthony G. Athos）合著。该书1982年9月第5版中的第94–95页写道：“人力资源管理的出现，很多人认为这比人事管理更重要（至少后者的功效不彰）。人力资源管理是要有条理地管理更多重要的人事流动事项——从雇用到退休”，“我们很容易指出，日本人比较擅于开发人力资源”。

在内地，北京经济学院经济研究所的陈今淼等人于1984年翻译了同一本书。由于当时内地与香港的学术交流还比较少，加上两地用语上的差异，翻译的结果有一些不同，书名被译作《日本企业管理艺术》，著者被译为帕斯卡尔、阿索斯，由中国科学技术出版社出版。在该译本的第76–77页，有下述内容："其中之一就是人力资源管理制度。很多人认为这一制度所包括的范围不仅限于人事管理（至少与后者的职能相比是如此）"，"我们可以很容易地做出以下的断言，日本人比较擅长于开发人力资源，而且在职工管理方面则更有技能"。在上述译文中，出现了"人力资源管理"、"开发人力资源"等说法。以后，"人力资源管理"一词及其概念被相关学术界接受，并逐渐传播开来。

在我国大学中，人力资源管理专业出现之前，一些大学中设有人力资源管理专业的前身人事管理专业，以及劳动人事专业（大专性质）。计划经济时期，我国对劳动力的管理是以身份划分为基础的。那时，首先有把劳动者按户口决定的是否具有吃商品粮身份的划分，然后，吃商品粮的劳动者又划分为工人和干部的身份。工人和干部的工作岗位基本上分布于党政机关、国营企事业机构、集体企事业机构中。概括地说，对工人身份的劳动者的有关工作问题的各种管理被划归为劳动管理，对具有干部身份劳动者的同类管理属于干部管理的范畴。在干部管理的体系中，诸如工资、福利等，以及对非领导干部的录用、调配使用、考核等业务活动称为人事管理。

对人的这种管理状况，反映到大学的专业设置和教研活动中的是另一番景象。20世纪50年代初，在当时的时代背景下，社会学等学科在大学被取消，管理科学从来就没有真正发展过，这时更是奄奄一息，但经济科学相对还比较受重视。50年代中期兴起的劳动经济学科承担起了说明、探讨企业劳动管理和农村劳动力管理问题的任务，在本科和大专教学中开设有相关课程。但是，当时对干部管理、对人事管理人才的培养和科学研究并没有在大学展开。这样，劳动经济学科中的企业劳动管理的教研成为人力资源学科在我国大学中发展的源头。

改革开放以后，一方面，大学获得了空前的发展机会，一些学者开始关注过去长期被放置的对人的管理的相关领域，其中包括人事管理；另一方面，人们学知识、补学历的热情也空前高涨起来。党政机关与大学合作，通过举办各种培训班、专修班的方式来提高干部的素质、能力。在这样的背景下，人事管理专业、劳动人事管理干部专修科（大专）在大学中出现。以后，随着改革开放的深入，按工人、干部身份分类管理的体系其弊端和局限性日益明显、问题日渐突出。变革传统的劳动人事制度、管理中淡化身份色彩，乃至最终打破身份壁垒的要求逐渐强烈。

恰逢此时，国外人力资源管理的理论、理念、体系、方法、技术等通过多种渠道被介绍到我国，并开始了逐渐替代传统的劳动人事管理的过程。在大学中，1993年人力资源管理专业的诞生成为这个过程中最有意义的标志之一。

20世纪90年代，国内院校刚刚开设人力资源管理专业时，有的考生家长误认为这是个搞计划生育的专业。20余年过去了，今天，人们对“人力资源管理”已经耳熟能详；书店里摆满了各种人力资源管理的专业书籍。在大学中，人力资源管理成为一门蓬勃发展、备受关注的专业，从90年代中期只有几所院校开设人力资源管理专业发展到2015年近500所本科院校、200余所高职院校开设的程度。可以说，几乎没有哪所综合大学、经管类专门性大学不开设人力资源管理专业或课程。在研究生培养方面，劳动经济学、企业管理学、心理学、行政学、教育学、人口学等学科中的人力资源管理也成为热门的方向，2011年以后，一些大学还建立了人力资源开发、人力资源管理的博士点、硕士点。在MBA、EMBA、MPA课程中，“人力资源管理”成为骨干课程。

在人力资源管理学科如此迅猛发展的20余年中，各类相关教材纷纷问世，在国内教材市场上，有外文原版，有中译本，有国内学者编写的；有偏重理论说明的，有偏重应用操作的；有适用于MBA的，有适用于普通研究生的，有适用于本科生的，还有适用于大专生、职高生的。总体来说，国内人力资源管理专业的教材种类已多达上百种，形成了百花齐放的局面，为我国相关人才的培养，为我国人力资源开发与管理学科的发展做出了积极的贡献。

在人力资源管理的教材中，有一类专门为人力资源管理专业以及相近专业量身打造的教材品种——人力资源管理系列教材，这类教材直接对接人力资源管理专业的专业课程，相关知识系统性强、范畴合宜、内容讲解详尽，各单部教材既可独立也可组合使用。我国第一套人力资源管理专业用系列教材“教育部面向21世纪人力资源管理系列教材”由中国人民大学出版社组织出版，于2001年问世。之后，又有多种人力资源管理系列教材面世。

高等教育出版社于2012年就开始请我邀集一批在国内人力资源管理学界有建树、有影响的学者出版一套新的人力资源管理系列教材。我深知此任务的分量，特别是有中国人民大学出版社出版的系列教材成功在先，再组织出版同类教材，我怀疑其价值。但是，在与高等教育出版社同仁的多次商讨中，我被他们对出版事业，特别是人力资源管理教材出版事业的孜孜追求、锲而不舍的敬业表现，被他们勇于担当、挑战新高的境界所折服，也被他们出版人力资源管理系列教材价值的解释所说服，再加上所邀教授们的支持和鼓励，最终打消了我的犹豫。2015年5月，高等教育出版社版人力资源管理专业应用创新型人才培养系列教材的编写工作正式启动。

本系列教材在选题方面对接于我国大学本科人力资源管理专业的主流课程与特色课程，各教材使用对象定位于大学本科人力资源管理专业的学生，在编写上，积极地吸收了国内外各类人力资源管理教材的优点，在保持体系和知识点相对稳定的基础上，突出体现我国人力资源管理领域的现实与近年的研究成果，同时注意反映国外已基本成熟的新理论、新观点。在理论说明所需资料的使用上，尽可能使用我国的有关材料、数据和案例。

时代在发展，科学在进步，人力资源管理的理论、教学、实践也在不断发展、进步。虽然本套教材的编写者都是我国著名大学人力资源管理教学与科研的领军学者、资深教授，他们抱着为中国人力资源管理的进步与发展、为中国高等教育相关人才的培养和课程建设贡献微薄之力的愿望，努力结合中国的实际，吸收世界成熟的新成果，力图奉献给读者一个既适合大学人力资源管理专业本科水平又能够比较好地反映人力资源管理学新发展的教科书。但是，人力资源管理的主体与客体同为人，表现出同类性、互动性、能动性、交往性、多变性、差异性、矛盾性等其他管理类型所没有的特征，因此，人力资源管理不仅是科学、是技术，还是一门艺术，是一种文化。这决定了达到高水平的人力资源管理状态是相当不易的，也决定了高水平人力资源管理教材的编写是十分困难的。

本套教材一定会存在缺陷，望读者批评、指正。在本套教材的编写过程中，编写者们参考了大量的文献，谨向这些文献的作者表示衷心的感谢。另外，高等教育出版社文科出版事业部的相关领导和编辑为本套教材的问世倾注了许多心血，在此，谨致谢意。

杨河清

2016年1月于京南花乡

前言

组织设计是设计者将组织内各要素进行整合，进而构建组织结构的过程。工作分析，包括广义的工作分析与狭义的工作分析。狭义的工作分析又称职务或者职位分析，是分析者对不同职位工作的结构因素及其相互关系进行分解、比较、综合，就工作岗位的状况、关系、基本职责与任职要求等做出规范的描述与说明的过程。

组织设计与工作分析互为前提，相互促进。对于新建组织来说，一般需要先分析组织战略、组织目标、工作流程、组织规模与部门职能，再进行组织设计；对于再造组织或者组织再设计来说，更需要先进行工作分析，了解组织发展中问题与组织新的战略与目标要求，进行新的组织再设计。但是，任何工作分析总需要以一定的组织形式为依据和来源，针对一定的组织进行，这种组织毫无疑问是组织设计工作的结果。换句话说，工作分析的对象建立在不同组织结构的基础之上。工作分析对组织设计进行落实，组织设计完成后，组织的结构安排、流程安排仍需进行细化，这就需要工作分析对不同职位的职责要求做出说明。组织设计注重宏观的结构安排，工作分析侧重微观的职位规范，二者从不同层面上规范与推动着组织结构的科学发展与深入优化。

当今时代，信息化和全球化深入发展，知识经济时代给传统的组织管理模式带来了强大冲击，组织外在环境的变化充满剧烈性和不确定性，组织内部结构的安排日趋死板和僵化，生产力决定的社会发展模式深度变革，维持传统业务和管理模式的组织都将面临死亡挑战。因而，组织要想在时代浪潮中立于不败之地，就必须与时俱进，重新开展组织设计与工作分析，尝试组织再造，重构结构体系，优化工作关系与流程，明确人员职权与职责。通过组织设计，能够有效地积聚新的组织资源，同时协调好组织中部门与部门之间的关系、人员与任务间的关系，使员工明确自己在组织中应有的权力和应承担的责任，有效地保证组织活动的开展，最终实现人职匹配最佳化、组织资源最优化、人才价值最大化和组织绩效最大化。而工作分析则在组织的人力资源管理过程与实践中，承担基石与关键的角色。工作分析为组织战略定位与人力资源规划提供科学依据，为组织人员招聘与选拔提供标准，为人员培训与开发提供基础，也为绩效管理、薪酬管理提供指导。要实现组织的发展战略与目标，就必须把组织设计与工作分析放在组织工作中的突出位置，这样才能提高人力资源管理和开发活动的专业化与科学化水准。

本书主要包括三篇：组织设计篇、工作分析篇和实际应用篇。

组织设计篇为第一章至第三章，主要介绍了组织理论的发展演变、组织结构与设计的相关理论，以及组织设计的内容与技术。第一章介绍的是组织理论的发展演变，按时间序列介绍了古典组织理论、行为科学组织理论和现代组织理论，并说明了组织理论发展的新趋势。第二章说明了组织结构设计的目标是什么，组织结构设计的原则是什么，组织的结构设计需要遵循什么样的程序，组织结构设计的几种基本形式和影响组织结构设计的因素等。第三章主要阐述了组织设计的方法，主要包括组织结构设计、职权设计和组织机制与流程设计三种。

工作分析篇为第四章至第六章，主要介绍了工作分析的基本内容和基本方法，回答了什么是工作分析，工作分析有什么作用，怎样进行工作分析等问题。第四章主要介绍了工作分析的概况，包括什么是工作分析，工作分析有哪些作用，工作分析有哪些形式。第五章主要阐述了工作分析有哪些基本方法，以及这些方法如何操作。第六章主要阐述了工作分析有哪些综合方法，以及这些方法如何操作。

实际应用篇为第七章至第九章，主要介绍了工作分析方法如何实施和操作，工作分析如何应用于组织管理实践过程，并以W公司为例介绍和分析了工作分析的具体应用。第七章主要阐述了工作分析的实施与操作过程，对工作分析中的具体步骤和操作方法进行了介绍。第八章主要阐述了工作分析与人力资源管理其他环节间的相互关系，以及工作分析在组织中的实际应用过程。第九章为应用案例，主要介绍了W公司的基本信息和规划方案，阐述了工作分析的相关理论与方法在W公司中实际应用的过程、问题与对策。

本书立足于当代组织管理实践，整理总结组织设计与工作分析的原理、方法与案例，在突出组织设计与工作分析一般原理的基础上，满足广大人力资源管理实践工作者的需要。本书在编排上，设置了学习目标、关键术语、情境实例、本章小结、即测即评、思考题、实例经验与启发、本章实训、延伸阅读等内容，配合正文进行教学或学习，还单独设置了案例章对书中涉及的原理与方法的应用进行剖析，希望能对读者的知识提升和实践应用有所帮助。

参加本书资料收集、文字编辑与内容编写工作的人员，包括萧鸣政、张满、张占武、杨延良、徐珊、王晨、吴李桐、米登位、胡诗宇、韩翘楚等。其中组织设计篇主要由萧鸣政、徐珊负责，工作分析篇主要由张满、萧鸣政负责，实际应用篇主要由张占武、杨延良负责，胡诗宇、韩翘楚参与了本书各章的测评试题、部分章节案例与分析等内容的编写工作，最后由萧鸣政完成统稿与审定。在此向所有为本书编写与出版工作付出辛勤劳动的组织与个人深表感谢！

由于水平与时间有限，本书还存在不足之处，恳请专家与读者帮助、批评与指正，以便我们进一步修订。您可以通过电子邮箱xmingzh@pku.edu.cn与我们联系，我们衷心表示感谢！

萧鸣政

2019年1月13日

目 录

第三篇 实际应用篇

第一篇

组织设计篇

第一章
组织理论的发展演变

学习目标

1. 掌握各种古典组织理论与管理模式的内容特点
2. 掌握行为科学组织理论和现代组织理论的发展过程与主要观点
3. 把握组织理论发展的特征与新趋势

关键术语

古典组织理论　行为科学组织理论　非正式组织　学习型组织

情境实例

组织管理理论真能解决实际问题吗？

海伦、乔、汉克、萨利四个人都是美国西南金属制品公司的管理人员，海伦和乔负责产品销售，汉克和萨利负责生产。他们刚参加过在大学举办的为期两天的管理培训班，主要学习了权变理论、社会系统理论和一些有关职工激励方面的内容。他们对所学的理论有不同的看法，正展开激烈的争论。乔首先说："我认为社会系统理论对我们这样的公司是很有用的。例如，如果生产工人偷工减料或做手脚的话，产出的质量就会受到影响，又或者原材料价格上涨，这都会影响我们的产品销售。系统理论中讲的环境影响与我们公司的情况很相似。我的意思是，在目前这种经济环境中一个公司会受到环境的极大影响。在油价暴涨期间，我们勉强还能控制自己的公司。现在呢？我们在销售方面每前进一步，都要经过艰苦的战斗，这种外部的压力越来越大了。个中的艰辛你们大概都深有感触吧？"萨利插话说："你的意思我已经知道了。我们的确有过艰苦的时期，但是我不认为这与社会系统理论之间有什么必然的内在联系。我们曾在这种经济系统中受到过伤害，当然，你可以认为这与系统理论是一致的。但是我并不认为我们就有采用社会系统理论的必要。我的意思是，如果说每个东西都是一个系统的话，而所有的系统都能对某一个系统产生影响的话，我们又怎么能预见到这些影响所带来的后果呢？未来是不可预料的。所以，我认为权变理论更适用于我们。如果你说事物都是相互依存的话，系统理论又能帮我们什么忙呢？"海伦说："对社会系统理论我还没有很好地考虑。但是，我认为权变理论对我们是很有用的。虽然我们以前亦经常采用权变理论，但是我却没有认识到自己是在运用权变理论。例如，我有一些家庭主妇顾客，听到她们经常讨论关于孩子和如何度过周末之类的问题，从她们的谈话中我就知道她们要采购什么东西了。顾客也不希望我们逼他们去买他们不需要的东西。我认为，如果我们花上一两个小时与他们自由交谈的话，那肯定会扩大我们的销售量。但是，我也碰到一些截然不同的顾客，他们一定要我向他们推荐产品，要我替他们在购货中作主。这些人也经常到我这里来走走，但不是闲谈，而是做生意。因此，你可以看到，我每天都在运用权变理论来对付不同的顾客呢。为了适应形势，我经常都在改变销售方式和风格，许多销售人员都是这样做的。"汉克显得有些激动地插话说："我不懂这些被大肆宣传的理论是什么东西。但是，关于社会系统理论和权变理论问题，我同意萨利的观点。教授们都把自己的理论吹得天花乱坠，他们的理论听起来很好，但是他们的理论却无助于我们的管理实际。对于培训班上讲的激励要素问题我也不同意。我认为泰勒在很久以前就对激励问题有了正确的论述。要激励工人，就是要根据他们所做的工作付给他们报酬。如果工人什么也没有做，则用不着付任何报酬。你们和我一样清楚，人们只是为钱工作，钱就是最好的激励。”

资料来源：刘爱君.管理学基础导学［M］.北京：中央广播电视大学出版社，2009.

组织设计与工作分析相辅相成，是人力资源开发与管理工作的基础。组织是由若干个人或群体所组成的、有共同行动目标和明确界限的社会实体。为实现组织目标，组织成员需要进行分工协作，基于权利、义务、职责方面所形成的部门与层级结构体系即为组织结构。人们对于组织形成、组织发展、组织功能、组织结构、组织结构设计等方面的认识与探讨所形成的知识体系，组成了组织学科的理论。组织设计工作，必须把握相关的组织理论。本章主要从时间顺序上，依次阐述了近现代各种组织理论的内容与主要观点，以便于读者对组织理论有一个比较系统的认识和理解。

第一节　古典组织理论

一、古典组织理论概述

古典组织理论可追溯到亚当·斯密在其《国富论》中提出的劳动分工理论，它构成了古典组织理论的基础。19世纪末20世纪初，工业革命促使西方资本主义国家在组织结构与管理方式上发生转变，大规模的工厂生产取代了小规模的手工工场生产。正是在这种背景下，先后出现了以泰勒为代表的科学管理理论、以法约尔为代表的职能管理理论、以韦伯为代表的职权管理理论。由于他们的理论是历史上第一次以科学的方法来研究管理和组织的问题，并且都着重研究最基础、最本质的问题，因而被称为古典组织理论。

古典组织理论侧重于对静态组织结构的研究，重视组织效率的提高，并在一定程度上揭示了组织的性质，为组织理论的产生和发展奠定了基础。但是，由于其在很大程度上无视了正式组织中个人性格的相互作用、非正式群体的存在、部门之间的矛盾以及组织的决策过程等种种因素，因而具有很大的局限性。

（一）古典组织理论的主要观点

（1）劳动分工。组织是一个分工体系，组织中每一个单位，无论是横向的各职能部门，还是纵向的高、中、低各级单位，都是根据劳动分工的原则来进行区分和设计的。

（2）职权与职责。组织中每一单位、单位内每一个职位，均有明确规定的职权与职责。组织中每个单位的主管或员工都必须按规定的职权职责进行工作。

（3）等级制度。组织中必须划分严格的等级，上级对下级下达命令，下级必须接受和执行。且上级不能越级指挥，下级也不可越级汇报，以保证统一指挥、统一领导。

（4）严格的规章制度。强调组织中建立规章制度的必要性，要求每一名成员，无论职位高低，都必须依照规章制度办事。

（二）古典组织理论评价

古典组织理论是一种以工作任务为中心的组织理论，它把组织看成一个封闭系统，把劳动者看作理性的经济人。重视基层操作化与管理的微观性研究，忽视高层发展战略与管理的客观性研究，研究方法与内容带有局部性、静止性和孤立性。

古典组织理论中管理的对象是活动，而不是人。组织中人与人的关系被认为是一种非人化的关系，是一种职位之间的关系；组织成了一个角色及其工作的静态不变的模式；组织的存在与成员个人无关，即使全部成员调换了，组织仍然存在。重视管理过程本身的研究而忽视对人的特性研究，重视人的物质经济要求研究，忽视人的社会性需求与心理需求的研究。

在研究方法上，古典组织理论不同程度地采用制度、法律、机构的研究方法。这一时期的组织理论开创了人类对组织管理系统的研究，提出了一系列有价值的管理思想和观点，并为后来的组织理论和组织管理的产生与发展奠定了良好基础，至今仍具有重要的影响。

二、泰勒的科学管理理论

泰勒（Frederick W. Taylor），美国人，被称为“科学管理之父”。其代表作是1911年出版的《科学管理原理》。他第一次系统地把科学方法引入管理实践，集前人管理思想和实践经验之大成，使管理从此真正成为一门科学。

泰勒的科学管理思想形成于19世纪末20世纪初，其根本内容是提高企业效率。当时，美国资本主义经济发展较快，企业规模迅速扩大，但由于管理落后、生产混乱、劳资关系紧张，工人怠工现象大量存在，企业效率低下。泰勒认为，企业效率低的主要原因是管理部门缺乏合理的工作定额，人员管理缺乏科学指导。因此，必须把科学知识和科学研究系统运用于管理实践，科学地挑选和培训工人，科学地研究工人的生产过程和工作环境，并据此制定出严格的规章制度和合理日工作量，采用差别计件工资调动工人的积极性，实行管理的例外原则。

同时，泰勒把工人看作机器的附属物，是一种理性的经济人，工人的行为将受更大的经济报酬的推动，而经济报酬则来自不断提高的工作效率。因此，泰勒把科学管理的重点放在生产过程的计划、标准化、作业方式与方法的改进上，以便以最小的投入取得最大的产出。

泰勒还把他的科学管理思想具体化为四个基本管理原则：

（1）方法优化原则。管理者应致力于对企业管理实践中可以取得的有关优化工作方式的一切资料进行收集、分析与归类，寻求提高每个人工作的“最好方法”。因为对于每项工作都可以加以科学分析，每项工作都存在一种“最好方法”，因此管理者的第一个责任就在于为每个工人的工作提供具体的指导，使得每个工人掌握一种完成本职工作最好的方法。

（2）人员选优原则。管理者的工作是科学地选择、训练、教导和培养工人，而不是让工人自我选择、自我训练。因为每个职位的工作都存在一种“最好方法”，但并不是每个人都能得心应手地掌握，因此管理者的第二个责任，就是善于选择最适于完成每项具体工作任务的工人，并训练他们，使他们掌握完成自己工作的最有效的方法。同时在工作中还要注意对每个工人进行彻底的考评，最大限度地发挥他们的能力。

（3）指导激励原则。管理者应想尽一切办法让工人以完成工作的“最好方法”操作。许多“最好方法”的作用，并不是所有的工人都能自觉地去认识、去执行，甚至会遇到反对意见，所以常常需要管理者对他们进行说服教育，引导他们去掌握并运用“最好方法”。

（4）有效管理原则。管理者应与工作划清责任界限，明确自己的责任范围是管理，要尽力以适宜的方式进行有效的组织与管理工作。管理者的任务主要是计划、组织与控制，千方百计地要求与引导工人准确地按照“最好方法”去做。

此外，泰勒的组织理论中还有以下几种值得注意的观点：

（1）泰勒主张把计划职能与执行职能分开，单独设置职能管理机构来专门从事作业研究与工作分析。

（2）泰勒主张实行职能管理制。每个管理人员承担1 ～ 2种管理职能。

（3）泰勒提出了例外原则，实行权力下授。泰勒认为高级主管应把时间与精力集中于对例外的、特殊管理问题的决策，以及对下级工作的监督，一般的日常事务应授权下级管理人员去处理。

三、法约尔的职能管理理论

法约尔，法国人，古典管理理论的杰出代表，被认为是“经营管理理论之父”。他的代表作是1916年出版的《工业管理与一般管理》，这是一部具有划时代意义的作品。他的管理理论是以作为一个整体的大企业为研究对象的，不仅适用于企业，也适用于军政机关和宗教组织等，因此他的管理理论被称为“一般管理理论”。他所在的时期，管理理论的中心问题是组织结构和管理原则的合理化，管理人员职责分工的合理化。他认为管理者成功不是管理者个人的特长，而主要是因为他们应用了一套通用的管理原则，这些原则能够分别教给别人。

法约尔认为，管理工作是比较复杂而综合的，要提高管理的效率与效果，可以把它分解为不同的职能与环节。他把管理分为计划、组织、指挥、协调与控制五个环节。它们的含义分别如下：

（1）计划，就是探索未来，制定行动计划。法约尔认为制定长期计划是非常重要的，这是法约尔对当时管理思想的一个较大贡献。

（2）组织，就是建立企业的物质和社会的双重结构。法约尔认为在获得必要的物质资源之后，就要进行社会组织活动，进行企业的所有经营活动。

（3）指挥，就是使其人员发挥作用。指挥是一种以某些人员品质和对管理一般原则的了解为基础的艺术。

（4）协调，就是联合调动所有的活动及力量。协调就是使企业的一切工作都要和谐地配合，就是让事情和行动都有合适的比例。

（5）控制，就是注意是否一切都按已制定的规章和下达的命令进行。法约尔认为，控制就是要证实企业的各项工作是否已经和计划相符，控制的目的在于指出工作中的缺点和错误，以便纠正并避免重犯。

在《工业管理与一般管理》一书中，法约尔提出了14条管理原则，其中5条是关于改善人际关系的，1条是强调生产效率的，其余8条是针对企业的行政管理提出的。

用于解决人际关系的5条管理原则是：

（1）个人利益服从整体利益。整体利益大于个人利益，实现组织目标比实现个人目标更重要。法约尔认为，利益服从性原则的贯彻，要在严格的监督之下，监督员要在把自己的利益服从于企业组织的利益方面做出榜样，并且尽可能在各个员工与员工群体之间达成公平协议。

（2）公平合理。管理中应力求让平等和公道感遍及整个企业组织，把政策与实施一视同仁地应用于企业内的一切群体和个人。

（3）保持人事稳定。把员工培养成胜任目前工作的企业人员，需要花费时间和金钱，所以，管理者应力求每个员工适应其工作并能按期有效地工作。这里的人事稳定是对企业内所有人员而言的。人事稳定要让任职者有一种安全感，以便他们积极地学习自己的业务，从而把工作干好，同时具有心理上的稳定感，否则整天因为工作频繁变动而烦恼，生产质量是难以保证的。对于管理人员本身来说，人事稳定也是必要的，管理人员要想做好管理工作，需要相当长的时间来了解企业、成员及其他们存在的问题。

（4）首创精神。首创精神是创立和推动一项计划的动力。管理者应力求培养与激励每个员工的首创精神，尽一切可能调动员工的积极性、主动性和创新性。这个原则对于今天的企业管理来说，就是企业要大力在本单位各级组织中建立合理化建议制度，以便充分利用全部员工的智慧和能力去解决带有普遍性的问题。

（5）团结精神。管理者要重视员工间的合作，维护他们之间的关系。团结就是力量，管理者的任务不是清除持不同意见的人，而恰恰相反，是团结一切有不同意见的群体和个人。

用于解决生产效率问题的1条管理原则是：

（6）劳动分工。管理者应把较复杂的工作分解为能够独立操作的较简单的工作，这样可以提高工作效率。法约尔认为，进行劳动分工和实行专业化作业，可以提高工作技能和效率，并且由于减少了从一项任务到另一项任务的转移时间、重复完成单项操作、注意力集中与简化劳动强度，而增加了效能。他还提出，要把劳动分工原则应用到各级管理中去，而不局限于计时工作中。

其余8条管理原则则是用于解决行政管理的：

（7）职权与职责相符。职权是发号施令的权力和使人完全服从的权力，与此相联系的则是职责。把职权赋予一个管理者，意味着他在接受了职权的同时也接受了职责。如果在赋予职权的同时，不相应地交付职责，就是组织上的不健全和无效力，因此，管理者必须注意职权与职责相符合，这样才能有效地发挥管理的功能。同时，法约尔认为，职权会被滥用，为了保证权力的正确使用必须规定责任的范围，制定奖惩的标准。

（8）纪律。任何组织要有效地工作，必须由统一的纪律来规范人的行为。纪律被认为是一个组织中全体成员对企业约束他们行为的书面合同及政策所持的尊重态度。纪律是顺利地管理企业所必需的，没有纪律，就不可能有企业的兴旺。法约尔认为，良好纪律的形成依赖于两个条件。首先，纪律规范要通过公司和职员之间签署尽可能清楚而公平的合同来体现；其次，要选拔一批精明能干的人担任纪律监督员，并且在需要惩罚或给予纪律处分时，必须尽可能地做到公平合理。

（9）统一命令。法约尔指出，一个下级在工作中只应接受一个上级的命令。统一命令的实质是在组织机构建立后的运转中，一个下级不能接受两个上级的命令，否则，纪律就受到危害，秩序将被破坏，稳定就受到威胁。这是非常重要的一条原则。

（10）统一领导。一个下级只能有一个直接上级，一项活动应该只有一个领导和按一项计划开展工作。这条原则表示，对于达到统一目标的全部活动，只能有一个领导人和一项活动，这是统一行动，协调组织中一切力量和努力的必要条件。统一命令与统一领导两个原则既相似又相辅。人们通过统一领导来完善组织，而通过统一命令来发挥人员的作用。

（11）集权。集权是与统一命令与统一领导的精神一致的。一般来说，那些趋向于减少下级的权力和责任，并且使上级手中掌握更大权力的行动即为集权行为。反之，那些增加下级的责任和权力的行动则是分权行为。集权对企业组织很重要，是组织管理中必不可少的，但在一个企业内集权应该是有限度的。在确定一个企业组织的合理集权程度时，需具有一定的弹性。集权到何种程度需要根据本企业的工作性质、内外因素与问题，以及下级的工作能力而综合决定。

（12）等级链。等级链就是指从最上级到最下级各层权力连成的等级结构，它显示出权力执行的路线和信息传递的渠道。这一原则要求企业内从最高权威至最低层的工人之间的职权关系界限清楚、相互衔接，如同一条直线，这有利于指令的快速传递。为此，法约尔设计了一种“联系桥”，以便横跨各权力执行的路线而直接联系，也被称为“法约尔桥”。

（13）员工报酬满意。员工报酬是其服务的价格，应该合理，这样才能调动人员的积极性，同时，也要尽量使企业与员工都满意；报酬的高低不仅取决于人员的才能，还取决于生活费用的高低、可雇用人员的多少、业务的一般情况、企业的经济地位，以及报酬的方式等因素。

（14）秩序。秩序是指每件物品、工具和人员都应该在恰当的位置上。要求正确设计、选择和确定物品的位置以方便所有的工作程序；要根据工作的要求和人员的特点来分配工作。这样就做到了物尽其用、人尽其才，避免物资、时间、人才的浪费和损失。

法约尔的14条管理原则是灵活的，他认为在管理上没有什么死板的、绝对的东西，全部是尺度问题，由经验和智慧所决定的尺度掌握能力是管理者的主要才能之一。法约尔的职能管理理论具有较强的系统性和理论性，他提出的一般管理理论对西方管理理论的发展具有重大的影响，他对管理职能的分析为管理科学提供了一套科学的理论架构。但法约尔的管理理论只考察了组织的内在因素，没有考察组织同其外在环境的关系，因而不够全面。

四、韦伯的职权管理模式

韦伯（Max Weber），德国人，是古典管理理论在德国的代表人物，被称为“组织理论之父”。他不仅研究组织的行政管理，而且广泛地分析了社会、经济和政治结构。其代表作是《社会和经济组织的理论》，该书为韦伯在管理思想史上奠定了不可动摇的地位。

韦伯提出的职权管理理论，又被称为“官僚制”或“科层制”。“官僚”这个术语，不是我们通常理解的字面意思，而是指组织结构中的某些合理合法的人职结构体系特点。韦伯认为，理想的行政组织体系不应该是凭家族世袭地位、人事关系、个人情感等来组织，而应该按照严密的行政组织、严格的规章制度来组成管理机构。

合理合法的职权观点，是韦伯的官僚概念的基本点。合理合法的职权，就是根据所处的地位来行使职权的权利。“就合法的职权而言，服从归因于合法建立起来的客观秩序。这种服从可以延伸至行使职务权力的人，但只能依靠其指挥的正式合法性，而且只能在其所处职位的权力范围之内。”这就是说，合理合法的职权，是基于其在组织内所处的地位，当这种职权演变为有组织的行政管理人员时，必然形成“官僚结构”形式。

在这个官僚结构中，每个管理人员，都位于一个职权明确的职位上，并与固定的薪金报酬相联系，组织是靠规章与制度来加以管理的。

具体地说，韦伯官僚模式的主要观点如下：

（1）任何组织都必须有某种形式的权力作为基础，以保证组织的秩序和达到组织的目标。韦伯认为权力有三种类型：一是传统权力，它以古老的、传统的、不可侵犯的和按传统执行这种权力的人的正统性的血缘为依据，例如封建社会和家族世袭，权力代代相传；二是超凡权力，其依据是对个人的明确而特殊的尊严，英雄主义或模范品格的崇拜，或对这个人发布命令的崇拜；三是法定的权力，是指依法任命，并赋予行政命令的权力。对这种权力的服从是依法建立的一套等级制度。

韦伯认为，这三种权力中，只有法定的权力才是理想的行政组织的基础，这是保证组织健康发展的最好的权力形式。

（2）组织内的各种职务和岗位要按照职权等级来设计，形成一个逐级分层指挥系统，韦伯认为理想的行政组织结构分为三层：第一层是主要负责人，其主要职能是决策；第二层是行政官员，其主要职能是贯彻决策，监督下级工作，将下层的意见和建议反映给上层；第三层是一般工作人员，其主要职能是操作决策，从事实际业务工作。职权管理模式中每个人的职权都要明文规定。

（3）组织内人员的任用应通过正式考试或培训，使人员胜任职务的要求，而不是凭世袭地位或人情关系。

（4）组织内每个人都必须严格遵守规章和纪律，没有例外。

与其他古典组织理论相比，韦伯的职权管理理论建立了一种高度结构化、正式的、非人格化的理想的行政组织体系，能够取得最高效率，具有准确性、稳定性、严格的纪律性与可靠性的特点，因此在当时被认为是社会中大型而复杂的企事业管理中最有效的模式。但是后来人们认为，这种模式最适用于以生产率为主要目标的常规的组织活动，不适合于以创造和革新为重点的非常规的灵活性组织活动。

第二节　行为科学组织理论

从20世纪30年代起，出现了以乔治·埃尔顿·梅奥（George Elton Mayo）和切斯特·I. 巴纳德（Chester I. Barnard）为代表的行为科学组织理论。行为科学组织理论由于其中心思想和特征，被认为是一种以人为中心的组织理论，它强调人际关系和信息沟通，在组织与管理中，尽量根据个人的兴趣和爱好分配工作，因事择人，量才录用。根据个人的需求和特点设置机构，在部门和层次设置中，非常注意发挥个人在组织中的主动性与创造性，重视非正式组织群体的作用。梅奥和罗特利斯伯格1927—1932年所进行的霍桑试验奠定了行为科学的基础。他们的发现使人的社会性、心理因素，以及人在组织中的行为与效率的关系成为组织理论的重要内容。

一、行为科学组织理论的特点

行为科学组织理论与古典组织理论相比，有如下几点不同：

（1）在集权和分权的问题上，主张更多的分权。因为分权可以使更多的人参加决策，有利于调动员工的积极性。

（2）从组织形态来看，不主张高耸的科层制组织结构，而倾向于扁平的组织结构。前者为集权制度，控制幅度小，后者较易推行分权、分层负责和专业化。

（3）提倡部门化。行为科学组织理论以古典组织理论为基础，以组织中人的问题为中心，从动态的角度研究人的行为对于组织的影响及其相互关系，承认等级制的存在，研究权力关系和权威问题，追求组织效率和工作效率的提高。

但是，行为科学组织理论从社会心理方面研究了人的因素和行为对组织及效率的影响，只注重社会科学实证的研究方法，忽视组织结构、法规及环境的作用等。它把单向服从的权力关系看作一种双向协作的关系，并以此为基础探讨新的组织模式和管理方法，这样的研究过程成为传统的管理理论向发展中的行为科学的管理理论过渡的纽带和环节。

（一）行为科学组织理论的主要观点

1. 组织是一种心理与需求平衡的系统

构成组织的各个成员的心理及由个别成员构成的团体心理，对组织结构的设置及其有效运行都有很大影响。而且，一个人之所以要参加一个组织，无非一方面是希望从组织中力求获得自己物质和心理上的需要与满足，另一方面是希望自己能够为组织的生存和发展做出一定的贡献，以保持组织成员与组织本身双方各自需求的平衡。

2. 组织是一种影响力系统

组织内部由于各成员之间的交流而产生了相互之间的影响力，致使不但上级人员可以影响下级，同级人员可以相互影响，而且下级人员可以影响上级。而组织权力则只是构成影响力的一个方面的因素。

3. 组织是一种沟通的系统

组织成员与成员之间的沟通，不只是循着命令或权责系统或协调的途径进行，更会循着人际关系的途径进行。因而，整个组织也可称为一个沟通网络。

4. 组织是其成员素质综合的系统

由于各组织成员心理素质与价值观不同，对于同一事物的认识也会不同，因而在组织内部就会产生各种矛盾和冲突。而组织的任务之一就是协调这些矛盾和冲突，使每一个组织成员都能够接受组织对这些冲突和矛盾的统一与协调，从而顺利实现组织目标。

5. 组织是一种人机配合的系统

构成组织的要素有人、事、时、物和财五个方面，其中事、时、物、财四个方面均属于机械方面的因素。组织应使这五种构成要素之间获得最适当的协调与结合，否则，组织就无法正常地运转，无法有效地实现其组织目标。因此可以说，组织是一种人机配合的系统。

6. 在正式组织中存在非正式组织或团体

一个组织中除有正式的组织外，尚有因人际关系等因素而产生的各种非正式组织或团体。管理人员对这种非正式的组织或团体处理得当，就会使它对正式组织的运行产生正能量；反之，它就会成为正式组织正常运行的阻力。

（二）行为科学组织理论的评价

行为科学组织理论的出现，弥补了科学管理理论的不足，为管理学科的进一步发展输入了强大的动力，并成为管理理论的另一块奠基石。行为科学组织理论首次提出了管理应该注重对人的研究，从人的因素出发，对涉及管理中人的各方面进行了深入的研究，如对个体行为的研究、群体行为的研究、领导行为的研究等。

基本上，行为科学组织理论是观看、组织与再现人类行为的一种方式，它加深了我们对于人类行为的了解。由于重视对人的因素、人的潜能及人的动机的研究，行为科学组织理论不但奠定了管理学进一步发展演进的基础，也为心理学、社会学等学科领域做出了巨大的贡献。

然而，行为科学组织理论对管理问题的系统论述也存在一定的局限性。它过于强调人的作用，忽视了经济技术等方面的考虑，对人和制度、人和组织结合问题探讨得不多。行为科学组织理论对企业发展的环境考虑得也不多，没有站在一个战略高度上看待管理问题。而且，其本身是探究与解释复杂人类行为的特定层面，无法提供一个普遍性的涵盖法则。

二、梅奥的人际关系理论

梅奥，澳大利亚籍的美国行为科学家，他的主要著作为《工业文明的人类问题》（1933）和《工业文明的社会问题》（1945）。梅奥和他的助理所创立的人际关系理论对20世纪四五十年代的管理理论和管理实践产生了深远的影响，因此他也被称为“行为科学学派的开山鼻祖”。

人际关系理论的建立是从著名的霍桑试验开始的。霍桑试验是指1924—1932年在美国芝加哥西方电气公司的霍桑工厂进行的一项研究试验。试验的目的是找出影响员工生产效率的因素，从而寻求提高企业劳动生产率的新途径。试验分为四个阶段进行，即照明试验、继电器装配工作小组试验、大规模访问交谈和对接线室工作研究。试验结果表明：生产效率不仅受工作条件与生理状态的影响，也会受到社会环境及社会心理的影响。梅奥就此提出人际关系理论。其主要观点为：

（一）员工是“社会人”

人不但有经济方面和物质方面的需要，更重要的是有社会方面和心理方面的需要，就是说，人的行为动机不仅仅出于经济目的，还有情感、精神等方面的满足需要。在生产效率的决定中，逻辑的、经济的因素远不如感情的、非逻辑的态度和情绪所起的作用大。

（二）满足员工的社会欲望，提高员工的士气是提高生产效率的关键

提高生产效率的关键是工作态度的改变，即士气的提高。士气高低决定于安全感、归属感等社会、心理方面欲望的满足程度。士气还取决于家庭、社会生活的影响及企业中的人际关系等。

（三）企业中实际存在一种非正式组织

非正式组织主要是由于职工的感情、爱好、兴趣及价值观不同而形成的。它对于企业管理目标的实现既有正面作用，也有负面作用。因此，在企业管理中不但要发挥正式组织的作用，也要善于发挥非正式组织的正面作用，防止其反面作用。

三、巴纳德的社会系统组织理论

切斯特·巴纳德是社会系统学派的代表，他是推动古典组织理论向行为科学组织理论过渡的关键人物。巴纳德运用社会学的观点来研究管理理论，将社会学概念用于分析经理人员的职能和工作过程，提出了一套组织的理论，建立了现代组织理论的基本框架。他在继承古典组织理论和行为组织理论的基础上，超越了二者只局限于封闭的组织内部讨论问题的局限性，把组织视作一个开放的系统，进一步揭示了组织的本质规律。他的组织理论观点集中反映在1938年出版的代表作《经理人员的职能》一书中，该书是组织理论的经典著作之一。巴纳德组织理论的主要观点如下：

（一）组织是人与人之间协作关系的系统

巴纳德认为，“组织不是人的集团，而是相互协作关系，是人与人之间相互作用的系统”，“正式组织是有意识地协调两个以上的人的活动的一个体系”。这一定义突破了传统组织理论对组织形式的研究，指出了组织的本质特征。首先，组织不是人的集团，而是由人的行为和相互作用构成的系统。其次，组织不是个人的集合，而是一个有机的系统。这意味着组织不是静态的模型，而是一个动态的体系。系统科学指出，系统是各

个部分按照一定的方式联系起来构成的一个整体，各个部分之间始终处于动态的相互作用之中，这种相互作用构成了系统各部分之间的关系。当其中某一部分与其他部分的关系发生变化，作为整体的系统也会发生变化。因此，组织作为一个系统也是动态的。

（二）组织系统的三要素

在对组织进行重新定义的基础上，巴纳德分析了组织的构成要素。他认为作为一个系统的组织必须具备三个要素：一是共同目标；二是协作意愿；三是信息交流。

1. 共同目标——组织奋斗的方向

共同目标，即组织目标。巴纳德认为，共同目标是组织的基本要素。因为共同目标是一切协作和行为的起点，没有目标就没有协作；没有目标就无法进行决策，无法采取行动。首先，组织目标不仅要得到成员的理解，而且要为他们所接受。其次，必须区分组织内成员的个人目标与组织的共同目标。因为组织内成员的个人目标与组织的共同目标并不总是一致的，有时甚至是相互矛盾的。如何克服这种矛盾冲突也成了现代组织面临的一个重大问题。最后，组织目标是动态变化的。组织在适应内外部环境变化的过程中，会不断对自己的目标进行调整和重新确定。巴纳德认为在制定组织目标时，应具有综合性、总体性、清晰性、可分性和层次性等特点。确定组织目标时应遵循灵活性与一致性结合的原则，要有一定的可行性，同时也要有一定的挑战性。

2. 协作意愿——组织行动的基础

组织的第二个要素是协作意愿。协作意愿是指个人愿意为组织目标的实现贡献自己的力量，愿意进行一定程度的妥协，克制自己并与其他成员进行合作。没有这种协作意愿，就不可能将不同组织成员的行为有机地结合起来协调一致地开展活动。组织成员的协作意愿具有两个突出的特点：一是个体表现的差异性，即协作意愿在不同的成员身上表现出较大的差别。有的积极向上，有的消极被动，有的非常强烈，有的十分微弱。在现代组织中，协作意愿与组织规模是成反比的。正式组织的规模越大，综合性越强，其成员的协作意愿越弱。二是协作意愿具有动态性，是不固定的、间歇的、变动的。就每个组织成员而言，其协作意愿的强弱、方向都在不断变化；就整个组织而言，协作意愿强的人数与协作意愿弱的人数也在发生变化。

3. 信息交流——组织目标与协作意愿之间的桥梁

构成组织的第三个要素是信息交流。组织目标和组织成员的协作意愿分别处在组织的两端，信息交流将这两者联系并统一起来，内部信息交流是实现组织目标的基础。巴纳德规定了信息交流的一些原则：信息交流的渠道要为组织成员所直观了解；组织的每一个成员都有一个明确的、正式的信息交流渠道，即每一个成员必须向某个人报告或从属于某人；信息交流的渠道必须尽可能直接和简捷。信息交流和信息传递有正式和非正式、书面与口头等不同的方式。很多情况下，信息往往要经过若干环节才能到达最终需要者，在这个传递的过程中，不管是有意还是无意，都可能产生信息的失真和误导。管理者必须采用各种手段纠正信息失真，譬如让信息表达得清楚明了，缩短信息传递路线，采用先进的科学技术，等等。

（三）权威接受理论

权威是组织管理的重要基石，巴纳德之前的许多理论家都对权威进行了研究。传统的组织理论认为，领导的权威是自上而下的，领导人的命令具有强制性和无条件性。但是巴纳德认为，命令是否具有权威性，其检验的标准不是发布命令的人，而是接受命令的人。即权威来自下属的接受和认可，并且下属的接受程度决定了权威的影响力。

1. 领导具有权威性的条件

巴纳德认为，领导要具有权威性，必须满足以下条件：第一，发布的命令必须是可以理解的。晦涩难懂、令人费解、空洞无物或者难以执行的命令是无法获得权威性的。第二，领导发布的命令必须与组织的目标相一致。如果领导的命令与组织的目标不一致，甚至背道而驰，那么命令就无法具有权威性，也难以被执行。第三，命令必须照顾组织成员的利益。如果某些命令会损害组织相关成员的个人利益，那么下属自然缺乏执行命令的主动性，甚至是阳奉阴违，采取消极对抗的态度。第四，发布的命令应当让人乐意去执行。如果强迫组织成员去执行无法实现的命令，那么组织成员只好敷衍了事甚至直接拒绝。

2. 领导者应该关注“无关心区”

巴纳德指出，组织中的领导者下达命令有三种情况：一是下达的命令符合前面的四种要求，使其能够被成员接受；二是每个人都存在一个“无关心区”，在这个领域内组织中的成员会不加怀疑无条件地接受权威；三是大多数人对权威的支持态度会影响少数人的态度，并且这一现象会有效地维持“无关心区”的稳定。由此可见，在权威接受理论中“无关心区”是一个很重要的概念。“无关心区”，也称“无关心圈”或者“无差别地带”，意指个人基于对于组织、权威或者个人的认同与信任，而不闻不问就自觉与完全服从相关要求的接受范围。如果将所有指令按照下属的接受程度排列，在逻辑上可能出现三种情况：第一种情况是命令明显不会被接受；第二种情况是处于中间状态，可能被接受，也可能被拒绝；第三种情况是会被无条件地接受。最后这种情况所处的领域，就是“无关心区”。“无关心区”的范围可大可小，其大小主要取决于两个方面的因素：即取决于个人的报酬程度与个人付出的程度。付出是指组织成员为组织做出的努力，报酬是指组织为成员的这种付出所做出的回馈，包括支付的工资、给予的奖励提拔等。当报酬大于贡献，并且报酬与贡献的差值越大时，“无关心区”就越大；当报酬小于贡献时，“无关心区”就会越小，领导的命令就越不容易被无条件地接受。

3. 增强权威必须建立有效的信息交流系统

巴纳德认为，组织内的权威有三种客观存在形式：一是职位权威。这种权威与处于权力核心的个人的能力关系不大。一个人的个人能力可能并不是很强，但是因其处在“上级”的位置上，他的命令和意志自然得到重视，这就是职位权威。二是领导权威。领导权威与个人在组织中所处的位置无关。这种权威的获得往往是因为某个人能力很强，学识广博，并且对事物的认识非常深刻，这使他受到大家的尊敬，大家愿意听从他的意见。这种权威即为领导权威。最佳的情况是这两种权威在一个人身上高度融合，一个人既具有职位权威，又具有领导权威。此时，组织内部就会产生巨大的信任感，其命令的权威就会超越“无关心区”，从而在组织内建立起真正有效的权威。三是组织权威，也称组织人格。决策者和管理者在进行决策和发号施令时，必须以组织的名义而不是个人的人格为基础。只有当决策者和管理者从组织的人格出发，为实现组织的目标采取行动，他的命令才具有权威性。相反，如果领导者以个人的人格为出发点，为达到个人目的牺牲组织利益，那么无论他的设想多么好，在客观上也无法具有权威性。

要在组织里建立起有效的权威，就必须在组织内部构建上情下达、下情上传的有效的信息交流系统。无论是职位权威还是领导权威，只有随时掌握准确的信息、做出准确的判断和英明的决策，这种权威才具有持续性。反之，如果不能实事求是，无视实际情况和客观条件滥发命令，不顾组织成员意愿随意指挥，权威就会丧失。要实现英明决策、正确指挥，就必然离不开实时、准确的信息和情报。得不到必要的情报和关键的信息，即使一个人的能力再强、见识再广，也无法发挥作用。向各级决策者和管理者提供有效的情报、提供传达命令的渠道，就是信息交流系统的任务。

（四）组织平衡理论

巴纳德认为，组织内成员之间协作意愿的产生与发展，组织的持续存在，都要以贡献与报酬的平衡为前提。对于组织成员来说，其贡献就是为组织提供一定时间的劳动、创造一定的价值。从社会学的观点出发，巴纳德认为报酬不仅包括金钱这样的物质因素，还包括社会因素，如威望、名誉、职位提升、参与管理等。巴纳德指出，组织的平衡是一个由内部平衡走向外部平衡的过程，并且这种平衡是动态的平衡。

1. 组织的内部平衡

组织的内部平衡是指在组织成员之间有效地分配报酬，确保每个人的报酬大于或者至少等于其贡献，进而促进成员协作意愿的产生和发展。组织的内部平衡实现的是组织效率。组织可以通过两种手段来为其成员提供报酬：一是提供正面的报酬，既包括金钱等物质因素，也包括地位、声望、晋升、心理交流等社会因素。二是提供负面报酬，即采取说服的方法，包括三种形式：强制的方法，即通过解雇、降职或开除那些协作意愿弱、对组织贡献小的成员，来对其他成员起到威慑作用；报酬合理化，即指出完成某项组织赋予的任务对成员本人有好处，以此来说服该成员；动机的灌输，即通过向个人灌输新的动机或改变个人原来的动机以提高客观因素的作用。

2. 组织的外部平衡

组织的外部平衡就是指组织与外部环境保持平衡，实现并提高组织效力的过程。外部平衡包括两个方面：一是某个组织分系统与相关的各个分系统之间的平衡。如果把组织系统视为协作系统的各个分系统的集合，它就必须同生产分系统、人的分系统、社会分系统等其他分系统合理结合，保持平衡与协调，从而使以组织为中心的协调系统内部各个分系统形成一个统一的整体。在这里，协作系统内部的其他分系统都是组织分系统的外部环境。二是协作系统与外部环境的平衡。这是指把协作系统或企业看成组织，让企业适应经济、技术、社会等企业外部环境变化的过程。

3. 组织的动态平衡

组织的内外部平衡都是一种动态平衡的过程，不是一次性完成之后静止不动的。组织始终处于达成平衡、打破平衡、再达成平衡的不断变化之中。这种动态变化的动因存在于以下三个方面：其一，组织内部存在打破平衡的因素。组织中客观存在的矛盾、差异、冲突本身，就是打破平衡的一种力量。其二，组织的发展，规模的扩大，人员的变更，也是打破原有平衡的因素。其三，组织内外部环境变化时，组织原有的平衡会被打破，组织必须根据相关因素的变化不断调整，建立适应变化了的环境的新平衡。

（五）关于非正式组织的职能

现代管理理论大多以正式组织为研究对象，但是巴纳德也非常重视非正式组织的作用。

他指出，只要存在正式组织，就必然伴随产生与其相关的非正式组织，这种非正式的关系产生于同工作有关的广泛联系之中。非正式组织没有正式的结构，成员之间的联系非常松散，常常不能自觉地意识到共同的目的，而是通过同工作有关的接触或者共同的兴趣爱好产生的，并确立了一定的习惯和规范。由于非正式组织没有共同的目的，也没有合理的行动，而且常常会造成人们情感和行动上的矛盾，因此，非正式组织一般是暂时的、短命的。当然，有些非正式组织在一定的条件下，也有进一步发展为正式组织的可能。巴纳德认为，这种非正式组织对于正式组织具有以下三方面的积极作用：① 建立一种特殊的信息渠道，促进信息的流通，有利于解决一些正式组织难以解决的问题；② 通过成员之间的情感交流，促进组织的团结，增强成员协调配合的意愿，提升组织效率；③ 有助于扩大“无关心区”，便于管理者权威的建立。

第三节　现代组织理论

一、现代组织理论概述

组织理论自20世纪60年代以后，进入了新的发展时期，有人也把这一时期的组织理论概括为现代组织理论。其主要代表人物有德鲁克、劳伦斯、明茨伯格等人。现代组织理论家们把组织看作一个开放的系统，把管理看作一个动态的调节过程。

现代组织理论是在传统组织理论与行为组织理论基础上形成与发展起来的。这种组织理论把组织看作一个开放系统，与周围的环境因素相互作用。整个系统由五个分系统构成，即生产分系统、外联分系统、后勤服务保障分系统、协调分系统与管理分系统。

现代组织理论认为，外部环境因素对组织内部结构和管理起着决定性的作用，组织结构和管理方式要服从整体战略目标。这种理论既强调组织是一个社会性的组织，又强调组织的生存价值、社会作用和组织特征，还强调人是组织的中心，衡量组织经营的好坏，不能单纯用利润指标来衡量，还必须考虑到人的需求，特别是情感上能否得到满足，要使人们都感到他自己存在的价值和受到组织的尊重和关心等。

现代组织理论主张，把组织中的人的行为作为研究的对象，把决策作为管理者的主要工作，既要积极强化人的需求，又要节制人的需求。组织领导人的首要任务是塑造和培养人们有共同的价值观，搞好组织战略；领导人的权威完全靠领导者的影响力，而不是靠命令，组织对其成员应该实行贡献与报酬平衡的原则。

具体来看，现代组织理论的主要观点有：

第一，主张人际平等。

传统组织理论认为，权威是建立组织的基石，在权威之下，每个人的职务或地位应按层次等级构成组织，形成一个等级链，使决策者、贯彻者、操作者与底层成员之间界限分明。然而现代组织理论却认为，组织内部人际关系应平等化。福莱特认为，管理者与被管理者的界限是人为的。事实上并不存在这种界限，各级成员的职责都是为整个组织做出贡献。一个人不应该对另一个人发号施令，而是双方都根据具体条件接受命令，权威不能来自行政任命而应伴随知识和经验而来；控制不能是外部命令与强加行为，而应是个人或群体在认识了共同利益之后通过自我调节和自我指挥达成；领导者的领导不应建立在权力的基础上，而应建立在领导者与被领导者相互影响的基础上，管理的专业内容是科学加服务。

第二，主张组织目标与个人目标的融合。

麦格雷戈在其名著《企业的人事方面》中指出，不能将传统的组织原则看成与物理学中的定律相近似的东西，因为传统的组织原则来源于军队和教会的管理模式，但是军队和教会与现代的企业组织有极大的不同。现代企业组织与管理要注意组织目标与个人目标的融合，下属要依靠组织与上级，才能满足个人需要与目标。相反地，上级主管也要依靠下级，才能达到他们自己的需要和组织目标。企业组织中每一个层次的主管都不能不依靠较低层次的员工，而且除了上下级工作上的相互依存外，还要有横向的相互依存关系，因此组织、个人相互间的目标应相互融合一致。

第三，主张目标管理。

目标管理法最早是德鲁克于1954年在所著《管理的实践》中提出来的。它的基本精神是把以工作任务为中心和以人为中心的管理方法综合起来，既能调动员工对工作任务的积极性与创造性，从工作中满足其自我实现的需要，也能沟通上下左右的意见，促进企业目标的实现。

第四，把组织看作一个开放系统。

开放系统处于其与环境的持续性相互作用之中，并达到一种“稳定状态”，即动态平衡，同时仍保持其工作能力（能量的转换）。实际上，如果一个组织没有连续不断的投入、转换和产出，它是不可能生存下来的。组织必须接受足够的资源投入，以维持其运转作业，同时产出足量的经过转换的资源供给外部环境，以便继续这种循环。

例如，公司从社会接受人力、材料、资金和信息形式的投入，公司将这些投入转换成为产品、劳务和足以使其成员继续为公司效力的意愿。

现代组织理论认为，组织不但是个复杂的开放系统，而且是一个社会系统与技术系统，既是整个社会大系统中的一个分系统，又是由其内部诸多子系统构成的一个整体系统。任何组织都是由目标与价值分系统、技术分系统、社会心理分系统、组织结构分系统、管理分系统五个分系统构成，内部的五个分系统与外部的环境系统相互作用。

第五，组织与管理应采取权变的观点。

系统观致力于为组织提出广泛的模型，要求按照普遍的组织与管理原则进行管理。而权变观则认为，每个组织都各有其独特之处，组织与管理既要考虑系统的普遍性又要考虑组织的独特性。在组织与其环境之间，以及各分系统之间都存在一致性，管理者的主要任务就是在普遍性与独特性之间寻求最大的一致性。

权变理论强调组织具有多变量的性质，因此不能用单一的模型来解决所有的管理问题。权变理论以实践为基础，吸收了对组织面临情况的各种意见，鼓励人们综合应用传统组织理论、行为组织理论等各种不同的模型，只要真正适合就予以采用。

二、经验主义学派的组织理论

经验主义学派，以总结企业管理特别是大型企业管理的实践经验为主要任务，从中概括出一些理论和原则，或者给从事实际管理工作的人以某些有用的建议。这一学派的代表人物有德鲁克、戴尔、斯隆等。他们在组织理论方面的主要观点有：

（一）古典管理学派和人际关系学派的结合

古典管理学派和人际关系学派都各有所长，又各有所短，单纯运用一派的学说，不能完全适应企业发展的实际需要。从组织理论方面来说，古典管理学派是以工作任务为中心；人际关系学派则是以人为中心；经验主义学派的任务就在于根据企业的实际经验，把这两方面的研究成果结合起来。

（二）提出了目标管理理论

目标管理法最早是德鲁克于1954年在所著《管理的实践》中提出来的。它是德鲁克开创的最重要的、最有影响力的理论，提出至今已成为现代管理学不可或缺的一部分。目标管理的基本精神是把以工作任务为中心和以人为中心的管理方法综合起来，既能调动职工对工作任务的积极性与创造性，从工作中满足其自我实现的需要，也能沟通上下左右的意见，促进企业目标的实现。后来奥迪奥恩对目标管理法做了进一步的发展，把目标管理的范围从各级管理人员扩大到全体职工。他把目标管理定义为：一个组织中的上下级人员共同制定目标；目标内容同每个人应有的成果相联系。规定他的主要职责范围，并以此作为管理一个单位和评价每个成员贡献的依据与指导原则。奥迪奥恩把目标管理制度描述为如下过程：

（1）组织目标、各级管理目标、个人目标密切结合，形成目标连锁以利于实现总体目标。

（2）组织中的上级和下级管理人员一起制定共同目标，实现目标管理的方法主要是采取员工自主管理、自我控制的方法，以利于发挥员工的主动性、创造性。

（3）根据预期目标规定一个人的主要职责范围、应达到的成果，并作为评定、考评个人贡献的标准，以利于调动员工的积极性。

（三）明确指出培养职业经理人的重要性

德鲁克认为：经理人是企业中最昂贵的资源，而且是折旧最快、最需要经常补充的一种资源。建立一支管理队伍需要多年的时间和极大的投入，但彻底搞垮它可能不用费多长时间。21世纪，经理人的人数必将不断增加，培养一位经理人所需的投资也必将不断增加。与此同时，企业对其经理人的要求也将不断提高。

企业的目标能否达到，取决于经理人管理的好坏，也取决于如何管理经理人。而且，企业对其员工的管理如何，对其工作的管理如何，主要也取决于经理人的管理及如何管理经理人。企业员工的态度所反映的，首先是其管理层的态度；企业员工的态度，正是管理层的能力与结构的一面镜子。员工的工作是否有成效，在很大程度上取决于他被管理的方式。

（四）总结出组织结构的五种形式

德鲁克指出，古典管理学派提出并实行的集权职能性结构，是适应当时历史条件的产物。而随着企业规模的扩大、种类的多样化、跨国公司的蓬勃发展、人们对高层管理和创新工作的重视等，又出现了许多新的组织结构类型。基于这些实践领域的新发展，德鲁克把企业中出现的各种组织结构，概括为五种类型：① 集权的职能性结构；② 分权的联邦式结构；③ 模拟性分权结构；④ 矩阵结构；⑤ 系统结构。同时，德鲁克指出，随着信息技术的不断发展，组织结构还会发生进一步的变化。企业，尤其是大型的企业，其唯一出路就是向以信息为基础的组织结构进行转变。

三、系统管理学派的组织理论

系统管理理论是以一般系统理论为基础而发展起来的。近代的一般系统理论是美国学者伯塔朗菲于1937年首次提出的。系统管理理论用系统观点来考察组织管理，认为整体（整个系统）是主要的，其各个部分是次要的；各个部分围绕着整个系统的目标的实现而发挥作用，各个部分的性质和职能由它们在整体中的地位决定；整体是一种由许多子系统组成的复合系统、结构或综合体，不论它的结构如何复杂，都作为一个单元来运行，并不断地自我更新。

系统管理学派的主要代表人物是卡斯特和罗森茨韦克。他们在组织设计方面的主要观点有：

（一）组织是一个人造的开放性投入–产出系统

组织是一个人造的系统，它同周围环境（顾客、竞争者、工会组织、供货者、政府等）之间存在动态的相互作用。组织为了求得生存和发展，必然与外界环境相互影响。它必定需要来自环境的人力、物力、财力、信息等资源投入，又向环境输出各种产品、服务等资源。同时，组织又具有内部的和外部的信息反馈网络，能够不断地自我调节，以适应环境的变化和本身的需要。

（二）组织是一个由相互依存、相互联系的各个子系统组成的有机系统

局部最优不等于整体最优，管理人员的工作就是确保组织中各部分能得到相互协调和有机整合，以实现组织的整体目标。组织是由五个不同的分系统构成的整体。这五个分系统包括：目标和价值子系统、技术子系统、社会心理子系统、组织结构子系统和管理子系统。这五个分系统之间既相互独立又相互作用，不可分割，从而构成一个整体。

（1）目标和价值子系统是这些子系统中较为重要的，组织的目标与价值很多是来源于较广泛的社会文化环境。组织作为社会大系统中的一个分系统，为社会行使某种职能，如果它要成功地接受资源投入，就必须符合社会要求。

（2）技术子系统，是指完成工作任务所需的知识，包括将投入转换为产出时所运用的各种技术，它取决于组织的任务要求并随特殊活动的变化而变化。技术子系统的形式是由所需的专业化知识和技能、使用的机械设备的类型以及设施的布局等规定的。技术不仅影响社会心理子系统，而且影响组织结构。

（3）社会心理子系统，是由相互作用的个人和群体所组成，包括个人行为与动机、地位与作用的关系，以及群体动力系统。同时，它也受组织中人们的情感、价值观、态度、期待和愿望的影响。在各种组织中，社会心理子系统都是不相同的。

（4）组织结构子系统，是关系到组织工作任务分工（差异化）和协作（整体化）的方式和方法。组织结构子系统通过组织图、职位与工作说明、规划与程序等表示出来，与权威、信息沟通和工作流程有关，因此每个组织的结构子系统也是不尽相同的。

（5）管理子系统，是整个组织系统中的核心子系统。它联系着整个组织内的各个子系统，并通过对技术的指导、对人们与其他资源的组织以及把组织与其环境联系起来等活动，联系起整个组织。

将组织看成一个开放系统的理论，比传统组织理论与行为组织理论更为完善。传统

组织理论只强调结构子系统和管理子系统，而行为组织理论只强调社会心理子系统，对其他子系统则不重视或不给予承认。而系统观使人们对管理有了新的理解与看法，认为组织作为一个开放的社会系统，必须处理不确定性和模棱两可的问题，尤其要关心使组织适应新变化要求的问题。因此，管理应该是一个沟通和联系组织各个子系统的活动。

（三）组织是整个社会系统的子系统

组织与社会环境各部分之间有着相互依赖和相互影响的关系。组织预定目标的实现，不仅取决于内部条件，还取决于组织外部条件，如资源、市场、社会技术水平、法律制度等。社会环境的重大变化，致使组织结构必须做相应的调整，以保持组织与社会环境的适应与平衡。

四、权变理论学派的组织理论

权变理论，又称应变理论、权变管理理论，是在20世纪60年代末70年代初在系统学派、经验主义学派基础上发展起来的一种管理理论。“权变”的意思就是权宜应变。权变理论认为，在组织管理中要根据组织所处的环境和内部条件的发展变化随机应变，没有一成不变、普遍适用、最好的管理理论和方法。一般认为最早提出并运用权变理论的是美国的保罗·劳伦斯，他在与杰伊·洛奇合作出版的《组织与环境》一书中论述了外部环境与组织结构之间的关系，阐述了组织管理的权变原理，代表着权变理论的正式形成。权变理论学派的代表人物还有伍德沃德、卢桑斯、菲德勒、豪斯等人。

权变理论学派在组织理论方面的主要观点和贡献是：

（一）明确提出组织设计的权变观念

权变理论认为，每个组织的内在要素和外在环境条件都各不相同，因而在管理活动中不存在适用于任何情景的原则和方法，不能用单一的模型来解决所有组织设计问题。即：在管理实践中要根据组织所处的环境和内部条件的发展变化随机应变，没有什么一成不变的、普适的管理方法。成功管理的关键在于对组织内外状况的充分了解和有效的应变策略。权变观念本质上就是主张从实际出发，具体问题具体分析，然后找出合适的办法来解决问题。所以，权变理论要求依照工作的性质和人员的特殊要求来确定组织的管理模式，使任务、人员和组织彼此相适应。

（二）强调在组织结构设计的过程中，既要注重组织活动的差异性，也要注重组织活动的一体化

组织活动在纵向和横向两个方面存在差异：纵向上是以组织的等级结构为代表的专业活动差异，这种差异自上而下，从总经理直到作业层，形成组织的管理结构；横向上是以部门划分为代表的职能活动差异，这种差异水平分布，形成组织的部门结构。管理结构与部门结构一起，构成了组织的正式结构。组织活动的一体化就是指在达成组织目

标的过程中，通过协调使各个子系统运行的方向达到统一。协调的方法有三种：指示型协调、自愿型协调、促进型协调。指示型协调是一种等级式的协调，它通过一个统一的权力中心运用发布指令的方式对多种多样的活动进行协调。自愿型协调是通过自愿合作的方式实现的。在这种协调方式中，组织中的个人与群体自愿地寻找办法来使自己的活动与他人的活动相结合，以便于共同运行。复杂的组织活动促进了协调手段的丰富和发展。这些新的协调手段是促进型的。以往的组织协调方式只重视纵向的等级关系，很少注意横向的互动关系，而促进型协调则能解决这一问题。

（三）强调了组织结构的动态性

权变理论认为社会上同时存在两种组织结构形式：一种是通过等级制来协调的稳定机械式结构；一种是具有高度适应性的动态有机式结构。在动态有机式结构中无法建立永久性的固定职位，其职位设置处于经常性的变动之中。不同的组织适用不同的结构，甚至在同一个组织中，一些部门可以采用稳定机械式结构，而另一些部门则采用动态有机式结构。

（四）强调了外部环境对组织设计的影响

权变管理，就是依托环境因素和管理思想、管理技术因素之间的变化关系来确定的一种最有效的管理方式。组织是社会大系统中的一个开放型的子系统，受环境的影响。因此，必须根据组织在社会大系统中的处境和作用，采取相应的组织管理措施，从而保持对环境的最佳适应。要使组织设计与环境联系起来，不能用单一的模型来解决所有组织设计问题，只能提出在特定的情况下有最大成功可能的方案。而且认为，不管是现代的还是古典的，只要这种模型适应环境情况，就是有效的组织设计。只要在服从组织的总目标下完成各自的目标，同一组织的各个部门可以采取不同的组织设计。

（五）关于组织目标

组织的活动是在不断变动的条件下以某反馈形式趋向组织目标的过程。因此，必须根据组织的近远期目标以及当时的条件，采取因势而为的管理方式。组织为了在管理活动中更有效地实现组织目标，避免在激烈的竞争中被淘汰就必须根据组织所处的内外部环境随机应变。随机应变的目的在于取得较好的管理效果，而效果又完全取决于组织对环境的适应性。因此，要实现管理活动的有效性，就必须发挥管理主体的主观能动性，只有对管理活动的各种关系及变化的环境有深刻的认识才能凭借经验、知识和胆略采取相应的策略，使组织适应环境的变化，进而实现组织目标，达到随机应变的目的。

（六）考察了组织设计的演进

权变理论认为，组织设计的发展变化主要表现为管理结构的形成、规划管理的出现和矩阵结构的创立。组织规模越大，其管理协调的负担越重，进而导致管理人员的数目以一定的比例增加，并形成一定的管理结构。现代组织的建立往往与具体的工程项目相关，包括航天工程、核电工程、水利工程、科研工程等。为了应对这些高度复杂的系统工程，组织必须进行科学规划，设立规划经理实行规划管理。规划经理的权力设置可以有两种极端的情况：一种是作为总经理的助理，没有个人权力；另一种是规划经理对整个项目负责，并拥有与其责任相对应的一切权力。这两种极端形式的折中就是实行矩阵结构。矩阵结构将全部权力划分为两条权力线并由此产生了双重的职责。两条权力线分别是职能经理的垂直权力线和工程权力部门的水平权力线。二者对应的分别是职能经理管理技术领域的职责和规划经理管理计划、工程、任务、产品的职责。

五、新组织结构学派的组织理论

新组织结构学派充分吸收了古典组织理论、行为科学学派、经验主义学派、决策理论学派、权变理论学派等诸多管理学派的先进成果，并在此基础上提出了自己的理论。新组织结构学派的代表人物是加拿大的明茨伯格。明茨伯格是在全球管理界享有盛誉的管理学大师，对组织结构的各个方面进行了深入的研究，并经常提出打破传统及偶像迷信的独到见解。他在组织理论方面的观点主要有：

（一）提出了组织结构的五种协调机制：直接监督、标准化倾向、流程标准化、结果标准化以及技术标准化

明茨伯格认为组织结构的实质就是所有成员在组织内进行分工和协调方式的总和。并且这种协调是广义的协作，既包括纵向的控制，也包括横向的信息沟通。

（1）直接监督。相互协调是通过成员之间的简单沟通进行协调工作，这种手段常见于最简单的组织中。但是组织规模增大，组织成员发展到一定的数目之后，相互协调就不能满足组织正常运转的需要了，这时候组织内部就必须产生一个指挥者。他向其他人发布指令并监督他们的工作，这种协调方式被称为直接监督。

（2）标准化倾向。直接监督同样受到组织规模的限制。因为领导个人的精力也是有限的，当直接管理的人员太多，直接监督必然会出现失灵。因此，组织接续发展的结果就必然会出现分层，即出现中间管理层，同时组织成员的工作会出现标准化倾向。

（3）流程标准化。机械重复式的单调工作的流程是可以控制的。这种控制可以通过规章制度实现，通过科学的管理让动作更有效率，进而制度化。这种工作协调方式就是流程标准化。

（4）结果标准化。如果工作流程复杂到不可控，那么制度的作用就难以发挥，这时就要通过工作输出的控制来对工作进行协调。比如对于一个营销人员，或是一个咖啡店的店长，无法用严格的规章制度规定其工作的流程和方式。只要对其规定一个明确的销售额产出，并不需要规定实现的方法。

（5）技术标准化。如果工作再复杂一些，不仅工作过程难以标准化，工作的成果也难以设定，则必须实行技术标准化，从投入方加以控制。明茨伯格举例说："麻醉师和外科医生在给病人切除阑尾时，几乎不用交流，凭借其接受过的培训，他们就知道从对

方手里接过什么器械。”

有趣的是，如果企业进一步复杂，则流程标准化、结果标准化、技术标准化都难以实现对工作的协调，这时又要回过头来采取相互协调的方式，进而形成了一个循环。

（二）提出了组织结构的五个基本构成部分：核心操作层、战略决策层、中间管理层、技术结构、支持人员

（1）核心操作层。核心操作层包括那些提供生产和服务的最基层人员，也就是操作者，如一线工人、一线销售人员和一线售后服务人员。核心操作层往往会进行最彻底的标准化，明茨伯格说这样做的目的是保证工作不受外部干扰。当然标准化程度是有差别的，这与工作性质相关。装配工人和大学教授都是操作者，但前者工作远比后者标准化。除了核心操作层，组织还需要有管理部门，它由战略决策层、中间管理层、技术结构组成。

（2）战略决策层。明茨伯格对战略决策层职责的描述是：确保组织高效地实现使命，并为那些控制着组织或对组织享有权力的人效劳，提供其所需的服务。战略决策层的职责除了与组织外利益相关者沟通、制定组织战略之外，便是直接监督，如果组织还需要这种协调机制的话。这种协调机制对高层管理者来说，意味着分配资源、发布指令、批准重大决策、解决争端、设计组织、招募人员、监督绩效。

（3）中间管理层。中间管理层是管理者的集合，它处在战略决策层和核心操作层之间，依靠中间管理层上的管理链条，通过正式的权力互相衔接。在这个层级结构中，中层管理者在上下的直接监督流中从事一系列工作。他们要收集关于本单位绩效的反馈信息，并将其中的一部分呈交给上级管理者。同时，他们还要参与一部分决策。

（4）技术结构。技术结构由分析者组成，他们通过影响他人的工作方式为组织服务。他们中有对工作流程进行标准化的工作研究者，如工业工程师；有对工作输出进行标准化的规划和控制分析者，如长期规划师、质量控制工程师、会计等；有对员工技术进行标准化的人员分析者，如培训师和招聘专员。往往在组织的各个层级都有技术结构存在。

（5）支持人员。而那些不处于工作流中，并专门提供支持的单位，便是支持人员，如法律顾问、研发人员、接待人员及员工食堂等。技术人员和支持人员被明茨伯格统称为职能部门人员。

（三）提出了组织结构的五种流程系统：正式的权力流程系统、规章制度流程系统、非正式沟通流程系统、工作群体流程系统、临时决策流程系统

（1）正式的权力流程系统。即行政指挥系统。这种流程系统可以从企业的组织结构图中清楚地看出来。这是最常见的一种组织流程系统。

（2）规章制度流程系统。企业中的生产工艺流程和管理工作流程就反映了这种流程系统。它表明了生产活动、信息传递活动和决策活动的流程。但是这仅是企业用制度明确规定了的部分。这种规章制度化了的流程，具体又可分为三种：一是作业工作流程。

二是制度规定的控制流程。这是纵向的，包括自上而下地发布命令和指示，以及自下而上的信息反馈。三是制度规定的职能工作流程。这是横向的关系，表明职能部门（人员）同其直线主管部门（人员）的关系。

（3）非正式沟通流程系统。这是组织成员间灵活的相互联系和交流系统。这种交流不仅包括信息的交流，而且包括了情感上的交流，是对规章制度流程必不可少的补充。这种流程可以跨越权力系统和规章流程的限制。例如，可以是工作上没有联系的职工之间的私人交往（包括亲属、朋友关系），也可以是权力系统上的越级交往，如高层领导人直接同作业工人接触。

（4）工作群体流程系统。这是指小集团和沟通网之间的交往关系系统。它是在非正式沟通与正式职权系统之间存在的一种流程系统。凡是常有工作上联系，或工作位置接近而且有共同兴趣的人，往往彼此不拘形式地沟通和交往，形成一个沟通网或小集团。这种由处在不同层次、备有特殊作用的许多沟通网或小集团组成的流程系统，称为工作群体流程系统。

（5）临时决策流程系统。这是指由于进行临时的非程序性决策而引起的工作上的联系或人际交往的流程系统。这种流程系统无规律可循，因每次决策的性质和情况而定。涉及的工作、交往关系每次不同，可多可少。

明茨伯格系统地归纳了体现在组织结构中的五类工作和人际交往的关系。其中，前两种是“硬”的，即制度明文规定的；后三种是“软”的，即制度上没有做规定，但实际上是存在并起作用的。五种组织体系流程的并存，表明了组织结构是一个复杂的、动态的有机体。

（四）提出了组织结构的五种类型：简单结构、机械式官僚结构、专业式官僚结构、事业部制结构、变形虫结构

明茨伯格将组织拆分成“零件”，他又将这些“零件”拼装成不同的组织。组织的五个基本组成部分出于权力最大化的动机，各自给组织施加了一种牵引力。大多数组织同时受这五种力量牵引。由于形势总会对一方有利，组织最终会呈现出五种不同的形态。这五种形态分别为简单结构、机械式官僚结构、专业式官僚结构、事业部制结构、变形虫结构（特别委员会结构）。

（1）简单结构。简单结构的特点是分工很粗，不够精致。一般而言，它的技术结构规模很小，甚至没有。组织中的支持人员也很少，劳动分工不严格，单位之间的差异化很小，管理层级也很少。没有正规化和制度化，计划、训练和协调手段运用得很少。简单结构中的协调主要靠直接监督来完成，重要事务的决策和执行往往直接依赖于战略决策层。

（2）机械式官僚结构。机械式官僚结构的特点是工作高度专业化、规范化。这种结构的核心操作层的程序非常规范，规章制度渗透到组织的每个角落，行为正规化、制度化，决策权力比较集中，并往往伴有很强的技术专家结构。其行政管理结构完善，业务

部门和职能部门泾渭分明。

（3）专业式官僚结构。专业式官僚结构的特点是在较高的正规化和制度化的基础上进行分权。对于那些高度技术性、高度专业化的复杂工作，难以用标准化的方式控制其流程或产出，因此必须雇用专业人士来负责核心操作，赋予他们完成相应工作、承担相应责任所需要的权力。这种结构依靠技术标准化及培训进行协调。但是与机械式官僚结构相似，专业式官僚结构也是一种正式的、僵硬的组织结构，适用于重复生产标准化的产品，难以满足创新的需要。

（4）事业部制结构。事业部制结构的特点是实行有限的纵向分权，并通过产出标准化手段进行协调。在这种结构中，中间管理层按照市场进行分组，事业部之间的相互依赖性较低。各事业部有较大的自主决策权和执行权，但是其产出和绩效要受到总部的监督。

（5）变形虫结构（特别委员会结构）。为了应对更加复杂的工作、有效地进行创新，需要一种更具复合性和灵活性的结构。这种结构必须与之前的四种结构大不相同，要能够把来自不同学科的专家组合到一起，平稳有序而又充满活力地开展工作。明茨伯格借用阿尔文·托夫勒（Alvin Toffler）在《未来的冲击》（*Future Shock*）一书中的说法，称之为变形虫结构。变形虫结构是相当灵活的，它的行为规范化程度很低，为了便于日常管理，让专家按职能分组成单位，但又把他们编入以市场为基础的小型项目组来进行工作。这个结构依靠联络机制来促进团队内部及团队之间的相互调节，在组织内部进行选择性分权。

第四节　组织理论发展新趋势

整体而言，系统观、社会观与权变观构成了现代组织结构论的主要特征。现代组织理论不仅把组织看成众多次级子系统组成的有机整体，而且将组织作为整个社会大系统的子系统，强调组织的整体效率并应用系统分析方法对组织的各个部分进行定量和定性分析。这无论从分析方法的科学性还是研究问题的思维方式上都与以往的组织理论有着显著的进步。

然而，到了20世纪80年代，信息化和全球化的时代背景下知识经济的到来也给组织的发展提出了前所未有的挑战，组织所面临的环境不确定性增强，科层组织结构的缺陷充分暴露。组织变得越来越固化、等级森严、机构与人员膨胀，上下沟通与横向沟通成本越来越高，效率降低。因此，世界范围内掀起了一浪高过一浪的组织变革浪潮。组织流程再造、组织生态理论、学习型组织理论、混沌理论、虚拟组织理论、资源基础理论、组织经济理论等应时代需要而产生。

组织中的专业分工曾被长期地认为是提高组织效率的有力工具和变革的措施。然而，组织中专业分工所产生的金字塔形的组织结构亦导致了组织中僵化的本位主义和见树不见林的盲点，造成组织机构叠床架屋，部门之间相互推诿，这就无形中引来顾客的不满和抱怨，也降低了组织的竞争能力。许多学者对此问题进行了研究，其中美国的组织学家迈克尔·哈默（Michael Hammer）和詹姆斯·钱皮（James Champy）的研究最有影响。他们提出了流程再造的理论，在美国和西方发达国家中掀起了一场工商管理的革命。流程再造的含义是：针对组织业务流程的基本问题进行反思，并对它进行彻底的重新设计，以便衡量组织绩效的重要指标。例如，在成本、质量、服务和效率等方面取得显著的进展。它强调打破原有组织设计“以分工为导向”的理论束缚，树立以“流程为导向”的设计思想，直接针对原有被割裂得支离破碎的业务流程，重新设计和重建组织完整和高效率的新流程。

在组织生态理论看来，组织的发展具有生物进化的类似性特征：多样性、遗传性和自然选择性。多样性意味着现实中的特定组织至少具有一个重要的区别于其他组织的显著特征。遗传性是组织内存在某种类似生物基因特征的组织复制机制。自然选择性则是指一些组织能适应环境的变化并得以发展，另一些组织则以不同的速度逐渐消亡。组织生态理论十分强调自然选择的重要性，认为是环境选择了不同的组织形式，一定的组织形式能否生存下去关键在于其组织形式与环境特征的兼容性。组织生态理论比较充分地揭示出组织的核心特征，较好地解释了组织形式在较长时期内的变化。尤其在组织结构研究上提供了一个生物进化论的分析框架，为复杂的科学在组织研究中的应用（如自适应系统、复杂动力系统和组织智能等）开启了研究的大门。

20世纪90年代初，彼得·圣吉教授将系统动力学应用于社会经济系统中，提出了学习型组织理论。圣吉认为，学习型组织应该是这样一种组织：“在其中，大家得以不断突破自己的能力上限，创造真心向往的结果，培养全新、前瞻而开阔的思考方式，全力实现共同的抱负，以及不断一起学习如何共同学习。”倡导建立学习型组织并不是简单地强调对知识的学习，而是管理组织的一次深刻变革，这种变革既包括经营理念的改变，又包括组织运行和管理机制的革新。它强调以共同愿景为基础、以团队学习为特征的扁平化横向网络系统，倡导学习工作化和工作学习化，把学习者与工作系统地、持续地结合起来，以支持组织个人、工作团队及整个组织系统这三个不同层次上的发展。

混沌理论主要研究系统的非线性特征。混沌指“非线性系统的普遍行为或通用运动机制”。与混沌理论相对应的有如下几种新型的组织模式：第一，流动式组织。将组织本身视为一个生态系统，无时不在变动不会让该系统由于外在的控制而长期保持某一状态。第二，全息性组织，又称大脑式组织。生物组织各个部分并非严格按照功能分工的原则进行组织的，功能重叠是有机组织的根本组织原则。这种组织比机械组织具有更强的自我调节能力和信息处理能力。第三，裂变式组织。在组织变迁过程中出现的组织分化之间的对立和矛盾所引发的组织分化自主化倾向。一般来说，稳定与秩序只是组织的一种暂时状态，不稳定和分裂才是组织的常态。

虚拟组织理论是围绕核心能力，利用计算机信息技术、网络技术及通信技术与全球组织进行互补、互利的合作，合作目的达到之后，合作关系随即解散，以此形式能快速获取处于全球各处的资源为自身所用，从而缩短从"观念到现金流"的周期，并可避免环境的剧烈变动给组织带来的冲击。虚拟组织往往将大部分生产活动外包，减少销售渠道中的中介者，而本身只保留了少数的核心能力，以及为了协调控制其关系网络所需的管理系统。

资源基础理论的产生，归因于彭罗斯（E. Penrose）在《企业成长论》（1959）中所阐述的组织内在成长思想。彭罗斯认为组织是一个被行政管理框架协调并限定边界的资源集合，组织增长的源泉在于组织的内部资源，内在性成长是组织生存、发展的根本。资源基础理论对组织的研究，主要出于组织战略管理的发展需要。识别组织资源，分析具有何种性质的资源构成了组织竞争优势的源泉，并由此采取相应的组织战略，是该理论研究资源的主要目的。无疑，资源基础理论正确指出了组织具有改变自身某些重要特征的可能性，能够解释组织在较短时期的组织形式变化。

组织经济理论强调组织的行为框架及秩序的形成，是通过共享的规则体系而实现的。在组织经济理论分析中，威廉姆斯的交易费用理论系统地分析了组织的经济性质。在他看来，交易是研究经济组织的基本分析单位，对交易费用节约的认识是理解经济组织的关键。组织专用性资产的市场交易费用越大，组织越可能采取纵向一体化的生产形式。换言之，组织的有效边界决定于组织专用性资产的技术性质，以及组织自营是否比市场交易更具有经济性。威廉姆斯指出，资产的专用性程度越高，交易越适合在组织内进行；反之，则越适合通过市场机制来完成。组织经济理论对当代组织理论发展的主要贡献在于它推动了经济学在组织理论中的拓展，促进了组织理论的体系化、规范化，为经济学与组织学的融合构建了一条理论通道，将使组织结构理论的基础更加坚实。

总而言之，现代组织理论的发展呈现出复杂性、多样性的特征：组织流程再造强调打破原有专业化分工为导向的组织设计思路，关注组织流程改进，提高工作效率；组织生态理论强调组织形式的生物性进化；学习型组织理论充分发挥知识经济时代知识、信息的价值；混沌理论则从非线性的角度来发展现代组织理论；虚拟组织理论则从实践中提出了组织之间的准市场化问题；资源基础理论侧重于组织资源的组合；组织经济理论重视组织形式的规则安排。在信息化、全球化的浪潮推动下，现代组织理论有了更加丰富的发展，也促进了新一轮组织变革的到来，对作为实践主体的组织提出了更大的挑战。在实践中，需要用权变的观点和多样化的视角来分析判断，根据组织所从事业务活动的复杂性质和组织活动的具体环境来选择更具解释力的理论，指导组织变革实践的发展。

本章小结

本章较系统地介绍了不同时期组织理论的主要观点，展现它们的发展变化过程。

古典组织理论主要包含泰勒的科学管理理论、法约尔的职能管理理论和韦伯的职权管理理论。它侧重于对静态组织结构的研究，重视组织效率的提高，并在一定程度上揭示了组织的性质，为组织设计理论的产生和发展奠定了基础。但是，由于其在很大程度上无视正式组织中个人素质的相互作用、非正式群体的存在、部门之间的矛盾以及组织的决策过程等种种因素，因而具有很大的局限性。

行为科学组织理论主要包含梅奥的人际关系理论和巴纳德的社会系统组织理论。它是一种以人为中心的组织理论，强调人际关系和信息沟通，在企业组织与管理中，尽量根据个人的兴趣和爱好分配工作，因事择人，量才录用。根据个人的需求和特点设置机构单位和层次，非常注意发挥个人在组织中的主动性与创造性，重视非正式组织群体的作用。

现代组织理论主要包含经验主义学派、系统管理学派、权变理论学派、新组织结构学派等。它把企业组织看作一个开放的系统，把管理看作一个动态的调节过程。现代组织理论主张把组织中的人的行为作为研究的对象，把决策作为管理者的主要工作，既要积极强化人的需求又要节制人的需求。

到了20世纪80年代，信息化和全球化的时代背景下知识经济的到来也给组织的发展提出了前所未有的挑战，组织所面临的环境不确定性增强，科层组织结构的缺陷充分暴露。现代组织理论的发展呈现出复杂性、多样性的特征。

即测即评

扫描右侧的二维码图标（内含若干判断题、单选题和多选题），您可在线自测并查看答案。

思考题

1. 行为科学组织理论相对于古典组织理论，有哪些进步的观点？后者又存在哪些方面的不足？
2. 现代组织理论相对于行为科学组织理论，异同点何在？
3. 学习型组织是一种组织形式吗？这种组织理论和传统的组织理论有什么不同？

实例经验与启发

1. 这四个人的观点有何差异?

乔强调系统理论的意义，尤其关注外部系统性对组织管理运行的影响；萨利、海伦和汉克更多强调权变理论的价值，强调组织处于时刻变化的内外部环境中，需要根据具体形势的变化做出改变。同时，萨利反驳了乔的观点，认为系统理论过于复杂，无法对事物的发展和影响做出预判。海伦更多强调权变理论的广泛性和普遍性及其被无意识地使用于日常经营管理过程中。汉克更多强调了泰勒的科学管理思想。

2. 如何看待汉克关于激励问题的看法?

汉克的观念体现出了两种管理理念：一是权变思想，这种观念认为不需要依靠某种特定的组织理论进行管理，因为教条的理论并不适用于变化着的内外部环境，容易出现理论和现实脱节的现象。二是科学管理思想，他认为应该按照计件工资制的传统原则进行工资发放和物质激励。这种科学管理思想已经不完全适用于现代的经营管理，但其仍是近现代管理理论的发端，在传统行业仍然发挥着基础性的和长期的影响。同时，由于汉克自身在该公司负责生产，他对组织管理理论的认知会受限于自己岗位的工作要求。

3. 为什么组织管理理论与实际问题之间会出现脱节现象?

首先，没有任何一种管理理论能够完整地解释实践中的问题，每一种组织管理理论都具有自身的适用性和局限性，只能作为一个思考的角度。其次，组织管理理论是结合时代发展变化不断更新的，与实践生活呈现出不完全同步性，可能是超前的，也可能是滞后的。最后，组织管理运用的方法需要结合具体环境，不能照搬照抄。从这个角度来说，权变理论更加符合管理实际，应当综合利用各种理论和方法来具体实施管理过程。应用权变理论的主要问题在于，它没有一种明确的管理主张，仍要回到具体的管理理论、技术与方法中去，坚持权变思想要坚持不变性与可变性的统一，管理既不是一成不变的，也不是时刻在变的。

本章实训

实训目的

掌握不同时代的组织管理理论的主要观点及其特点。

实训内容

（1）选择一个历史悠久的美国传统企业，调查了解其历史发展脉络，作为情境展现的背景。

（2）针对该企业历史发展的不同时期，编辑与之相关的时代事件，如科学管理原理的应用、1929—1933年经济危机的爆发、互联网的兴起。

（3）按照时代发展阶段、公司发展阶段、理论发展阶段三个维度，设计若干幕舞台剧，表演呈现不同时期企业管理的主要特点。

实训组织与步骤

（1）教师讲解组织管理理论的发展脉络，并对该企业的发展历史进行简介。

（2）学生分为3 ~ 6组，分别负责不同时期的企业情境设计，1人负责旁白，其他人负责表演。

（3）学生分组展现舞台剧。

（4）针对情境模拟的内容展开讨论。

（5）教师进行内容点评和总结。

延伸阅读

[1] 肖鸣政.组织建构与企业管理技术［M］.北京：高等教育出版社，2003.

[2]［美］F. W. 泰罗.科学管理原理［M］.北京：中国社会科学出版社，1984.

[3]［美］卡斯特，罗森茨韦克.组织与管理：系统方法与权变方法［M］.傅严，李柱流，译.4版.北京：中国社会科学出版社，2000.

第二章
组织结构与设计的相关理论

学习目标

1. 掌握组织结构的基本形式及其特征、优势和缺陷
2. 理解组织结构的各种影响因素及其关系
3. 掌握组织设计的目标、原则和程序

关键术语

组织结构　管理层次　管理幅度　组织诊断　组织设计

情境实例

BAT的组织结构

BAT是百度公司(Baidu)、阿里巴巴集团(Alibaba)、腾讯公司(Tencent)中国三大互联网公司首字母的缩写。

百度前任COO(首席运营官)叶朋称，“百度崇尚简单”。这话同样可以套用在百度的组织结构上——百度看上去是一家只需要CEO就够了的公司(见图2-1)。在叶朋 2008年4月担任COO之前，这个职位空了一年之久。当他2010年离职后，这个职位一直空缺至今。而回过头去看百度的发展历史，COO职位已经出现三次为期不短的真空期了。同样的遭遇也发生在CTO职位上。而在2008年，这家公司竟然同时缺失COO、CFO(首席财务官)和CTO(首席技术官)。一些分析师认为，出现这种情况，是因为内部清洗和股票禁售到期两股力量同时夹击。但是互联网观察家谢文却认为，百度在找高管方面“判断有些失误”，他建议百度应该下决心把管理班子弄好，它还是需要一个5 ~ 7人、各有专长的核心高管团队。

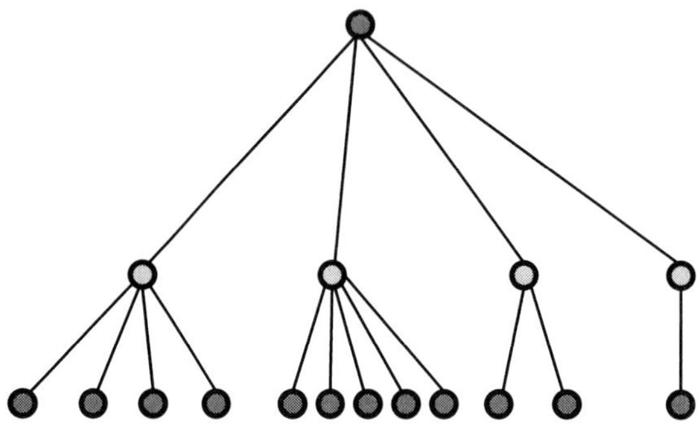

图2-1　百度的组织结构

你能想象没有马云的阿里巴巴吗？尽管2007年阿里巴巴B2B业务上市后，马云开始练太极、习道学、悟阴阳，但是，在阿里巴巴马云的影子似乎无时无处不在。现在，他又向公众展示了一条完美的产业链：万网提供域名，并量身定制出两套网站——B2B和B2C，再通过阿里巴巴网站和淘宝商城、淘宝集市三大平台，精确对接细分用户。散在全国的7个百万平方米以上的阿里大仓、若干个小仓，由物流宝打通的从供应商到阿里大小仓直至用户之间的物流数据流，囊括大阿里战略中所有的业务(见图2-2)。而马云，正如他自己所说，“已经融化在这家公司里”。

腾讯是个令人费解的内外两重世界，就像一堵围墙，墙内的人觉得公司简单欢快如大学校园，墙外的人却觉得“企鹅”彪悍且来势汹汹。反映在腾讯的业务和组织架构(见图2-3)，这种矛盾性也处处存在。经过几次大大小小的架构调整，腾讯将不断增设的新部门重新归类后细分，并按照业务划分为六大事

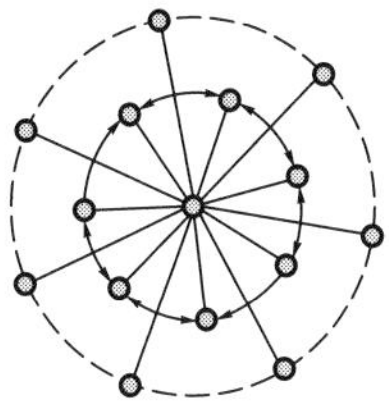

图2-2 阿里巴巴的组织结构

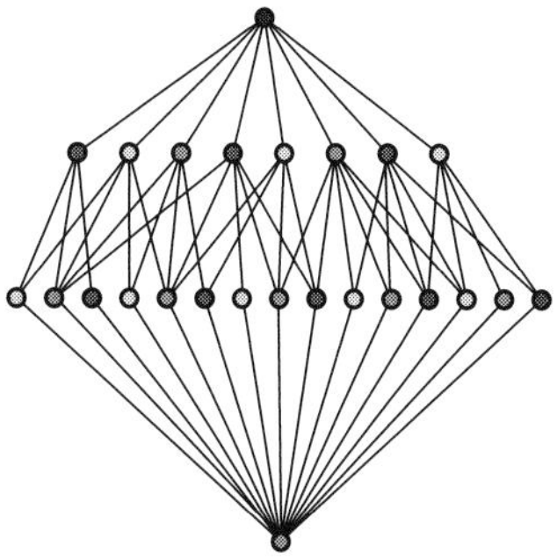

图2-3 腾讯的组织结构

业群（企业发展事业群、互动娱乐事业群、技术工程事业群、微信事业群、云与智慧产业事业群、平台与内容事业群）。看起来很清爽吧？可是当找出腾讯的产品与服务结构图来比较就会发现，腾讯产品与部门之间有着千丝万缕的关系。而此中的原因便是：作为腾讯盈利的法宝，QQ和微信不仅是即时通信平台的核心，也搭载或捆绑着腾讯诸多产品与服务。

资料来源：《第一财经周刊》。

本章将要介绍组织结构的主要形式，阐述不同组织结构形式的特征、优势与缺陷，并且分析组织结构的各种影响因素。因为不同的组织具体情况不同，不同的组织适用于不同的组织结构形式，这些内容都是我们进行组织结构设计的基础。按照这个逻辑，本章一共分成三节：第一节阐述了什么是组织结构，并介绍一些常见、常用的组织结构形式。第二节主要讨论组织结构形式的选择会受到哪些因素的影响，即在讨论组织自身特征、组织权变因素和组织变革过程的基础上，分析在这些具体的组织特征、权变因素和变革过程分别如何影响组织结构形式的选择。第三节概括地阐述了组织设计的基本目标、设计原则和设计过程。这些都是我们进行具体组织设计的相关理论。

第一节　组织结构的基本形式

在这一节，我们将要详细讨论组织结构。组织结构简单来说就是组织内部各个要素之间的相互关系结构。由于组织结构是抽象的，所以我们用组织结构图的形式把它展示出来。我们将会先讨论什么是组织结构，并为组织结构下一个定义，然后介绍一些常见的组织结构形式，在介绍过程中我们会使用组织结构图的方式来呈现，并分析每一种组织结构形式的特点、优势和缺陷。

一、组织结构的定义

组织结构（Organization Structure）是指为了完成组织目标而设计的，组织内部各个构成部分及其确定关系的形式。组织结构可以明晰地指出一个组织内部构成要素以及它们之间的相互关系，主要涉及组织部门构成、岗位设计、权责关系、业务流程、管理流程及其组织内部协调与控制机制等，它描述了组织的框架体系。[①]它是对组织复杂性、正规化和集权化程度的一种量度，它涉及管理幅度和管理层次的确定、机构的设置、管理职能的划分、管理职责和权限的认定及组织成员之间的相互关系等。组织结构的本质是组织好员工的分工协作关系，其内涵是人们在职、责、权方面的结构体系。[②]

组织结构不同于生物系统或机械系统，是看不见的，是人们对组织的一种抽象认识。组织结构是组织活动的静态表现，它与组织过程的动态性形成了鲜明的对比。因此，组织结构一般是以组织结构图的形式表现出来的。

由于组织结构图是对组织正式职权及其相互关系的一种静态描述和抽象模型，因而并不能准确具体地表明组织的实际情况，对于非正式组织中的关系根本无法体现。

组织结构图是基于正式关系而设计的，它不能表现出组织中成员之间错综复杂的非正式关系，也不能表现出这些关系的动态互动和变化。但是这并不能影响我们对某个组织结构的整体把握，因为任何的非正式行为和非正式关系无论多么复杂，都只能在正式组织中进行互动。组织内部各个要素之间相互关系的动态演变同样受到正式组织结构的限制。

① 陈俊梁，袁炜，陆静丹.组织理论与设计［M］.北京：中国人民大学出版社，2015：99.

② 岳澎，黄解宇.现代组织理论［M］.北京：北京大学出版社，2010：27.

二、直线制结构

直线制结构（Line Structure）是最早、最简单、最基础的一种组织形式，这种组织形式在现实中表现最明显的就是军队组织，非常严格的直线上下级关系，只有一条命令链。组织中的每一个职位按垂直系统直线排列。每个人只向一个上级负责，必须绝对地服从这一上级的命令。命令系统十分简洁，责任和权力归属非常明确。因为这种简单、直接的直线命令关系，上级对他的所有直线下级发布命令，同时承担责任。在这种组织结构中，管理者的权限是全面的，他对下属全面负责与管理，而下属各个方面只服从唯一的上司指挥，而不看其上司是否具备相应的管理能力。[①]图2-4是直线制结构的示意图。

① 肖鸣政.组织建构与企业管理技术［M］.北京：高等教育出版社，2003：31.

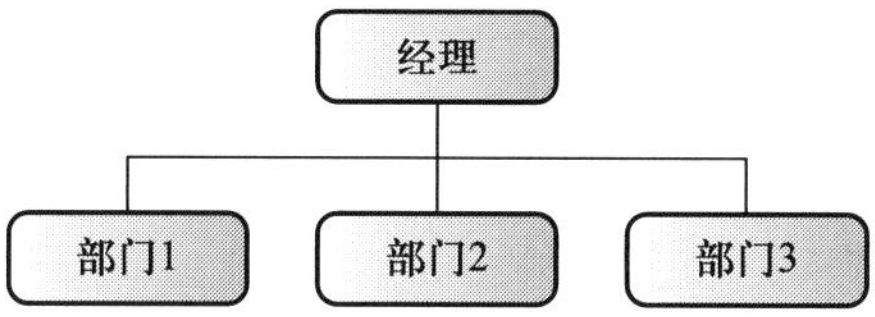

图2-4　直线制结构

（一）直线制结构的优势

（1）结构简单。这种简单的结构使得组织内部相互关系简单明确，便于上下级之间的沟通协调，尤其是方便上级对下级的直接控制。

（2）决定迅速。由于决策权完全集中于上级，所以决策速度很快，这样的决策方式适用于那些处于高度不稳定和高风险环境中的组织，因为外界环境的高度不稳定性和高度危险性，需要组织能够迅速协调和反应，以适应环境的变化和躲避风险，所以我们观察到作战的军队往往采用这种直线制组织形式。

（3）命令统一，令行禁止。直线制的命令关系能够以最快的速度命令所有下级采取一致行动，避免各行其道的情况。

（二）直线制结构的缺陷

（1）因为决策权高度集中，所以伴随着决策速度快的往往是决策失误率高。由于最高领导者作为一个人，理性能力和知识能力都是有限的，又缺乏纠错机制，一个人决策的失误率总是高于一群人决策的失误率。为了弥补领导者的能力不足和减少决策失误，一些组织为直线领导增加了参谋的职位。参谋的作用是为决策者提供决策建议和参考，但是不能发布命令，这也保证了直线制组织的命令统一。

（2）对管理人员的要求高。因为权力和责任的高度集中，要想做出正确的决策和进行有效的领导，就需要领导者有更强的能力，而事实上这样的人是很稀缺的。

（3）不适用于产品种类多、业务复杂、技术要求高的组织，而只适用于规模小、技术简单、目标任务和业务种类单一的组织。

三、职能制结构

职能制结构（Functional Structure）的特征是以工作方法和技能作为部门划分的依据，把承担相同职能的管理业务及其人员组合在一起，设置相应的管理部门和管理职务，为整个组织运行提供专业化的支持。职能制结构的目标就是通过对相同或相似职能的整合实现技术专门化，避免职位的重复设置，提高内部效率。图2-5是职能型制结构的示意图。

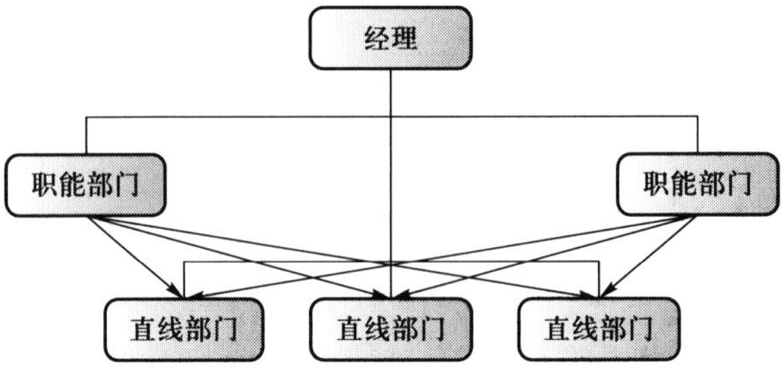

图2-5　职能制结构

（一）职能制结构的优势

（1）鼓励部门内规模经济，避免重复建设和浪费。通过对相同或相似功能的职位进行合并，整合形成一个专业的职能部门，能够为组织中任何部门提供统一的专业支持和服务，避免每一个部门都重复设置相同功能的岗位。

（2）能够发挥专业管理和专业知识的作用。通过专业分工形成的部门，部门内部可以相互学习和提高，组织统一的培训，发挥专业性优势。

（3）促进组织实现职能目标。对相同技术和职能的整合，能够更加专业地为其他部门提供支持服务，促成组织目标的达成。

（4）适应技术复杂、管理分工细致的组织。技术越复杂、分工越细致的组织，对专业性要求越高，职能制组织正好能够满足这种需求。

（二）职能制结构的缺陷

（1）与直线指挥权力冲突，破坏统一指挥。在这种组织结构中，管理者的职位权力被分解成不同的几个方面，由不同的职能部门承担，因此下属同时分属于多个领导者，出现多头指挥的情况。尤其是下属面临多个相互冲突的命令时，就会感到无所适从，不知道应该优先执行哪一个命令。

（2）部门间缺少协调，容易造成管理上的混乱。专业化分工造成的另外一个结果就是部门之间人为的割裂。由于职能部门的专业技术不同、从事的工作不同，在组织内的利益也可能不同，导致了部门之间的不协调甚至是冲突。这种内耗会降低组织的效率，造成管理混乱的局面。

（3）对外界环境变化反应慢。部门之间的割裂和沟通不顺畅带来的结果就是各个部门协调性降低，统一行动共同应对环境变化的能力也降低，具体表现出来就是对外界环境变化反应迟钝。

（4）可能引起高层决策堆积，出现纵向层级超载。职能分工越细，职能部门越多，高层面临的汇报人越多。当汇报的部门达到一定的数量，就会出现多个议题堆积，高层决策负担加重，更恶劣的结果就是决策质量降低。

（5）导致缺乏创新。很多创新的观点和想法是不同专业背景的人相互碰撞的结果，过分强调专业化和职能分工的结果就是组织内各个部分之间思维狭隘，缺乏创新能力。

（6）对组织目标的认识有限，目标曲解和置换。不同的职能部门都有自己独特的利益，专业化分工和职能部门分化带来的又一个副作用就是出现亚单位取向，只关注自己部门的利益和目标，不顾组织的整体目标，出现目标曲解和更严重的目标替换现象。

四、直线职能制

直线职能制（Line-Functional）是指以直线部门为基础，在各级行政主管之下设置相应的职能部门从事专业管理，作为该级行政主管的参谋，实行主管统一指挥与职能部门参谋指导相结合的结构形式。这种结构方式因为把职能部门设置在主管领导之下，所以在一定程度上解决了多头领导的问题。在直线职能制结构下，下级机构既受上级部门的管理，又受同级职能管理部门的业务指导和监督。图2-6是直线职能制结构的示意图。

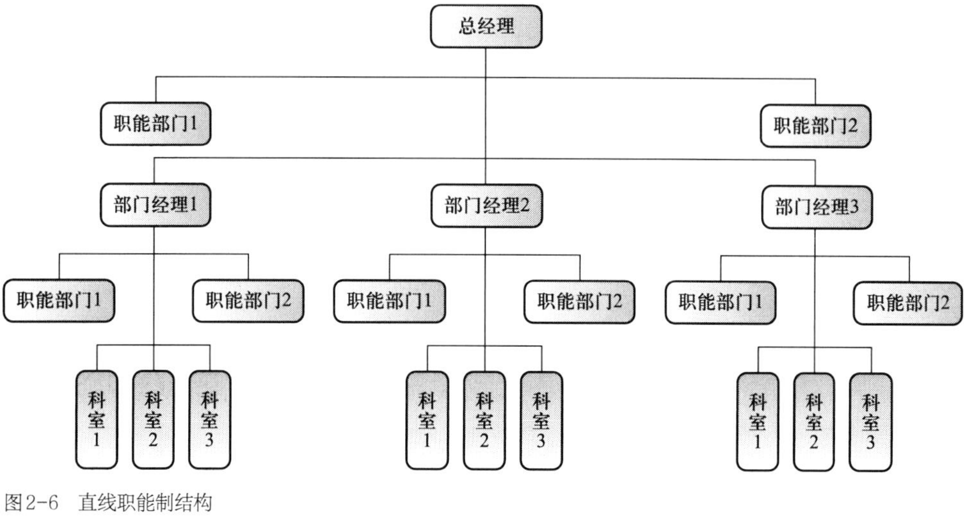

图2-6　直线职能制结构

（一）直线职能制的优势

它既保持了直线制结构集中统一指挥的优点，又吸收了职能型结构分工细密、注重专业化管理的长处，从而有助于提高管理工作的效率。

（二）直线职能制的缺陷

（1）典型的集权式结构，权力集中于最高管理层，下级缺乏必要的自主权，因为下级对决策的参与度不高，所以积极性和创新能力都会受到压抑。

（2）各职能部门之间的横向联系较差，容易产生脱节和矛盾。这一缺陷是职能制部门的先天缺陷，直线职能制并不能解决。

（3）建立在高度的职权分裂基础上，各职能部门与直线部门之间如果目标不统一，则容易产生矛盾。特别是对于需要多部门合作的事项，往往难以确定责任的归属。

（4）信息传递路线较长，反馈较慢，难以适应环境的迅速变化。这种信息传递缓慢，既表现在上下级之间的信息传递缓慢，也表现在同级部门之间的割裂和沟通不畅。

五、事业部制结构

事业部制结构（Division Structure）起源于美国通用汽车公司。20世纪20年代初，通用汽车公司合并了许多小公司，组织规模急剧扩大，产品种类和经营项目增多，而内部管理却很难理顺。当时担任通用汽车公司常务副总经理的斯隆参考了杜邦化学公司的经验，以事业部制的形式完成了对原有组织的改组，使通用汽车公司的整顿和发展取得了巨大的成功，成为事业部制的典型，因而事业部制又被称为“斯隆模型”。[①]

在日本，“经营之神”松下幸之助在1927年也采用了事业部制。这种管理架构在当时被视为划时代的机构改革，与“终身雇佣制”“年功序列”并称为松下制胜的“三大法宝”。

事业部制一般是以根据产品种类、服务的客户种类或者业务所在地区分类为基础划分的业务部门。所有部门都服从组织总部统一的战略规划，在统一的战略规划引导下，每一个事业部有非常大的自主性。每一个事业部都是一个独立的利润中心，它们可以根据自己部门的状况制定发展策略（当然是在服从组织整体战略的前提下），对自己的营业活动承担责任，自负盈亏。但是需要注意，事业部虽然自主性很强，但是不能编制单独的会计账簿，也不能擅自进行投资决策，这些权力还是属于总部。图2-7是事业部制结构的示意图。

（一）事业部制结构的优势

（1）有利于专业化生产和内部协作，提高生产率。事业部就是根据相同的产品、相同的客户或者相同的区域整合而形成的，因此本身就具有专业化的结果，专业化和分工

① 陈俊梁，袁炜，陆静丹.组织理论与设计［M］.北京：中国人民大学出版社，2015：113.

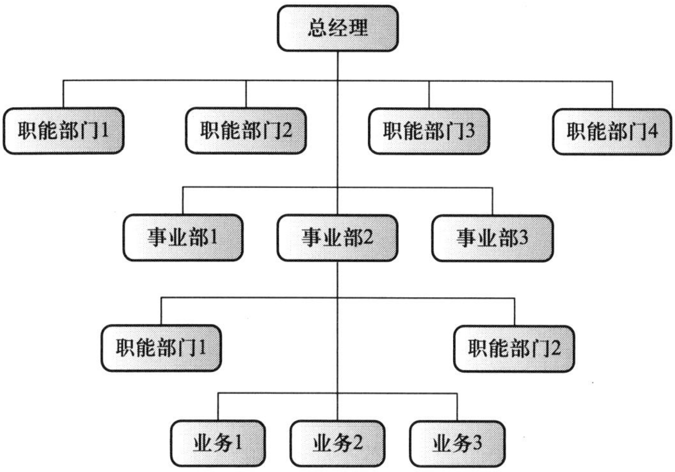

图2-7 事业部制结构

可以降低协调成本，提高效率。

（2）高层管理者摆脱日常经营和行政事务，但又与基层保持联系。对每个事业部充分授权，每个事业部都有非常强的自主性，这样做可以把大量烦琐的管理工作下放给事业部的负责人，组织的最高领导有更多的时间和精力来思考组织战略层面的问题。

（3）事业部自成系统，独立经营、核算，可以发挥灵活性和主动性。事业部因为最接近产品和顾客，能够最先了解到外界环境变化的信息，能够迅速地进行调整，保持经营的灵活性和环境适应性。

（4）内部竞争促进总体发展。事业部制的组织一般都有多个事业部，事业部之间的竞争行为本身就能够激发创造力、提高管理水平，促进整个组织的发展。

（二）事业部制结构的缺陷

（1）总部与分部之间信息不对称，事业部有独立利益，易于发生隐瞒实际情况的现象。相对于本部而言，事业部享有信息方面的优势。当事业部与总部出现目标不一致和利益不一致的情形时，事业部可能利用信息优势为自己谋取利益，而总部很难对其进行监督。

（2）不利于横向联系，导致本位主义。前面已经提到，每一个事业部都有很强的自主性，各个事业部之间是相互独立的个体，相互之间联系不大。这种缺陷带来的结果就是不同部门之间的协同效应降低，甚至出现不同部门恶性竞争的局面。

（3）内部竞争，内部人员交流困难，相互支援较差。部门的分割必然导致部门之间沟通过程中隔阂的增加，各自为政的可能性更大。

（4）总部与分部机构重叠（两套决策服务职能机关），权力结构复杂化，中层管理人员膨胀，管理费用增加。通过观察图2-7能够发现，总部有一些职能部门，各个事业部也有一些职能部门。这几乎是不可避免的，不同事业部之间要么是因为产品种类差异太大，要么是客户类型完全不同，要么是因为地理空间上的区隔，它们很难共享公司总部的职能部门所提供的服务，因此各个事业部都要设置符合自己需求的职能部门，这样做的结果就是部门重叠、机构膨胀。

六、矩阵式结构

矩阵式结构（Matrix Structure）是把按照职能组合业务活动，以及按照产品（或工程项目、规划项目）组合业务活动的方法结合起来运用的一种组织结构设计。在这种组织结构中，职责任务相同的职位被合并到一起，接受同一个管理者的领导。这种组织结构的特征是以任务（项目）为中心，把整个组织内的人力、物力、财力资源整合成一个项目组，一旦项目完成，组织就可以解散。按照这种组织方式，理论上可以通过组织内资源的配置，以项目的形式完成多种任务。图2-8是矩阵式组织结构的示意图。

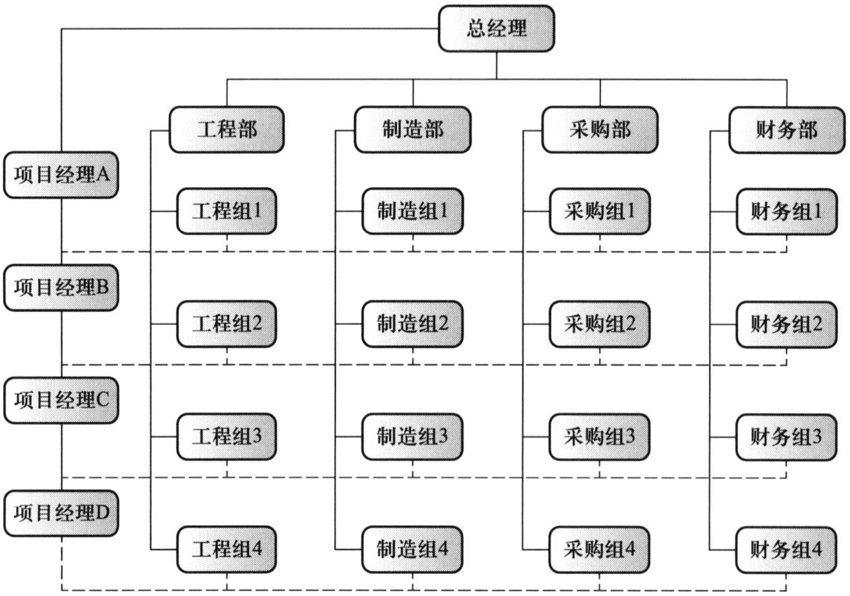

图2-8 矩阵式结构

（一）矩阵式结构的优势

（1）对环境的适应力强，协作程度高，促进一系列复杂而独立的项目取得协调。因为这种组织形式是以项目为中心，根据不同的项目来整合所需的资源，理论上不同的项目可以组织不同结构的资源来完成不同的任务，因此具有比较强的灵活性。一个项目完成以后，所有的资源回归对应的职能部门。新项目上马的时候又可以根据需求进行新的资源组合。这种灵活性增强了组织的环境适应性。项目组当中的资源是从原来的职能部门当中提取出来进行重新整合，因此协调性也更强。

（2）共享、集中调动资源，同时又保留将职能专家组合在一起所具有的经济性。这种组织形式集专业性与集中性于一体：一方面，人力、物力、财力全都来自对应的职能部门，保证了资源的专业性；另一方面，这些资源被整合在一个项目组当中，组内调动资源比跨部门调动更容易，协作起来更顺畅。

（3）适用于在不确定环境中进行复杂的决策和经常性变革的组织。这种组织形式的灵活性决定了它适用于不确定性的环境。

（4）适用于拥有多种产品的中等组织。一个组织有多个产品，也可以组建多个项目组来分别负责每一个产品，可以多个项目同时进行。

（二）矩阵式结构的缺陷

（1）当两种权力（直线职权与项目职权）出现冲突时，员工无所适从，造成混乱，降低员工的积极性。因为任何一个项目组的人员和资源都是从原有职能部门当中调集的，项目完成以后这些人员和资源还得回归到原来的职能部门当中去，因此员工不可避免地要受到职能部门命令的约束。因为员工又同时处在项目组当中，也要接受项目组领导的命令。在这样的情况下，员工就面临多头命令的情况。特别是当来自职能部门的命令和来自项目组领导的命令相冲突时，员工就不知道应该优先执行哪一个命令。两条命令链条造成了管理上的混乱。

（2）隐藏着权力斗争的可能。这种权力斗争体现在两个方面：一方面是不同项目组之间争夺资源的斗争，项目组之间也可能出现恶性竞争的情况；另一方面是项目组领导和职能部门领导之间争夺资源和人员控制权的斗争。

（3）耗费时间，包括很多的会议和协调。因为任何一个项目的组建都需要从原有职能部门调集资源和人员，所以必然面临与不同职能部门协调的问题，以及项目内各个小组的协调问题，甚至还涉及项目组之间的协调问题，这个协调成本是非常高的。

（4）对成员的要求高，员工需要好的人际关系能力和全面的培训。对成员的要求高也体现在两个方面：一方面是关于沟通协调能力的要求，因为涉及不同部门之间、不同项目之间、每一个项目内部各个小组之间的协调，而且这种协调并不容易，所以需要成员有很强的沟通协调能力；另一方面是关于知识能力的全面性要求，因为矩阵式组织的特征之一就是可以调动资源组建不同的项目，因此要求成员拥有应对不同项目的能力，对他们知识、技能和能力的全面性和适应性要求就更高。

七、虚拟网络型结构

虚拟网络型结构（Virtual Network Structure）是信息化时代的产物，便捷的远距离信息沟通使得不同的资源能够整合起来。虚拟网络型结构也称虚拟组织，指的是一些相互独立的业务过程无须在地理空间上整合到一起，而是把一个公司的业务过程拆分成不同的部分（研发、设计、采购、生产、销售、售后服务等），通过发达的网络通信技术把分拆后的业务外包（Out Sourcing）给其他专业性更强、效率更高的公司，只需要一个核心的团队来负责整合各个外包公司的相互关系，最后也能够向市场提供一个完整的产品或服务。图2-9是虚拟网络型结构的示意图。

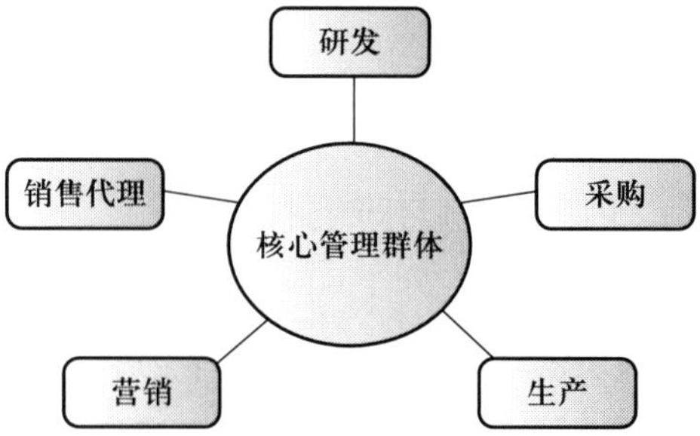

图2-9　虚拟网络型结构

（一）虚拟网络型结构的优势

（1）聚焦核心能力和领域，强化比较优势。采取虚拟网络型结构的公司，一般都只是保持了自己最具有核心竞争力的那部分业务（如研发、设计、品牌），而把其他业务都外包出去，这样能使组织集中于自己最擅长的业务，把自己不擅长的业务外包给那些更擅长于此项业务的主体，自己则可以集中精力巩固和增强核心优势。

（2）利用市场最佳专业技能。没有一个公司能够把所有业务都做到最好，把一些业务外包给更专业的、更擅长此项业务的主体，能够充分发挥专业性带来的效率提高。

（3）节约管理和运作成本。由于把大部分业务都外包出去了，管理剩下的核心业务和协调各个外包公司，运营成本会大幅降低。

（4）推进组织变革。因为只集中于自己的核心业务，所以更有精力来聚焦研究某一领域，促成创新。另外，因为大部分业务外包，自己的组织内部就不会形成很重的固定资产，组织要转型和变革，不会受到现有资产的绑架和拖累。

（5）避免劳资紧张。因为大部分业务外包出去了，核心管理团队不需要大量的人力资源，从而减少了劳资纠纷。

（二）虚拟网络型结构的缺陷

（1）一些组织可能因没认清自己的核心优势，把不该外包的业务外包出去，从而导致自己的核心能力减弱。

（2）网络关系中的合作伙伴不一定可靠。因为地理空间上的区隔和信息不对称的存在，外包的合作伙伴不一定能够按合同完成外包业务。组织有可能因为某一项业务没能按期完成而影响全盘计划。

（3）组织边界不确定使得组织控制权丧失。

（4）外包公司可能与本组织的文化、价值观不同，从而造成管理协调成本加大。

（5）可能导致组织对外部依赖性太强，从而丧失独立生存的能力。

八、横向型结构

横向型结构（Lateral Structure）是按照核心流程来组织员工，将在特定流程工作的所有人员组合在一起，这样便于沟通协调，有利于直接为顾客提供服务。横向型结构减少了纵向层级，并跨越了原有的职能边界。根据业务流程来组织资源，打破了原来明确的职能分工，形成横向的流程结构，因此也削减了层级，促进组织的扁平化发展。

（一）横向型结构的优势

（1）因为横向型结构削减了层级，所以信息传递的层级减少了，信息传递速度快、失真少。

（2）层级减少让领导离基层更近，便于高层领导了解基层情况。

（3）主管人员与下属能够结成较大的集体，有利于解决较复杂的问题。

（4）由于管理层级的减少和管理幅度的扩大，管理层管理负担加大，迫使管理层放权，减缓集权的势头。

（二）横向型结构的缺陷

（1）主管人员的管理幅度大，负荷重，精力分散，难以对下级进行深入，具体的管理。

（2）对主管人员的素质要求高，而且管理幅度越大，要求就越严格、越全面。当缺乏这样的主管时，只得配备副职从旁协作。

（3）由于打破原来的部门分工，专业化和内部规模优势就无法体现出来。

（4）根据业务流程配置人力、物力，各个环节之间的边界模糊，可能出现相互推诿和协调困难的情况。

九、混合型结构

混合型结构（Hybrid Structure）就是将上述两种或两种以上结构的特征结合到一起，目的是通过增加新的组织形式来克服现有组织形式的缺陷。例如，一些组织将职能制、事业部制和横向型结构结合起来，这样做的目的是适应复杂的环境。还有一些组织将职能制和横向型结构混合起来。还有一些组织则将矩阵式组织和事业部制组织混合起来。理论上讲，只要能够有效地协调和管理，可以把任何形式的组织结构混合起来使用。

（一）混合型结构的优势

混合型结构通过将两种以上组织结构特征组合到一起，能够克服单一组织结构的缺陷，能够适应更加复杂的环境。

（二）混合型结构的缺陷

混合型结构弥补单一组织结构不足的同时，也带来了其他组织结构的缺陷。其中最大的缺陷就是使得组织结构更加复杂，组织内部协调起来更加困难，管理混乱。

十、其他组织结构

（一）扁平化组织

组织扁平化，就是通过破除公司自上而下高耸的结构，减少管理层，增加管理幅度，裁减冗员来建立一种紧凑的横向组织，达到使组织变得灵活、敏捷、富有柔性和创造性的目的。它强调系统化、管理层级的简化、管理幅度的增加与分权。扁平化组织是由于科层制组织难以适应激烈的市场竞争和快速变化的环境的要求而出现的。

它的特点是以工作流程为中心而不是以职能部门为基础来建构组织；管理层级简化，削减中层管理者；组织资源和权力下放给基层，顾客需求驱动；实行目标管理。①

（二）无边界组织

无边界组织是曾任通用电气CEO的杰克·韦尔奇最先提出的一个概念。无边界组织是指边界不由某种预先设定的结构限定或定义的组织结构。他提出无边界组织的目的在于消除各个职能部门之间、各层级之间、内外部之间、各区域之间的信息交互障碍，使组织的各个构成之间能够自由沟通。

无边界组织并不意味着边界完全消失，而是将传统的组织边界模糊化，通过组织协调，提高整个组织信息的传递、扩散和渗透能力，实现信息、实验与技能对称分布和共享，达到激励创新和提高效率、使各项工作顺利展开和完成的目的。②

（三）战略联盟

战略联盟（Strategy Alliances）起源于日本企业界的合资浪潮。一些日本企业在寻找合资伙伴时，发现也可以只购买先进的技术，这便是战略联盟的雏形。1990年以来，美国国内及跨国性质的战略联盟，以每年25%的增长率快速发展。战略联盟这一概念，也是由美国DEC公司总裁J.Hopland和管理学家R.Nigel最早提出的。

战略联盟指的是两个或两个以上有共同战略利益的组织为共同开发或拥有市场、共同使用资源等，从而实现加强竞争优势的战略目标，通过各种协议、契约而结成的优势互补或风险共担、生产要素水平式双向或多向流动的一种合作竞争模式。③

① 陈俊梁，袁炜，陆静丹.组织理论与设计［M］.北京：中国人民大学出版社，2015：123.

② 陈俊梁，袁炜，陆静丹.组织理论与设计［M］.北京：中国人民大学出版社，2015：125.

③ 岳澎，黄解宇.现代组织理论［M］.北京：北京大学出版社，2010：209.

第二节　组织结构的影响因素

上一节在介绍组织结构的形式时提到了十多种组织结构形式。之所以要介绍这么多组织结构形式，是因为不同的组织结构适用于不同的情形。对于一个组织来说，没有最好的组织结构，只有最适合的组织结构。这一节我们要分析影响组织结构的因素，这些因素包括组织设计的权变因素、组织结构的特征因素和组织诊断与变革过程当中的具体情况。了解它们可以帮助我们在众多的组织结构形式当中，为特定的组织选出比较适合的一种组织结构形式。

一、组织设计的权变因素[①]

（一）环境

环境，从广义上说，就是组织范围以外的一切事物，包括一般环境与特定环境。揭示一般环境的特征有文化特征、技术特征、教育特征、政治特征、法制特征、自然资源特征、人口特征、社会特征、经济特征等，而特定环境是指与个别组织的决策、转换过程相关的更具体的力量。一般环境在既定的社会中对所有组织都是一样的，而各个组织的具体环境则各不相同。

① 肖鸣政.组织建构与企业管理技术［M］.北京：高等教育出版社，2003：21.

无论是一般环境还是特定环境，它们对组织的影响都不是直接的，而是要通过察觉到的或意识到的环境才能发挥作用。外界环境的信息，是通过组织内部成员，特别是起决定作用的管理者的感觉、知觉与认识（思维）的过程，影响组织内部特征的决策。图2-10表示出了这种关系。

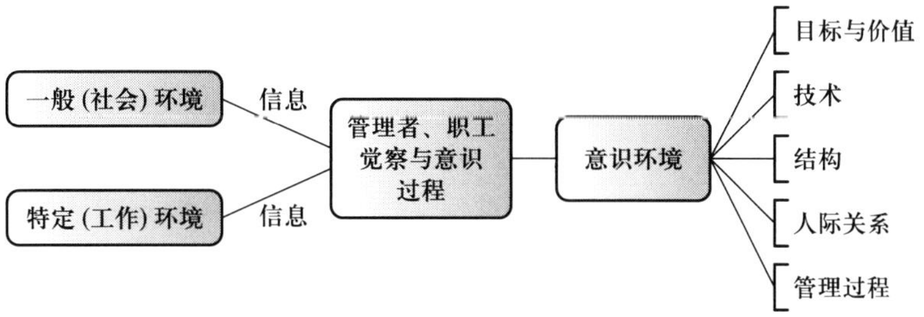

图2-10　组织环境示意图

一个组织所处环境的性质，可以从变动性和复杂性两个方面来度量。变动性是指判断组织所处的外部环境是经常变动的还是相对稳定的；复杂性是指判断组织所处外部环境只是与单一少量的还是与大量的顾客、供应商和竞争者发生关系。

面对变动性大且复杂的环境，组织结构以有适当弹性的有机结构为宜，并注意灵活性、分散与协作；面对变动性小且简单的环境，组织以稳定的机械结构为宜，并要注重规章、程序与权威。具体见表2-1和表2-2。

表2-1 机械性与有机组织特征比较表

组织结构因素	特征对比	
	机械结构	有机结构
1. 外在的环境系统:		
一般特性	稳定的	动态的
可预测性	高度稳定的	高度不稳定的
环境影响	低	高
2. 整个组织系统:		
组织的重点	以绩效为重	以解决问题为重
行动的预知性	相当确定	相当不确定
决策	程序化决策	非程序化决策
3. 目标与价值:		
目标的设置	自上而下为主	基层的参与
目标的重点	短期，偏重效率	长期，偏重发展绩效、适应力
价值标准	效率、预知性、安全、避免风险	反应性，冒一定的风险
4. 技术系统:		
知识	高度专业化	高度通才化
时间幅度	短期性	长期性
任务的相互关联性	低	高
5. 结构系统:		
结构类型	正规化结构	弹性结构
规章和程序	多，常为正式的书面形态	少，常为非正式及非书面形态
组织的层级	多	少
职权的威信与来源	来自组织中的地位与职务	来自当事人的知识和能力
责任	与地位相关	由个人自行担当
6. 社会及心理系统:		
人员参与	正式关系	非正式关系

续表

组织结构因素	特征对比	
	机械结构	有机结构
个人参与	低	高
激励因素	注重低层次需求（X理论）	注重高层次需求（Y理论）
领导	集权式	民主式
忠诚心	对组织的系统	对团体和事业
7. 管理系统：		
沟通的内容	垂直的指示和命令	横向的和垂直的意见、劝告和信息
控制程序	运用法令规章的措施	经常有人际的接触、说服、建议等
解决冲突的办法	由上级处理并常列入记录	由相互作用，由团体视情况来处理
8. 绩效标准：		
绩效的重点	看重结果	看重活动和结果
时间	作用和结果之间时间较短	作用和结果之间时间长
衡量	客观地衡量	客观和主观地衡量

表2-2　组织结构与环境性质权变因素

环境的稳定性	稳定	低度不确定	低度不确定
		1.机械结构	1.有机结构
		2.部门少	2.部门多，对外联系也多
		3.无综合业务	3.有一些综合业务
		4.业务导向	4.有一些计划
	不稳定	中高度不确定	高度不确定
		1.有机结构	1.有机结构
		2.部门少，对外联系也少	2.部门多，专业化高，对外联系也多
		3.有一些综合业务	3.有很多综合业务
		4.计划导向	4.强硬的计划和预测
		简单	复杂
		环境复杂性	

（二）管理战略

管理战略是指组织面对竞争和挑战的环境，为寻求生存和发展而进行的总体谋划。它具有全局性、长远性、抗争性和纲领性的特点，是组织综合地考虑了外部环境、内部条件、组织目标而做出的对策和反应。

为什么一些组织的组织结构存在很大差异呢？1962年，美国的钱德勒在《战略与组织结构》一书中指出，当一个组织由于面临的环境变化需要有效运用它的资源时，必须改变它的发展战略。新的战略应促使内部结构的建立或改革，否则战略将会无效。也就是说，相应于组织的每种战略，都会有不同的组织结构。

从组织发展的过程来看，组织的管理战略大致有管理对象数量扩大、管理地域扩大、管理功能纵向一体化发展、管理功能横向联合化发展四种战略。四种战略的特征及相应的组织结构如表2–3所示。

表2–3　管理阶段战略与组织结构关系表

发展阶段	管理战略	管理特征	组织结构
初创时期	数量扩大	在同一地区内扩大企业的产品和服务种类	单一经营的组织结构
扩展时期	地域扩大	要求将企业产品或服务扩展到其他地区	单一办公室分解为多个职能科室
成熟时期	纵向一体化	产、供、销一体化	中心办公机构加多个职能部门
发展时期	横向联合化	产品多样化、跨行业经营	分权的事业部组织结构

从企业经营领域的宽窄来分，企业经营战略可以区分为单一经营战略和多种经营战略。两种经营战略与组织结构关系如表2–4所示。

表2–4　经营战略同组织结构的关系表

经营战略	组织结构
单一经营	职能制
副产品型多种经营	附有单独核算单位的职能制
相关型多种经营	事业部制
相连型多种经营	混合结构
非相关型多种经营	公司制

美国的迈尔斯和斯诺根据对既定产品或经营项目如何进行竞争的方式和态度，将经营战略区分为保守型、风险型和分析型三大类。表2–5就是与之对应的组织结构。

表2-5 三种战略及对应的组织结构特征

结构特征	保守型战略	风险型战略	分析型战略
主要结构形式	职能制	事业部制	矩阵制
集权与分权	集权为主	分权为主	适当结合
计划管理	严格	粗泛	有严格也有粗泛
高层管理人员构成	工程师、成本专家	营销、研究开发专家	联合组成
信息沟通	纵向为主	横向为主	有纵向也有横向

（三）技术

技术，从管理角度看，主要是指把原材料转化为最终产品或劳务的机械力或智力过程。

英国工业社会学家琼·伍德沃德最早对工业生产技术同组织结构的关系进行了有影响力的南埃塞克斯郡研究。她的研究表明，每一种有着相同目的和技术复杂程度的生产系统，都有独特的组织模型和管理特征。其中，目的指企业的产品和市场；技术复杂程度包括产品制造过程的机械化程度，以及制造过程的可控性。技术复杂程度高，意味着大多数生产操作是由机器来完成的，因而具有较高的可控性；技术复杂程度低，意味着操作者在生产过程中起着较大作用。依据技术复杂程度高低，伍德沃德把技术划分为单件小批生产、大批量生产和长期连续生产这三类，并设计了与之相应的组织结构，如表2-6所示。

表2-6 技术类型与组织结构的关系

组织结构特征	技术类型		
	单件小批量	大批量生产	长期连续生产
管理层次数目	3	4	6
管理层的领导幅度	4	7	10
基层领导的管理幅度	23	48	15
基本工人同辅助工人比	9:1	4:1	1:1
高文化素质管理者	比例低	比例中等	比例高
经理人员比例	低	中等	高
技术工人数量	高	低度不确定	高
规范化程序	少	多	少

续表

组织结构特征	技术类型		
	单件小批量	大批量生产	长期连续生产
集权程度	低	高	低
口头沟通的数量	高	低	高
书面沟通的数量	低	高	低
整体结构类型	有弹性的	机械的	有弹性的

技术因素对组织结构的影响还表现在行业级技术与部门级技术上。表2-7和表2-8是服务行业技术与产品制造行业技术特点对组织结构特征的影响比较分析表和组织内部各部门工作技术特点对组织结构特征影响比较分析表。

表2-7　服务业与制造业同组织结构特征关系比较分析表

组织结构特征	行业类型		
	服务业	产品制造业	综合型
地区上的分散程度	高	低	中等
任务界限	模糊	严格	中等
技术职员的专业化程度	高	低	中等
技能的重点	人际关系	技术	人际关系与技术
决策集权程度	低	高	中等
规范化程度	低	高	中等

表2-8　部门技术类型同组织结构特征关系比较分析表

组织结构特征	技术类型			
	事务性	技能性	工程技术性	非事务性
规范化程度	高	适中	适中	低
人员的专业素质	稍需专业训练和经验	需要工作经验	需要正规专业教育	需专业教育和工作经验
管理幅度	宽	适中偏宽	适中	窄
集权程度	高	适中	适中	低

续表

组织结构特征	技术类型			
	事务性	技能性	工程技术性	非事务性
沟通类型和方式	纵向的、书面的	横向和纵向	书面的、口头的	横向的、口头的
控制方法	规章、预算报表	训练和会议	报表和会议	明确责权、目标、会议
目标重点	数量和效率	质量	可靠性、效率	质量
组织结构类型	机械	偏向有机	偏向有机	有机

（四）人员素质

人员素质，是指职工的品德、智能、文化、身体、价值观、作风等。

组织结构的设计有时需要从实际情况出发，要考虑到组织在近期内招收到合格素质的人员的现实性以及现有职工培训的可能性。具体地说，人员素质直接影响企业的集权程度、管理幅度、分工形式和人员定编等。

一般来说，组织中层干部的政治思想水平较高、管理业务知识全面、工作经验丰富、组织能力强，则管理权可以较多地下放，管理幅度可以适当扩大；反之则以较多集中为宜，适当缩小管理幅度。

实行事业部制，一个重要的条件就是干部中要有能力比较全面的人选，以取得较好的效果；实行矩阵制，则项目经理的人选也要求在职工中有较高的威信和良好的人际关系，具有较多的专业知识和工作经验，具有较强的组织能力和人际关系技能。

定编定员时，若企业人员素质好，一人可兼数职，则可以减少编制，提高工作效率。

（五）规模

组织规模一般指组织内职工人数、年产量、年销售额、投资额等，但在这里以职工人数为标志。

组织规模直接受企业组织的复杂性、决策权分化程度、正规化程度、人员结构等方面的影响。不同规模的组织结构特征如表2–9所示。

表2–9 不同规模的组织结构特征

组织结构因素	小型组织	大型组织
管理层次的数目	少	多
部门和职务的数量	少	多
分权程度	低	高

续表

组织结构因素	小型组织	大型组织
技术和职能的专门化	低	高
正规化程度	低	高
书面沟通和文件数量	少	多
专业人员比率	小	大
文书、办事员比率	小	大
中高层行政管理人员比率	大	小

（六）生命周期

1972年，美国哈佛大学的格瑞纳教授研究认为，组织的整个发展过程由数个发展阶段组成，每一个发展阶段都由两个时期组成，一个是稳定发展时期，另一个是变革时期。当组织处于稳定发展时期，组织结构适应于内外部条件的需要，组织结构和活动没有重大变化；当组织进一步发展处于不稳定时期，现行组织结构就不再适应，必须进行适当的变革。组织生命周期各阶段的组织结构特征如表2–10所示。

表2–10　组织生命周期各阶段的组织结构特征

组织结构因素	创业阶段	聚合阶段	规范化阶段	成熟阶段
重点目标	生存	成长	声望、稳定性、扩大市场	独特性、完善的组织
正规化程度	非正规化	初步正规化	正规化	正规化
组织形式	直线制	职能制	职能制或事业部制	职能制加矩阵制
集权程度	个人集权	上层集权	有控制的分权	有控制的分权
高层领导风格	家长制	有权威的指令	分权	参与
奖励方式	凭个人印象和感觉	个人印象和制度各半	正规的考评和奖惩制度	系统考评按小组奖励

上述关于生命周期四个阶段成长过程的论述属于一般规律性的归纳，现实生活中则是复杂多样的，并非顺次发展，有的跨越一两个低级阶段，有的中间阶段一闪而过，有的中途夭折。

二、组织结构的特征因素

当我们剖析组织结构因素时，不难发现组织结构的特征因素有以下几个：

（一）管理层次与管理幅度

管理层次，是指组织纵向结构的等级层次，有多少等级层次，就有多少管理层次。管理层次的多少，表明组织结构纵向复杂程度。

管理层次在每个企业中表现的情况不一。大型企业从总经理到一般职工，中间层次有5 ～ 6个；中型企业的管理层次是3 ～ 4个；小型企业的管理层次一般只有2 ～ 3个。

管理幅度，是指一个领导者直接领导和监督的下属人数。管理幅度除第一线外，一般少则2 ～ 3个人，多则12个人。第一线的管理幅度可达10 ～ 50人。

管理层次与管理幅度在组织结构中成反比。管理层次越多，管理幅度越大；管理层次越少，管理幅度就越大。一般有“横六纵五”之说，即组织内纵向层次不能超过五级，横向部门不能超过六个。

（二）专业化程度与分工形式

组织结构的专业化程度，就是组织各个职能工作分工的精细程度，具体表现为部门和职位的数量多少。同样规模的组织，如果科室机构多、职位多，则说明分工较细，专业化程度较高。

各部门的横向分工，不仅表现在分工的精细程度，而且表现在分工采取的形式上。这种组织的横向分工形式表现为企业横向部门设立方式。常见的形式或方式有：按职能划分、按产品划分、按区域划分、按生产程序划分、按人员或产品等其他因素综合划分。

（三）地区分布与关键职能

地区分布是指组织在不同国家、地区设置生产场所和管理结构状况。组织的地区分布状况标志着组织结构在空间上的复杂程度，地区分布范围越广，则管理越复杂。

关键职能是指组织结构或地区分布中处于中心地位，具有较大职责和权限的职能部门。关键职位在不同组织中是不同的，有的是质量管理，有的是技术开发，有的是市场营销，有的则尚未明确。

（四）集权程度与分权程度

如果组织的管理决策权集中在高层管理者手中，表明这种组织结构的集权程度是相当高的；反之，如果把其中相当大的部分放给较低的管理层次，则表明这种组织结构的分权程度较高。表现组织职权集中或分散程度的具体标志有：生产计划的品种、质量、数量的决策权；产品销售权；外协决定权；单位职工招收和任免权；财务决策权；多大范围的物资采购权，等等。

（五）制度化程度与规范化程度

制度化程度，是指组织中采用书面文件的数量，包括表明组织各项工作的程序、方法、要求等的规章制度，以及用以传递信息的各种书面文件，如计划、指示、通知、备忘录等。制度化程度越高的组织，各项制度用正式通过批准的书面文件加以合法化的书面文件就越多，上下左右之间的信息交流也多采用书面形式。

规范化程度，是指以同种方式完成相似工作的程度。生产作业、管理作业，特别是日常事务工作，都有一定的标准程序与方法，可以实现规范化管理。组织的规范化程度越高，其工作内容规定得越详细，而且相同的工作职务，无论人员是否变更，其工作程序与方法都保持不变。生产作业和管理业务的规范化程度，具体可以用已经纳入组织的作业标准和管理工作标准的数量及其详细程度来衡量。

（六）人员结构与职业化程度

人员结构，是指各部门、各职能人员在组织总人数中的比例分布情况。它一般通过专业技术人员比率、管理人员比率、中高级管理人员比率、主要业务工作与辅助业务人员的比率等指标来揭示。

职业化程度，是指员工对于现任本职工作所接受的文化与职业教育程度。职业化程度可以采用组织职工的平均文化程度（受正规教育的年限），以及进组织后的职业培训期限来表示。

如果组织内多数职工具有较高文化水平，或经过较长时间培训并能够熟练地从事本职工作，那么说明该组织的职业化程度较高。

表2-11是两个企业组织结构特征因素的对比分析表。

表2-11　两个企业组织结构特征因素对比分析

组织结构特征因素	甲企业	乙企业
管理层次与管理幅度	6个管理层次，总经理管理幅度为8人	3个管理层次，厂长管理幅度为5人
专业化程度与分工形式	6部2室，共23个科室，事业部制	共有3个科室，职能制
地区分布与关键职能	外省市有4个分厂和分支机构，质量管理为其关键职能	全部在本县，尚未明确其关键职能
集权程度与分权程度	事业部分权制	厂部集权制
制度化程度与规范化程度	各项管理制度健全，书面文件占较大比重，管理工作已实行标准化	仅有财务、采购、仓库等几项基本制度，信息交流绝大多数用口头方式，管理工作尚未程序化、规范化
人员结构与职业化程度	技术人员75人，占全厂职工2.5%；基本工人同辅助工人比率为4∶1	技术人员2人，占全厂职工1%；基本工人同辅助工人比重为9∶1；受教育年限平均为6.5年；绝大多数人为小学教育水平。

通过对上面这个表格的比较可以发现，甲企业员工的职业化程度显然比乙企业高，甲企业的员工文化水平更高，技术人员比率更大，管理的制度化与规范化程度更高，业务范围更广，核心职能明确，管理幅度更大，分权程度也更高。从这一系列特征我们可以判断，甲企业比乙企业更成熟，管理运营更加规范，人员职业化程度更高。通过这个例子也可以看出一个组织的正规化与人员的职业化是息息相关的。

三、组织诊断与变革

组织所处的内外部环境在不断变化，组织也不可能一成不变。组织只有根据环境的变化做出适应性的变革，才能在不断变化的环境中生存下去。组织变革的原因主要来源于三个方面：组织外部环境的变化、组织内部环境的变化和组织自身引领的变化。组织需要分析自己的组织结构与内外部环境是否相适应，如果不适应就需要找出不适应的原因，积极推动变革。下面介绍组织变革的过程。

（一）组织诊断，发现变革的动因

一个需要变革的组织，往往会出现一系列的征兆，就像一个病人会表现出一系列的病征，当出现一些不好的征兆时，就说明组织已经不能适应环境了，需要寻求变革。这些征兆包括：① 组织绩效下降；② 创新能力下降；③ 组织的主要职能效率下降，表现为业务部门不能及时完成工作任务、产品质量下降、财务状况恶化、各部门之间协调困难、人际关系紧张等；④ 组织机构臃肿，人员冗杂，办事效率低下；⑤ 信息沟通渠道堵塞，沟通效率低下；⑥ 员工士气低落，满意度低，离职率高[①]；⑦ 对顾客需求和环境变化反应迟钝。在这里需要提醒的是，组织出现微小的病征就需要管理者高度警惕了，因为等到明显的病征出现时，这个组织往往已经深陷危机，那个时候即使变革也往往无力回天了。发现这些征兆之后，就需要对组织进行一个诊断，找出病因所在。

① 于斌.组织理论与设计［M］.北京：清华大学出版社，2012. 155.

（二）组织诊断的方法

组织诊断，就是通过现场调查、人员访谈、收集资料等途径全面、详细、具体地了解组织内部的情况，对组织内部的职能分工、相互关系、信息沟通渠道、信息沟通方式、协调和控制方式、激励机制、决策流程、工作流程等内在关系进行全面梳理。在梳理的过程中，要尽可能发现关系不清晰、结构混乱、权责不明确、权责缺失、权责重叠等各种情况，从中找出导致组织绩效降低的问题，并针对这些问题进行组织变革。

组织变革的动因往往来自三个方面[②]：

（1）组织所处的外部环境发生变化。因为组织总是处于某一特定的环境当中，总是要与外部环境发生互动，外部环境

② 于斌.组织理论与设计［M］.北京：清华大学出版社，2012：155.

的变化必然要求组织进行变革并采取新的互动方式。外部环境又分为宏观环境和微观环境。宏观环境包括社会、政治、经济、文化、科技、人口等因素；微观环境指的是那些与本组织密切相关的环境因素，比如行业竞争状况的变化、合作伙伴的变化等。

（2）组织的内部环境发生变化。组织的内部环境包括业务水平、技术条件、管理条件、人员条件等。

（3）组织自身条件的变化，如组织生命周期的变化、业务类型的变化、组织规模的变化等。这些变化必然导致原有的组织结构与新的情况不符，此时就需要对原有的组织结构进行变革。

（三）变革的分类

按照组织变革的侧重方向划分，分为战略性变革、结构性变革、流程主导性变革和以人为中心的变革；按照变革的速度与程度划分，可以分为激进式变革和渐进式变革。激进式变革和渐进式变革是最常见的两种变革模式。[①]

1. 战略性变革

战略性变革指的是对组织发展的长期战略进行调整。

2. 结构性变革

结构性变革是指组织根据环境的变化适时对组织的结构进行变革，并重新在组织中进行权力划分和资源重新配置。

3. 流程主导性变革

流程主导性变革指的是组织根据业务流程的变化重新进行组织结构设计和资源配置。

4. 以人为中心的变革

以人为中心的变革是指组织中的成员通过培训和教育，甚至员工的调整，改变成员的知识、能力、技能和价值观，以适应环境变化的组织自身的调整。

5. 激进式变革

激进式变革力求在短时间内，对组织进行大规模的全面调整，以彻底地打破组织现状并迅速建立新的组织目标。[②]激进式变革往往速度很快，见效也快，但是风险很高，变革的阻力也更高。

6. 渐进式变革

渐进式变革是对组织进行小规模的局部调整，以实现组织目标的渐进式转变。这种变革依靠持续、小规模的变革来达到目标状态，具有调整规模小、波动次数多、变革持续时间长等特点，因此有利于维持组织的稳定性。[③]

（四）变革的过程

1. 组织诊断，发现变革征兆

发现变革征兆前面已经有过详细的解释，即只有找出组织的问题所在，才能采取针对性的变革措施。

① 李春波.组织设计与发展［M］.北京：北京大学出版社，2014：226.

② 于斌.组织理论与设计［M］.北京：清华大学出版社，2012：156.

③ 于斌.组织理论与设计［M］.北京：清华大学出版社，2012：157.

2. 分析变革因素，明确变革目标

任何的管理行为都必须是目标导向的，即只有明确变革的目标，清楚地知道组织要变成什么样，才能有的放矢地进行变革。

3. 制定变革方案

在变革目标的指导下选择具体的变革方案，主要考虑变革的类型、变革的模式和变革的策略。推进变革的方式有多种，组织在选择具体的方案时要充分考虑变革的深度和难度、变革的影响程度、变革的速度，以及员工的可接受程度和参与程度等，做到有计划、有步骤、有控制地进行。[①]

4. 实施变革方案

在实施变革方案的过程中，有可能出现一些与变革方案和变革计划不一致的意外情况，此时就需要根据实际情况调整变革方案和变革计划。

5. 评估变革效果

无论变革是否成功，都有必要对变革的效果进行评估，评估的指标会因为组织的不同而有所差异。不过，评估过程中最应该关注变革是否解决了变革之前出现的问题。通过评估和总结，吸取经验教训，为调整变革计划和以后的进一步变革提供决策依据。

6. 反馈和改进

评估变革效果后，无论效果好坏，都应该及时向变革的组织进行反馈，提出相关的改进意见。

（五）变革阻力[②]

变革阻力是指反对和阻碍变革的制约力量，因为任何改革都必然涉及对原有组织结构和资源分配方式的改变，必然会触动既有的利益格局，因此组织变革的阻力不可避免。另外一些阻力来源则不是因为利益的制约，而是因为认知和价值观的局限。这些阻力可分为个体阻力、群体阻力、组织阻力、文化阻力和社会阻力。

1. 个体阻力

（1）职业心向阻力。员工长期从事某项工作时，会形成心理上的戒备状态，这种心理被称为职业心向。对于常规性工作者而言，职业心向会起到积极作用，可以提高工作效率。当组织进行变革时，职业心向会起到消极作用。

（2）保守心理阻力。员工都存在保守心理，即努力维持现状，害怕变革。

（3）习惯阻力。员工通常按照自己的习惯对外部环境的刺激做出反应，以获得心理上的平衡。习惯一旦形成，员工会对相同的刺激做出相同的反应。当组织发生变革时，员工已有的习惯导致无法应对新的刺激，从而成为变革的阻力。

（4）利益分配阻力。组织变革伴随着组织利益的重新分配，会影响某些员工的既得利益。

① 李春波.组织设计与发展［M］.北京：北京大学出版社，2014：232.

② 于斌.组织理论与设计［M］.北京：清华大学出版社，2012：160.

（5）选择性信息加工阻力。管理心理学指出，个体通过知觉来认识世界，认知一旦形成就很难改变。为了保持知觉的整体性，个体会有意地对信息进行加工，选择对自己有利的信息，而过滤掉对自己已经形成的认知世界构成挑战的信息。也就是说，员工倾向于选择熟悉和稳定的信息而排斥因为变革带来的陌生信息。

2. 群体阻力

（1）群体惯性。组织中存在非正式关系的非正式组织，这些人往往会形成自己的规范，当变革行为触及他们既有的规范与习惯时，变革就会受到抵抗。

（2）信息沟通障碍。当组织发生变革时，不同群体之间的信息沟通障碍会发挥作用，从而产生不利于组织变革的信息传递，影响变革的效果。

3. 组织阻力

（1）组织惯性。组织惯性是组织运行过程中形成的僵化体系和程序，会阻碍组织的进一步发展。

（2）对已有权力的触及。组织变革会引起组织权力的重新分配，威胁到组织原有的权力关系，已获得权力的个体和团体会阻碍变革的进程。

4. 文化阻力

任何一个组织运行过程中都会产生一个相对稳定的文化环境，这种文化具有稳定性，组织中现有的文化会对变革带来的新文化产生抵制作用。

5. 社会阻力

组织总是要与外部环境发生各种各样的互动。当一个组织的变革触动了社会中某些利益群体或者与他们的思想观念不符时，就会遭到抵制。

正是因为各种各样的阻力存在，策略在变革过程中才显得十分重要。

（六）克服阻力的变革策略

1. 教育变革策略

对组织中的个体进行培训和教育，改变他们的观念和想法，让他们在思想上接受这样一个现实：组织变革是组织生存的基础。从长期来看，组织变革不但对组织整体有利，而且对组织中的个体有利。通过文化建设，形成一种变革型、创新型文化，让组织中的个体在思想和价值观上接受和支持组织变革。

2. 理性变革策略

这种变革策略主要是针对既得利益者，他们反对变革的原因就是因为变革触动了他们的既得利益。为了减小变革的阻力，可以和既得利益者进行谈判和一定的利益妥协，通过利益的交换和利益平衡，换取他们对变革的支持，减少变革的阻力。

3. 强制性变革策略

当组织的领导者认为组织的变革势在必行，而教育变革策略和理性变革策略又不能取得明显的效果时，就需要采取强制性变革策略。强制性变革策略首先需要一位强有力的变革型领导，由变革型领导来主导一场变革。对于变革中的阻力可以采取一系列的强制措施，对于顽固的反对力量甚至可以把他从组织当中清除。

但是这样做可能造成矛盾激化和组织动荡，所以强制性变革策略应该是迫不得已而最后采取的措施，采取强制性措施时还要注意可控性，防止组织失控。

第三节　组织设计方法概论

本节将概括性地介绍组织设计的目标、原则和程序。任何组织设计首先是针对一定的目标进行的。只有明确了要达到什么样的目标，才能有的放矢地进行组织设计。明确目标之后，就要进行具体的组织设计工作。但是组织设计也有一些基本的原理性的规则，只有服从这些基本原则，组织设计才不会出现大的错误。在目标的导向和基本原则的指导之下，还需要按照一定的程序实施，以顺利完成组织设计工作。

一、组织设计的目标

组织设计实践中具有多重目标，但是最基本的目标是降低协调成本和提高组织效率，其他的各种目标最终也要回归到提高组织运行效率这个目标上来。

因此，组织设计的基本目标，就是理清组织中各个职位、各个部门之间的相互关系，以便更好地分工、协调和合作，使组织运行更加顺畅，从而降低组织协调成本，提高组织运行效率。除了提高组织效率，组织设计还有沟通关系、稳定情绪、统一行动等目标。沟通关系，即理清上下级之间隶属和汇报关系，以及同级相互间的关系，避免信息沟通过程中出现混乱。稳定情绪，即组织向成员提供任务、责任与权力，也提供地位以及归属关系，让成员能够在正确的位置上干好正确的事情。统一行动，即形成内部协作和组织认同，推进统一行动，最终目的是高效地实现组织目标。前面已经提到，虽然组织设计有多重目标，但是最根本的目标是提高组织运行效率。

设计适宜的组织结构，有助于组织清楚地界定每个部门及组织成员的权责角色，在此基础上进行恰当的协调和控制；有助于提高部门及个人的工作效率，提高组织的整体表现。相反，如果组织结构与组织需要不相适应，会导致一系列问题，包括决策延误、发生冲突、应变能力差、管理成本高及士气低下。

与组织特征、组织需要相符合的组织结构设计，能够帮助组织在复杂多变的外部环境当中保持良好的稳定性，提高反应能力，进行有效调整，适应环境的变化。同时还能通过自身的创新来适应组织内外部环境变化带来的冲击，提高持续生存能力。

二、组织设计的原则

每一个组织的自身特征和组织所处的内外部环境都是不一样的，这也决定了每一个组织都是各有特色、各不相同的。虽然组织结构形式丰富多样，但是在组织设计的过程中也要遵循一些最基本的原则，这些原则是人类组织设计实践和理论总结的成果，遵循这些原则能够保证组织设计过程中不会出现基本的错误。

（一）任务目标原则

任何一个组织的存在都是为了追求某一个或一类特定的任务和目标，组织设计的第一原则就是有助于组织目标的实现。组织目标实现的程度，是衡量组织设计好坏的根本尺度。

（二）精干高效原则

组织既要实现组织目标，又要通过最低成本的方式实现组织目标。因此就需要在组织设计的过程中，在保证组织目标能够实现的前提下，尽可能精简机构、精简人员，节省人力、物力。

（三）分工协作原则

分工是为了发挥组织成员的比较优势，让他们在相应的职位和部门做自己擅长的事，从而最大化地提高效率。亚当·斯密在《国富论》当中已经详细地阐述过分工能够提高效率这一观点。组织目标的实现又是一个系统工程，除了追求个体效率还要追求整体效率，因此除了分工之外还要强调各个职位、各个部门之间的相互协调关系，只有各个部分相互协调才能够实现整体目标。

（四）统一指挥原则

统一指挥和单一命令链条能够理清上下级之间的命令服从关系、上下级之间的信息沟通，从而提高下级对上级的反应速度。如果出现多头指挥和多条命令链条，下级就会感到无所适从，尤其是当下级面临多个相互冲突的命令时，就不知道应该执行哪一个，从而导致上下级信息沟通的混乱。

（五）有效管理幅度与层级原则

由于领导者的精力是有限的，一个领导者能够直接协调的下级数量总是受到领导者精力和能力的限制，只有合理设置一个领导者直接管理的下属数量，才能保证管理和协调的有效性，因此设置合理的管理幅度非常重要。管理幅度和管理层级又是一对矛盾的概念，一般来说，管理幅度越小，管理层级越多。如果管理层级太多，任何信息都需要层层上报，领导与基层之间的信息通道就很长，领导对下级的反应速度缓慢，从而降低上下级沟通的效率。因此，任何一个组织设计都需要在管理幅度与管理层级之间进行一个权衡。

（六）权责结合原则

任何一个职位设计，都必须遵循“有权必有责，权责必相等”的原则。如果权力小职责大，该职位的在任者就无法充分调动能够履行其职责所需的资源，最终导致职责不能有效履行；如果权力大职责小，该职位的在任者就会有机会主义倾向，因为他的权力很大但是职责很小，就会随意配置资源而只承担有限的责任，最终造成组织资源的错配和浪费。

（七）集权分权原则

决策权集中于上级的组织是集权组织，这样的组织决策效率高，但是因为参与者有限，缺乏纠错机制，容易造成决策失误。还有一个缺陷是无法调动下级的参与积极性，造成组织创新能力和应变能力的整体缺乏。决策权分散于各个层级之间的组织是分权组织，这样的组织因为决策参与者更多了，能够传递不同的观点，能够减少决策失误，同时也能够表达下级的诉求，提高参与积极性和创新活力。缺陷就是利益整合困难，决策过程中噪声太多，决策效率低下。因此，任何一个组织都需要在集权与分权之间进行一个权衡。

（八）稳定与适应相结合原则

任何一个组织，只有在组织结构、职位和部门之间的相互关系、组织规则等各方面保持一定的稳定性，才能保证组织运行顺利，一个随时在变动的组织是不可能稳定运行的。与此同时，组织所处的内外部环境又是动态的，组织只有不断地调整，才能够适应环境的变化，提高持续生存能力，否则就会导致组织僵化，对环境变化的反应能力降低，不能够适应环境的变化。因此，任何一个组织都需要在稳定与适应环境之间进行一个平衡。

（九）执行与监督分段原则

任何一个组织都很难避免组织成员的机会主义倾向和机会主义行为，因此需要一定的监督。监督机构与执行机构应该分开设立，只有保证监督机构的独立性，才能保证监督的相对客观性和公正性。

（十）组织设计的其他原则

随着组织设计实践和理论的发展，组织设计又增加了一些新的原则。这些新的原则是适应时代变化的产物，也是对原有组织设计原则的补充和丰富。这些新的原则包括：人本主义原则、顾客满意原则、核心竞争力原则、知识配置原则、个性化原则等。

1. 人本主义原则

随着生产力水平的发展和物质丰富程度的提高，组织成员工作的目的不再是求生，而是越来越多地追求精神层面需求的满足。适应这种变化，组织也越来越关注人本身，包括满足人的物质需求和精神需求。在这种背景下，人本主义原则在组织设计中得到越来越多的体现。

2. 客户满意原则

组织的另外一个新原则是客户满意原则。生产力的发展和组织之间的竞争越来越激烈，组织服务的对象面临更多的选择空间，组织也越来越关注客户的需求，只有以客户为中心的服务才能提高客户满意度，从而实现组织目标。这是市场经济的结果。但是20世纪末英国、美国主导的新公共管理运动，把政府服务的对象也称为客户，客户满意原则从市场经济领域扩大到公共行政领域。

3. 核心竞争力原则

现在的组织理论认为，决定组织能否长期生存下去的因素，不是组织某一个或一些方面的优势，而是组织作为一个整体的综合能力。这种综合能力就是组织的核心竞争力，是很难被其他组织复制的。

4. 知识配置原则

这种原则是随着学习型组织理论的兴起而发展起来的，组织和组织成员只有不断地学习新的知识，才能够提高自己的竞争能力和持续生存能力。

5. 个性化原则

个性化原则就是要考虑到组织中个体的因素。具体要求就是根据领导的风格和特色来设计相适应的管理层级、管理幅度、职责和权限等因素；根据组织成员的个体因素来安排相应的岗位，设计与个体相适应的考评指标和激励机制，因人而异，实现人尽其才。

三、组织设计的程序

组织设计是一种动态的工作过程。它涉及方方面面的因素，其中有许多因素是不确定的，因此需要掌握组织结构设计的一般程序与步骤，提高设计的效率与效果。组织设计是一个系统工程，只有遵循一定的程序，才能理清各个部分、各个要素之间的相互关系，如果不按照一定的程序和顺序进行，就可能导致关系不清、结构混乱。

（一）明确组织结构设计情形

即使同一个组织，在不同情形之下，组织设计的目标与设计方式也各不相同，因此需要明确具体的情形，这是组织设计程序的准备阶段。只有清醒地认识到组织所处的具体情形，才能明确组织设计的目标，进而在组织设计目标的引导下进行组织设计。

一般来说，进行组织结构设计在以下三种情形下进行：

（1）新建一个组织。

（2）原有组织的组织结构出现较大问题，或组织目标发生了变化。

（3）组织结构需要进行局部调整与完善。

虽然上述三种情况中的设计工作不尽相同，但基本程序与步骤是相同的。其流程图如图2-11所示。

（二）制定组织目标

前面已经提到，明确组织的具体情形是组织设计程序的准备阶段，一旦认清楚具体

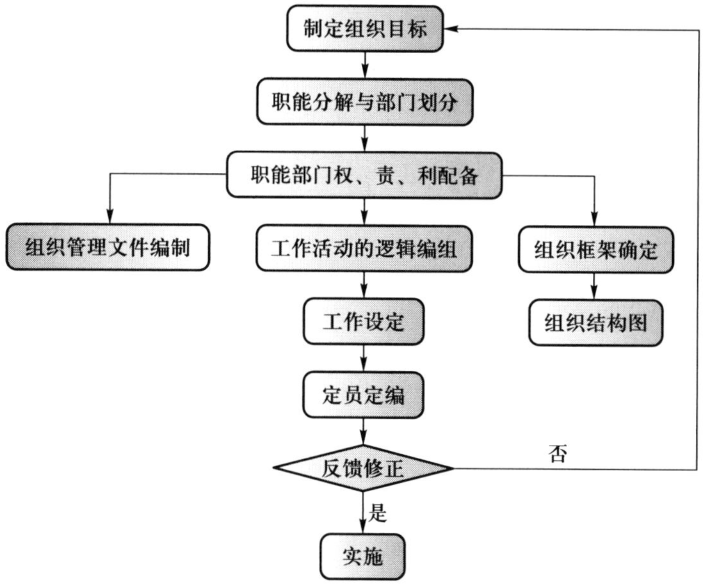

图2-11 组织设计流程示意图

情形，就需要进一步明确组织设计的目标。明确组织设计的目标是组织设计的第一步，就是要根据组织的任务以及内外部环境条件（前面提到的情形）制定组织建构与发展的目标，然后在此基础上确定组织进行组织设计的基本思路，确定组织结构的基本模式，确定一些设计的主要原则和主要参数。

（三）职能分解与部门划分

确定了组织目标之后，为了实现这个目标，组织内的成员就会进行各种工作活动。职能分解，就是将这些工作活动进行分类，把同一类的工作分解合并成某一个职能，对相同或相似的职能进行分类汇总就形成部门划分。职能部门的设置也要遵循一定的标准和原则。

职能部门设置的评价标准有：

（1）能否最大限度地利用专业化技术知识。

（2）能否有效地利用机器设备。

（3）能否达到所期望的管理目标。

（4）能否便利地进行协调。

（5）能否发挥员工的聪明才智。

（四）职能部门权、责、利配备

职能部门划分完成之后，为了让它的功能得到充分实现，必须给予其一定的权、责、利。即明确这个部门主要负责什么工作，承担什么职责，拥有什么职权。拥有职权和承担职责是两位一体的，没有职权就无法履行职责。

职能部门权、责、利的配备，包括对各职能部门关系的确定、内部划分、职责权限的明确等工作。这是组织设计中既重要又关键的工作。在职责配备过程中，首先要弄清楚部门的主要职责是什么，为顺利完成这些职责应拥有哪些权限，配备什么条件。一般来说，由于硬性的划分，各职能部门之间的有机联系被人为隔断了，从而使部门与部门之间产生了一些相互交错的界面，容易产生职责的相互推诿和矛盾问题，因此，一方面每个职能部门应该以文件形式规定其职责、权限与关系，以便使其工作有条不紊，各司其职、各尽其责、另一方面要将各个部门之间的相互关系通过图像描绘出来。

（五）组织结构图的形成

通过线条连接和描绘各个部门之间相互关系的图像，就是组织结构图。组织结构图可以清晰明了地描绘出整个组织结构框架。

组织结构框架设计有两种思路：

（1）自下而上的设计思路。即先具体确定组织运行所需的各个职位与职务，然后按一定的要求，将这些职位与职务组合成多个相应独立的管理部门（科室和部处），再根据部门的多少和设计的幅度要求划分出各个管理层次。

（2）自上而下的设计思路。首先根据组织的各项基本职能及集权程度的设计原则，确定组织的管理层级，再进一步确定各管理层级应设的部门（职能处室），最后将每一个部门应该承担的工作分解成各处管理职务和职位。

由于职位、部门、层级三者之间相互制约，所以实践中这两种思路一般是结合起来使用的，两者相互修正，经过反复多次才能最后将框架确定下来。

一个完备的组织结构图，应能说明以下内容：

（1）组织的正式结构和各行政层级。

（2）主要的汇报关系、工作流程和职责范围。

（3）组织中不同部门间的基本关系和指挥链。

（4）提供关于计划、预算和资源分配的框架。

（5）成为建立程序、发布命令和设计管理交流系统的工具和基础。

（六）组织文件的编制

一旦组织当中各个职位和部门的职责、权限和相互关系确定下来，就要通过书面文本的形式把这些具体的职责、权限和相互关系确定下来，以便组织中的成员遵照执行，这就是组织文件。在组织文件的编制中，应注意以下几个方面：

（1）组织的名称、性质、业务范围、资金构成等情况。

（2）组织机构的建制和部门划分。

（3）部门职责和权限的分配。

（4）组织内部管理细则。

（5）其他有关的制度和规定。

（七）联系方式的设计

组织中各个部门的职责、权限和相互关系通过组织文件确定下来之后，各个部门之间肯定会发生各种各样的联系。但是相同等级之间、上下级之间的联系方式是不同的，因此也需要进行设计和规定。联系方式的设计主要是考虑组织内上下管理层次之间、左右管理部门之间的协调方式和控制手段。职能部门划分的重点在于把整个组织的经营管理活动分解成各个组成部分，而联系方式主要是把各个职能部门及其成分联系成为一个有机的整体，使整个组织结构能步调一致地、有效地实现组织管理的整体功能。因此，联系方式的设计既是组织编制的基础又是它的活化。

（八）管理规范的形成

以上内容确定下来之后，就需要把组织文件的内容和联系方式的内容以更加明确具体的、条理化的文字描述出来，这就是管理规则和管理规范的形成。管理规范的设计，是在确定组织结构的框架及联系方式的基础上，进一步确定各项管理业务的管理工作程序、管理工作应达到的要求（管理工作标准）和管理人员应采用的管理方法等。以上这些工作都是通过管理规范的形式表现出来的，成为各管理层次、部门和人员的行为规范。因此，管理规范的设计是管理文件编制的基础与细化，使设计出来的组织结构更加合法化和规范化。

（九）工作活动的逻辑编组

为了履行各个部门的职责权力，必然会产生一系列相关的工作活动。为了实现专业化作业，提高工作效率，要对工作活动按照逻辑关系分组。

分组的基本程序为：

（1）先把同质性的工作活动归并在一起，并粗略估计其业务量的大小。业务量大小的估算一般以每月多少小时为计量单位。

（2）把相似的活动归并为一组，并累计所估算的业务量。

（3）把工作活动大致相似的工作活动归为一类，并累计业务量。

此外，还应考虑工作活动在时间或空间顺序上的关系。有些性质不同的工作，若时间或空间顺序关系十分密切而不容易分割，可以考虑编在同一组内。

（十）工作设定与定员定编

以上的组织设计工作完成以后，就需要根据组织设计的结果配备相应的人员了。

一般来说，一个工作活动设立一个工作职位或职务。但是当该组工作业务量过小时，不宜单独设立，而应与相关工作活动组合并。对于业务量大、难易程度相差悬殊的工作活动组，可以分设不同的工作系列。例如，财务部门可以按业务难易程度分为企管会计、经营会计、核算会计和出纳会计等，在同一工作系列又可以根据业务量的大小分设一个或一个以上的职位。

工作职位或职务的设定，要制定以下内容的规范性文件：① 职位或职务的名称、性质及分类资料；② 工作任务或概要；③ 工作的基本程序和方法；④ 要遵守的规范；⑤ 工作结果的标准。

定员定编就是确保每个人员能分配到足够的工作量。计算方式为业务量总额除以人均业务量。对于规模大的部门，还需考虑出勤率的影响，多配备一些编制。

定员定编从另一个角度来看，也就是给每个职能部门配备足够多的人员，使组织所有的事情都有人去做。

（十一）运行机制设计与反馈修正

组织设计和人员配备完成以后，就需要进行试运行，并根据运行过程中出现的问题进行反馈修正。

组织设计不但是对组织结构与组织因素的静态设计，而且包括对组织结构正常运行机制的动态设计。这一设计工作包括管理部门及管理人员的绩效评价和考评制度，以及管理人员的激励制度。其中，激励制度主要包括精神激励和物质激励两方面内容，如奖惩制度、工资制度、培训制度等。

由于组织设计是一个动态的过程，在组织运行的过程中，必然会发现上述步骤中不够完善的地方，同时新的情况也会不断出现，因此要注意将组织结构中运行的各种信息，及时地反馈到上述各个环节中去，定期或不定期地对原有组织设计做出修正，使之不断健全与完善。

本章小结

本章较系统地阐述了组织结构的基本形式及影响因素等，介绍了组织设计的目标、原则、程序，以帮助读者对组织设计的相关理论有一个基础的了解。

首先，介绍组织结构的基本类型，包括直线制、职能制、直线职能制、事业部制、矩阵式、虚拟网络型、横向型、混合型等，对各种组织结构类型的特征、优势和缺陷做了说明。

其次，从两个方面对影响组织设计的因素进行了阐述。一是权变因素，包括环境、管理战略、技术、人员素质、规模、生命周期等；二是特征因素，包括管理层次与管理幅度、专业化程度与分工形式、地区分布与关键职能、集权程度与分权程度、制度化程度与规范化程度、人员结构与职业化程度等。另外，对组织变革与诊断的相关知识进行了介绍。

最后，本章阐释了组织设计的目标、原则与程序。设计目标主要是以理清组织中各个职位、各个部门之间的相互关系以便更好地分工协作为基础的，同时还包括各类组织自身的具体目标；明确组织目标后，也需要依据一定的原则、遵循一定的程序，以便更好地完成组织设计。

即测即评

扫描右侧的二维码图标（内含若干判断题、单选题和多选题），您可在线自测并查看答案。

思考题

1. 进行组织设计需要经历哪些步骤？
2. 试比较不同组织结构间的异同之处。
3. 试设计一个公益性组织的结构框架，并列出需要考虑的因素及理由。

实例经验与启发

1. BAT三家公司的组织结构分别属于什么类型？

根据案例内容，百度采取的是直线制结构，崇尚简单，保证了自上而下管理权力的有序传达，依靠少数上层领导进行垂直式管理；阿里巴巴采取的是类似虚拟网络结构的扁平化管理模式，侧重打造服务平台，由电商、金融服务等核心业务向外不断延伸；腾讯采取的是矩阵式结构，并向事业部制结构发展，由一些行政部门进行辅助，主要打造按照业务划分的几大事业群。

2. 阿里巴巴和腾讯的组织结构是根据哪些因素来设计的？

阿里巴巴与腾讯同属互联网企业巨头，采取的组织结构主要考虑的是企业的战略，即在企业发展远景下思考如何设计能够最大限度地激发企业的创造活力和发展的可持续性，与之相关的主要考虑因素包括核心产品的生命周期、企业规模、技术水平等。此外，阿里巴巴和腾讯分别根据自己的企业文化、核心业务设计了不同风格的组织结构，如腾讯根据微信和QQ两大社交平台向其他领域（包括游戏、体育、音乐等）辐射，阿里巴巴根据支付宝和淘宝等工具铺开自身的公司架构。

3. 互联网企业、传统行业企业与公共部门组织间组织结构存在哪些主要差异？

互联网企业采取更柔性的管理模式，充分赋予员工自主权，激发他们的创造性，这就要求组织管理模式不能是传统的、僵化的、死板的，而应该更多体现沟通、创新，更多地采取扁平化的组织模式；公共部门组织采取的一般是直线职能制及其衍生形式，突出自上而下的官僚制，强调统一领导、分工协作；传统行业企业介于二者之间，基本按照直线职能制进行设置，同时也在局部引入了新的组织架构设计理念。

本章实训

实训目的

掌握不同组织结构的主要特征和适用范围。

实训内容

（1）调研所在地的人民政府组成部门、高等院校和私营企业，了解它们的基本组织架构。

（2）分析不同组织的组织架构存在哪些共同点，又有哪些主要的差异。

（3）讨论对组织进行架构变革的必要性和可行性。

实训组织与步骤

（1）教师带队进行政府部门、高教机构和私营企业的调研。

（2）整理调研材料并进行汇总。

（3）将学生分为三到四组，分别对不同类型的组织进行PPT展示。

（4）由教师总结不同类型组织适配的组织架构，并思考组织结构的发展趋势。

延伸阅读

[1] 肖鸣政.组织建构与企业管理技术[M].北京：高等教育出版社，2003.

[2] 贾晓亮，高燕.企业组织结构设计[M].北京：机械工业出版社，2000.

[3] 李刚.企业组织结构创新理论与方法研究[M].北京：世界图书出版公司，2013.

[4] 施炜.管理架构师：如何构建企业管理体系[M].北京：中国人民大学出版社，2018.

第三章
组织设计的内容与技术

学习目标

1. 掌握组织结构设计、职权设计、组织机制和流程设计的内容
2. 把握组织设计各种方法的应用技巧与实施关键
3. 比较与掌握组织设计各种方法与技术的特点

关键术语

职能　职权设计　职务说明书　组织流程

情境实例

Q公司的组织设计问题

Q公司是经市人民政府批准，于2001年4月建立的市直属综合性投资公司。主要承担政府重大建设项目的投融资；接受政府授权持有并运作国有股权；自主开展资本运营，促进资产跨地区、跨行业、跨部门、跨所有制的流动和重组。

Q公司采用集团公司的组织形式，公司目前有6个部门，分别是研究发展部、资本运营部、投资开发部、财务融资部、人力资源部和总经理工作部。目前，Q公司的一把手是新上任的王总经理。他进入企业后的第一件事，就是了解企业内部管理的现状，发现企业当前优势和劣势，并借助外部第三方专业咨询公司的力量，对组织架构及管控模式进行初步调研和分析，并提出组织构架新的方案。

咨询公司对Q公司的临时组织——项目专家组和专家咨询委员会的组织职能与管控模式进行分析时，发现这两个临时组织的内部管理存在两方面问题：一是项目专家组和专家咨询委员会职责模糊、界限不清；二是项目专家组无固定人员维持工作，一般只在投资项目时聘用兼职专家，临时性工作由总经理工作部代理，但是临时性的业务越来越多，总经理工作部不堪重负。

资料来源：全球品牌网。

在前章已经对组织结构与设计的相关理论进行了阐述，理论是为了服务于实践。在实际的组织设计中，常常遇到各种问题。例如，组织的种类千差万别，从企业、政府部门、事业单位到社会治理的非政府组织，企业内部又包括国有企业、民营企业、外资企业与合资企业等；社会治理中的非政府组织更是多种多样。针对不同的组织，设计的内容与方法必然会有所不同。我们应该如何进行设计？因此，本章将重点阐述组织设计的内容与相关方法技术，提取组织设计中最重要的三个因素，即结构、职权、机制与流程，并且把内容分为三节，从组织结构设计——组织的基础与框架设计、职权设计——推动组织成员在组织结构内运行的动力设计、组织机制和流程设计——结构与动力更好匹配的设计三个层面阐述组织设计的方法技术。

第一节　组织结构设计

组织结构，又叫组织架构，是指组织在职、责、权方面的动态结构体系，本质是为实现组织战略目标而采取的一种分工。组织结构是组织运行的基础与框架，依据组织权变理论，组织结构会依据组织战略目标的转变而相应调整，组织的设计者应当意识到组织结构并不是一成不变的。诺贝尔奖获得者、著名组织科学家赫伯特·西蒙曾说：“有效地开发社会资源的第一个条件是有效的组织结构。”可见组织结构的重要性。

在组织结构设计中，职能设计是组织结构设计的重点，部门设计是组织结构的载体，管理幅度与管理层次设计是对组织结构的纵向与横向延展。以下将从这三个方面分别对组织结构设计加以说明。

一、职能设计

（一）职能及其分类

职能亦称管理职能，有两种较普遍的解释：

（1）职能是指组织管理系统在特定环境中保持正常运转，保证组织生存和发展所必须具备的功能。因此，职能是组织存在的基础和意义所在。这是从组织管理系统与外部环境联系的角度的观点。

（2）从组织管理系统的具体工作内容和工作过程的角度看，职能是对组织管理的具体业务活动所做的理论概括。

前一种解释是从职能作用方面来解释的，而后一种是从职能的具体表现和实际内容来解释的。

职能的种类是多种多样的。类似的组织，根据不同的界定标准，对组织职能的分类并不相同：依据管理层次划分，可以分为高层、中层和基层三个层次的职能；依据管理范围和权限分类，可以分为对外职能和对内职能两大类；按照工序划分，可分为决策、计划、指挥、协调、控制、监督、反馈等职能；依据管理专业分工划分，可以分为工作管理、技术管理、供销管理、人力资源管理、财务管理等职能；依据业务工作性质划分，可以分为专业性、综合性和服务性三类职能；依据在实现企业战略部署中重要性分类，有关键职能、次要职能之分；依据制定和贯彻等落实企业经营决策的不同作用分类，可以分为决策性、执行性和监督保证性三类职能；依据职能的归属关系划分，有基本职能和派生职能等；依据职能的公共性划分，可以分为公共性职能和非公共性职能。

（二）职能设计的内容

职能设计是进行组织结构设计的首要步骤，是根据组织的目标来确定组织应该具备哪些基本职能及其结构，包括组织的经营职能和管理职能的设计。[①]职能是组织中天然存在的、最基础性的部分，也是最日常而不自觉的部分，通常被认为理所当然的职能常处于缄默知识的部分，受组织成员的经验、情感等影响。为了将缄默知识内化为显性知识，必须通

① 岳澎.现代组织理论［M］.北京：北京大学出版社，2010：48.

过职能设计来将职能制度化。而制度化过程需要建立在对职能的了解、分析基础上，通过对职能的不断调整来实现，接下来通过对职能的分解与重构，将职能清晰地落实到组织内的各个成员。下面对职能分析、职能调整、职能分解分别进行介绍。

1. 职能分析

组织的职能分析就是根据特定组织的环境、条件、任务和目标，从内容、性质、相互关系和分工等各个方面，具体地分析组织的整个管理系统或者个别子系统的全部职能，就建立和健全企业职能结构提出具体方案的工作过程。

通过职能分析，要从总体上对组织职能结构的性质和特点提出明确的要求，确定组织应该具备的基本职能，在全部职能中确定关键职能，确定与组织独具特色的战略相联系的特殊职能，确定组织内部纵向各层次、横向各部门如何合理地分工承担各种职能。

2. 职能调整

职能调整是针对既有组织所进行的一项活动，可归为组织变革的一部分，也是组织变革中最核心的一环。它是在调查了解原有组织的现有全部管理业务活动和分工的基础上，通过分析和归纳，明确职能结构现状，发现组织中存在的问题，并有针对性地提出具体改进方案的过程。依据权变理论，对环境的考评不仅需要对制度安排及工作流程进行考评，还要对组织中人员的具体情况、利益分配格局予以考虑，以达成组织职能调整的效果。

（1）职能需要增减。当组织现有职能不健全，某些应该开展的业务活动还没有常态化，或者组织承担了某些不应当承担的职能时，就需要在调查了解的基础上，对原有职能进行增减，以实现组织职能与组织存续发展相匹配。

（2）职能的具体内容需要发展、充实。有的职能虽然组织已通过传统确立，却缺乏制度化设置，应当通过制度化手段确立下来；另一些制度化设置的职能存在缺陷的，要结合组织发展予以充实，确保其发挥应有的作用。

（3）职能重心的调整与转移。组织的职能经过制度化与充实化发展后，随着外界环境的变化，组织职能的重心要做相应调整，以符合组织整体战略走向。此外，环境变化的同时，有的企业战略来不及进行调整，导致组织结构与组织职能不相匹配，关键职能位置不突出，可以通过对职能中心的调整促进战略调整。

3. 职能分解

职能分解，是指将组织的每个职能细化为可以操作的各项具体的管理业务活动的过程，目的是为实现复杂的总体职能提供可操作化的结构基础。

一般而言，组织的职能较为抽象，只有通过职能分解，抽象的职能才能转化为管理人员可以操作的具体工作内容，职能才能最终得以落实。同时只有在职能分解的基础上，才能有根据地设计各种部门、职务与职位，明确它们各自的职责，最终实现总体职能。

在职能分析、职能调整与职能分解三项职能设计内容中，职能分析是核心。

在职能分析、职能调整与职能分解之外，针对企业组织，还要注意企业非生产主体的分离。企业的生产主体指企业的主业生产部门，又称企业的基本生产部门。企业的非生产主体包括辅助生产部门及附属机构。企业的辅助生产部门，是指以其生产、劳务为企业基本生产部门服务的机构。企业的附属机构，则是指以其业务活动为企业生产和职工生活服务的部门。

（三）职能设计方法

职能设计方法就是给组织成员分派所要完成的目标和任务的过程与方法。管理者可以有意识地为提高生产率和人员的工作积极性而改变职能设计。然而，管理者也会无意识地影响职能设计，比如通过引入新的管理方式、新的理念，改变职能实现的方法或者职能的内在本质。组织管理者应当明白新的管理方式、理念、技术可能影响组织成员的工作。尤其在技术革新层出不穷的今天，技术对组织职能设计的影响直观可感。例如以往工业组织中，柔性制造系统中的机器人取代了生产线上的工人，今天的大数据处理系统、自动化办公系统也在提高组织工作效率的同时，对组织内部的职能设计提出了新的挑战。[①]

职能设计方法中涉及职能分析。传统职能分析理论依据职能在组织中的重要性将职能分析分为两类：一类是基本职能分析；另一类是关键职能分析。

① 理查德·L.达夫特.组织理论与设计［M］.王凤彬，等，译.北京：清华大学出版社，2008：298.

1. 基本职能分析

基本职能分析可以从以下三个方面进行。

（1）基于组织技术特点的相关职能分析。组织目标不同，决定其所要采用的技术不同。同一类型的不同组织，根据其组织产生时间的长短、组织所处的竞争环境，运用的技术也会相差极大，从而对组织的职能造成极大的影响。以技术为导向的组织要注意从组织的技术特点来进行基本职能分析，依据技术对特定职能进行进一步细化，将某些重要组成部分独立处理。在权变的视角下，组织内部与外部环境对技术提出新要求的时候，要相应地通过职能调整对技术的变革进行促进，以保证组织的活力及组织目标的实现。

例如，对于处于新生期或转型期的技术实力较弱的组织，要特别注意强化经营决策职能，特别是有关产品和技术研发方面的管理工作，通过职能设定上的重视促进技术的发展；通过强化人力资源开发职能为技术创新奠定人才基础；通过重视研发职能的人才队伍建设，加大对研发职能相关的岗位、人员的重视与投入。对于处于技术实力强势期的组织，要特别注意健全、强化与技术相配套的职能，不断强化涉外经营职能以消化技术带来的产能；注意横向联合方面的职能，防止其他职能部门过于薄弱；注意科研队伍的建设，为技术的可持续发展做好组织准备。

（2）基于组织特点的相关职能分析。该种分析主要依据组织特点，围绕组织目标的达成，确定相应的基本职能增删、细化、强化。

（3）基于组织外部环境的相关职能分析。组织的发展是变化的，要随着组织外部环境的变化加以调整。要分析各项基本职能中应充实哪些业务活动内容，以加强组织与外部环境各影响因素之间的联系和协调。通过环境优化、制度设计及领导者意识的培养，来增强组织在面临不同环境下的调适能力。

2. 关键职能分析

美国管理学家德鲁克在《管理：任务、责任和实践》一书中阐述关键职能时，曾把企业组织结构比作一幢建筑物。他指出，各项管理职能如同建筑物的砖瓦材料和各种构件，而关键职能就好比建筑物中承担负荷量最大的那部分构件。关键职能是由企业的经营战略决定的。战略不同，关键职能则不同。在实际工作中，关键职能设计可以分为以下六种类型：质量管理、技术开发、市场营销、生产管理、成本管理、资源管理。一个组织的关键职能的类型是相对稳定的，却不是一成不变的，具有一定的动态性。随着外部环境和内部条件的变化，企业的战略会有所调整，整个结构也会调整，关键职能的设计也就随之改变。①

关键职能的分析，在工作分析、战略分析、系统分析的不同阶段有所不同，以下就从最充分的战略分析入手。组织设置的战略不同，关键职能相应各异。在对组织关键职能分析的过程中，组织设计人员应该充分考虑组织目标及选取的相应战略，对以下几个关键性问题做以思考：

（1）为了实现组织的战略目标，哪几项职能必须被特别认真地履行？

（2）哪几项职能不容有失误，履行不佳会使组织遭受严重损失，甚至威胁组织存续？

（3）组织的文化生态是什么？对实现组织的宗旨与目标有价值的活动与相关组织职能是什么？

在充分思考三个问题的基础上，我们可以初步得出以下结论：某项职能是否属于关键职能，应该取决于它在实现组织战略任务和目标中是否能够起到决定性作用。在实际工作中，参考企业这一组织形态，其关键职能一般包括质量管理、技术开发、市场营销、生产管理、人力资源管理。

① 岳澎.现代组织理论［M］.北京：北京大学出版社，2010：49.

二、部门设计

组织中的部门，是指承担一定管理职能的组织单位，是由某些具有紧密联系的管理业务和人员所构成的集合。部门设计应包括两项基本内容：一是确定组织应该设置哪些部门；二是规定这些部门之间的关系，并将它们联结为一个整体。

部门设计的内容与方法主要有部门划分、部门组合方式、特殊部门设计等。

（一）部门划分

部门划分既要考虑组织的组织目标与相应职能，又要考虑同类职能专业化程度和实现该职能的实际业务量大小。部门划分的基本方法分为三大类：

1. 目标划分

组织的部门划分要以组织目标的实现为标准。按照不同的组织目标层次，又可细分为如下三类：

（1）产品部门化。这是以组织产出，包括所生产的产品或提供的服务为基础进行划分的一种方法。由于划分的标准不同，又有两种形式：一种是以各项产品制造来划分的各个产品职能科；另一种是把生产一种或一系列产品所需的活动归并在一起，避免因归并于其他部门而造成协调上的不便，这又称作产品事业部。

产品部门化的优点在于：目标单一，力量集中，可使产品质量或生产效益与效率不断提高；分工明确，易于协调和采用机械化；单位独立，管理便利，易于绩效评估。缺点在于：无法统筹运用人力、物力而导致浪费。

（2）顾客部门化。这是以组织服务的对象为标准的部门划分方法。这种划分的优点是切合顾客的实际要求，有利于销售，但却牺牲了技术的专业化。

（3）地理位置部门化。这是以组织内工作活动地区为依据的部门划分方法。这种划分需要基于对所负责地区的充分考察与了解，能够做到因地制宜，使组织职能更好地依据各地的不同特点得以充分实现，但对于组织总目标的实现可能产生各自为政的弊病，阻碍组织总体目标的实现。

2. 活动划分

（1）职能部门化。这是以组织同类性质活动为依据划分部门的一种方法。优点是充分依据职能划分部门，权责统一，便于职能专业化以促进组织效率。但依据职能划分组织部门无法适应组织的日益扩张，易于因权责过于集中导致部门对整体的权力架空，出现决策迟缓或本位主义现象。

（2）生产过程部门化。这是以作业程序为依据划分部门的一种方法，基础是生产过程的可分割性，即生产过程需要有较明显的工序步骤。该种部门划分方法多见于大批量加工流程型的生产组织。其优点是划分后形成的部门专业化程度高，生产效率也高，对劳动的素质要求低，符合科学管理原则的要求，显著降低了组织的人力成本。但分工过细，限制了组织成员综合素质的养成，限制了其多元化发展。

3. 混合划分

以上几种方法一般适用于小型企业。对于大中型企业，一般职能比较完备，需要采取上述多种部门划分方法进行综合划分，如综合考虑纵向的生产过程划分与横向的职能划分。优点是综合了各种划分方法的长处，更加适应日益复杂的组织。

（二）部门组合方式

部门组合方式是对部门结构类型的设计，是宏观上组织部门的有机结合。进行部门组合首先要了解组织部门间的关联，并考察部门的基础特征。常见的部门组合方式有以下三种：

1. 集权职能组合制

集权职能组合制是按照职能及相应的权力分配格局，自上而下对组织中的部门进行组合的方式。其适用对象主要是中小型且产品种类较单一的企业。这类企业的生产技术往往不经历较剧烈的技术进步，外部环境较为稳定。而面临激烈创新竞争环境的企业往往需要通过其他部门组合方式，通过组织学习的形式，来适应组织危机与组织变革，此处暂不做详细讨论。下面介绍特别适合于职能部门划分方法所形成的部门组合形式。

（1）直线—参谋制。组织部门在直线—参谋制结构下被划分为两大类：一类是直线式相连接的指挥部门，具有发号施令的权力，纵向对组织进行指挥、协调与控制；另一类则是参谋部门，横向与领导的下属组织部门进行横向联系，但不具备决策权力。

（2）单一制。组织内各部门依据职能划分，每个部门履行较单一的职能。例如，财务部门负责组织整体的财务事项，销售部门负责整个组织的产品销售，各部门间分工无交叉或联系相对较弱。

（3）管理权力高度集中于高层的部门。

我国大多数组织长期沿用集权职能制组织方式。正如前文所述，这种简单的依据职能划分的部门组织形式能够应付组织运行中的简单问题，但是随着组织的发展，由于组织的棘轮效应，这类组织会发生异化，出现一系列问题，诸如职能分工过细、机构臃肿、人员冗杂、部门间分工不明确、领导者日常需处理事务繁杂导致无法将精力用于对组织目标的把握。因此，在传统的集权职能组合制的基础上，学者们提出了以下三种形式：

（1）职能部制。职能部制是依据管理系统化的原理，先分析管理的目标与目标间的关系，在此基础上将企业的管理系统进一步分割，划分为几个子系统，然后进行部门归类，依照管理系统的统一目标将下级组织划归到相应的管理系统中，一个分系统即为一个职能部门，下管若干科室。该部门组合方式有利于克服部门各自为战的现象，以统一的组织目标凝聚各部门，从而促进组织目标的实现。

（2）三总师制。该种制度多见于企业这一特定的组织类型，对其他组织有一定的借鉴意义。大中型企业中在集权职能组合制的基础上，设有总经济师、总工程师与总会计师。三总师制不仅仅是总经理的高参，并且领导某方面的具体工作。

（3）首席副经理制。该组织组合方式体现了决策与贯彻执行权分流的思想，将总经理从日常琐碎事务中解放出来，要求经理将工作重心放在组织的目标与战略设定，副总经理负责组织内部日常的运营。

2. 事业部组合制

事业部组合制是按照产品、地区或市场来整合有关的工作部门，并在此基础上设立相对独立的事业部，赋予一定的决策权与财务权的制度设计。这一制度设计适用于组织产品种类多样化、市场较分散与独立且市场环境变化较大的情况。通过一定自由裁量权的设立，该部门组合方式具有更强的灵活性。通过对人事、总财务等重要权力的把控，保证事业部不会各自为战，架空总部。

3. 矩阵组合制

矩阵组合制就是按照职能与产品两个维度同时组合组织内部的各个部门。矩阵组合制适用于因为技术迅速发展、产品种类较多、对创新要求较高的管理复杂的组织，尤其对军事组织与航天组织特别适用。

（三）特殊部门设计

特殊部门是Kikulis L.M.在其1995年论文中提出的组织设计的重要方式。他认为，过去的研究过分强调组织整体部门均具有的共性，却忽视了组织中个别特殊部门的变化。[①]而研究表明，特殊部门在组织中具有非同一般的决定性作用。接下来分别对高层、基层和创新型组织的特殊部门进行阐述。

① Kikulis L M, Slack T, Hinings C R.Sector-Specific Patterns of Organizational Design Change[J].Journal of Management Studies, 1995, 32(1):67-100.

1. 高层部门的设计

在进行高层部门的组织结构的设计时，首先要进行工作责任分析。在分析高层管理工作特点的基础上，再考虑应当设置何种组织结构以适应满足高层工作的特点与要求。

（1）专项活动推动机构。高层组织应当承担其他部门与人员不宜承担的关键性的业务活动。这类活动有：制定组织任务、目标、战略与计划，进行战略实施的组织与控制；研究确定组织设计方案，组织实施组织变革；选用干部，特别是注意选用关键部门的领导和高层领导的接班人；培育和发展与组织目标相匹配的组织文化；建立和发展组织对外的重要社会关系，为组织创造良好的外部条件；主持或参加组织例会和临时性重要会议，紧急处理组织突发性的重要问题。这些工作多数具有全局性、例外性、间断性，且难度较大，耗费时间与精力多，与具体事务工作有一定的距离。例如，中央全面深化改革领导小组。

（2）建立健全的高层管理班子。规模较大、经营管理复杂的组织，在实际工作中大多设置有结构明确的高层管理班子。例如，党政班子联系领导小组。

（3）健全高层管理的参谋机构。参谋机构的名称是多种多样的，例如，国务院参事室、政策研究室、综合管理部等。其任务是提供信息，为高层决策服务，促进组织决策科学化。

高层管理的参谋机构其业务活动应当尽量避免具体事务的干扰，将业务范围集中于关键活动。一般来说，其活动形式主要包括在系统调查研究的基础上为高层管理班子提供关于组织长远发展和重大经营决策的战略性意见；关注外在组织环境与组织内部环境变迁，向高层管理班子提出预防组织危机、组织变革发生的建议；将组织高层管理班子的战略理念、组织目标与实际可行性方案结合，并提供必要的智力支持；将组织高层管理班子的重大决策、计划、战略的执行情况予以反馈和跟踪，尤其对执行中出现的问题给予建议和补救措施。

2. 基层部门的设计

组织内部的基层部门是主要从事生产作业管理的组织单位。基层部门的设计，应当区别于关键部门的设计中的抽象部分，将重点放在生产现场及具体的执行活动上，着重提升组织绩效及执行效果，抓落实、抓实践。

基层部门的设计要避免头重脚轻的现象，即“权力在上层，责任在现场”的通俗说法。应该按照自下而上的程序来确定基层组织的业务配置。可以按照组织具体生产活动中的计划、组织与控制三方面职能对基层部门的业务活动进行分析，在此基础上系统地整理生产现场中可能遇到的突发问题及需要的管理职能。最后，重新审视这些职能在生产现场的效果和必要性，并以此为评判标准对部门的设计进行最终确定。在这一过程中，需要注意的是要提高工人的参与感，避免管理层与工人脱节，造成不必要的组织损耗。

许多实证研究中提到了“工管员”的设定，并且结合现代组织设计理念，介绍了如技术攻关小组、管理方法研究小组等基层组织设置。这些方法都在实践的检验中取得了较好的组织效果。

3. 创新型组织结构的设计

组织设计以组织的存续为前提，以组织目标的实现为目的，通过组织的集体努力，追求组织绩效最大化。在组织设计的诸多流程中，创新始终是贯穿其中的要素。在企业这一特定的组织形式中，创新集中表现在用新产品、新技术、新生产组织去替代旧产品、旧技术、旧生产组织；在企业外部表现为通过产品的设计改变消费者的消费习惯、消费结构和购买对象。而在公共组织中，创新则体现为改进工作方式，简化由于棘轮效应产生的诸多不必要的行政环节，从而保证公共组织的活力。

创新型组织部门要单独计划，可以是固定人员的组织，也可以是临时搭建以应对复杂创新环境的创新小组，但一定要独立于现有的产品生产经营，以避免组织惯性与经验主义对创新产生阻碍。创新组织结构的局部一定要服从整体安排，总体考虑创新型组织在组织战略中的地位和作用。

创新型组织通常应当具有两个层次：一类是创新创意的创新开发部门；另一类是对创新创意加以实践的试验机构。二者可以同时出现在组织中，也可以根据组织特定的环境单独出现。

需要注意的是，创新的理念固然重要，但是要防范为了创新而创新的现象。在许多公共组织中，事务有其固有的运行属性，制度设计必须对环境因素进行考量。贸然创新组织结构不但不会提高组织绩效，反而会对组织整体运行的稳定性产生重大改变。因此，对组织结构的创新一定要建立在对组织环境有充分把握和了解的基础之上。

三、管理幅度与管理层次设计

管理层次与管理幅度分别是对于组织管理结构的纵向与横向表述。与管理层次相关的概念有等级、纵向、层级，而对管理幅度的描述则注重横向、职能等概念。

管理层次与管理幅度在组织结构中成反比。管理层次越多，管理幅度就越小；管理层次越少，管理幅度就越大。一般有“横六纵五”之说，即一般组织内部纵向层次不超过五级，横向部门不超过六个。

（一）管理幅度设计概述

管理幅度，又称管理跨度、领导宽度。它是由古典管理学派首先提出的，英国管理学家Urwick于20世纪30年代系统总结了泰勒、法约尔与韦伯等古典管理学派代表人物的观点，在《组织的科学原则》一书中，归纳出应用于所有组织管理工作的八条原则，其中之一就是“管理幅度原则”。他在这一原则中指出，管理幅度是有限的，还提出了普遍适用的数量界限，即一个上级直接领导的下级不应超过6人。

法国管理咨询专家格兰丘纳斯（Graicunas）于1933年首次发表的一篇论文中，分析了上下级关系后提出了一个用来计算在任何管理幅度下，可能存在的人际关系数的数学模型。他将上下级间的关系分为三种类型：直接的单一的关系、直接的组合关系和交叉关系。

当管理幅度以算术级数增加时，上下级间可能存在的相互交往的人际关系数将以几何级数增加。另外，他还认为，管理幅度应该限制在“至多5人，可能最好是4人”。这条规则也有例外，在组织的基层从事例行工作时，工人相对独立于其他人工作，同其他人也很少或没有接触，这样就可以有一个较大的管理幅度。但是，在组织的较上层，当职责较重而又常常相互重叠时，管理幅度就可以较小一些。[①]

虽然情况不同，但是在设计管理幅度时，还是有共同的规律可以遵循的，尤其是在对组织管理幅度设计前对组织情况的考察了解方面，可以总结出一套规律性的方法。概括起来，规律的核心在于上下级关系的复杂程度。一般来说，上下级关系的复杂程度越高，相应管理牵扯的精力就越大，管理幅度就越小；反之，管理幅度就越大。

（二）管理幅度的设计要素与设计方法

对组织的管理幅度进行设计，首先要明确影响组织管理幅度的要素，在理清组织中各要素的关系与重要性后，对管理幅度进行设计方能游刃有余。下面分别对组织管理幅度的设计要素和方法进行介绍。

1. 设计要素

（1）工作性质。

现代管理理论强调对人力资源的开发利用要研究人力资源本身，同时也要重视对

① 常峰.网络组织治理幅度文献综述［J］.科技情报开发与经济，2010（3）：170-172.

工作的分析。相应地，在设计管理幅度这一人事组织结构的时候，要着重考量工作的性质。

如果上下级管理工作复杂多变，创新属性成分占比高，就需要经常接触，深入调查、反复磋商。相应地，管理者需要投入的精力就更大。

下属承担的工作越相似，越便于上级管理人员的管理，相应的管理幅度就可以更大些，反之则应该相应减小管理幅度。因此，基层班组长的管理幅度往往大于上层领导的管理幅度。

（2）组织计划与控制的明确性。

如果工作计划制定得比较详细具体，能将组织目标很好地分解为具体的个体目标，切实可行，那么下级人员更容易明确自己的具体目标和工作任务，不必事事向领导请示，由领导来裁决哪些事项更有利于组织目标的实现。此时上级的管理幅度就可相应扩大些。

执行情况的反馈与检查难易度，是与管理幅度相匹配的。如果检查的标准具体无争议，控制的技术先进、及时，能够反映组织的实时情况，那么可以及时发现偏离组织目标的行为，管理者可以及时对下属的行为予以管理，下级也可以随时依照相应的指标对自己的行为进行调节与纠正。此时管理幅度可以相应扩大些，反之应当对制度中的规定比例予以调整或缩小管理幅度。

此外，信息沟通的效率与效果、组织变革的速度，也与组织管理幅度的设置有密切联系。学术界对组织内信息沟通有许多研究贡献，在组织幅度层面，信息沟通效率越高，则越有利于管理者与执行者之间沟通与了解彼此的想法和工作进展，相应的管理幅度就可以扩大些。在组织信息化过程中，技术一度起到了决定性作用，但是最近研究表明，制度的设计与管理幅度的安排也对信息的沟通效率有一定的影响。

（3）人员素质。

人员素质对管理幅度的影响体现在领导者和下属人员两个层次。

领导者如果精力充沛、效率高、管理经验丰富，则管理幅度可以相应扩大，反之应相应缩小。

下属人员素质高，能够准确及时把握上级意图，并且对任务有较高的执行力，有一定的主动性，并且在组织的实际运行中较好地完成过组织任务，那么管理幅度可以相应扩大，否则只能缩小，进行人员培训与调整。

（4）组织文化。

组织文化的研究，在当前组织的学术研究中占据相当比例。组织人员的学习能力和服从品质对管理幅度具有显著影响。以西方组织和中国组织做对比，自由主义思想影响下的组织文化较为强调个体，而中国的组织文化尤为强调集体。相应的管理幅度在合资企业、外企组织与中国公共组织部门中，就独立性与责任心发挥来说，前者相应的管理幅度可以相对扩大，而后者则应当依据其他因素扩大和缩小。但是就服从性作用机制发挥来说，后者的管理幅度可以大些，前者的管理幅度应该小些。因此，组织文化是影响组织管理幅度设计的重要因素。

2. 设计方法

（1）经验统计法。

经验统计法就是在进行组织管理幅度设计之前，通过抽样调查一定数量的类似组织的企业管理幅度，以其统计数据为参考，结合组织的具体情况来确定管理幅度的一种方法。

虽然经验统计法简单易行，但缺少对各企业中影响管理幅度诸因素的具体分析，仅仅通过实证的数据调研，以此作为设计组织的管理幅度的依据。该方法只是简单地套用其他组织的管理幅度标准，常与本组织实际情况有相应出入，无法实现科学的管理幅度设计。例如，有人调查过美国100家大型企业，其最高总经理的管理幅度为1 ~ 24人，中位数为8 ~ 9人；另一次调查发现41家中型企业总经理的管理幅度的中位数却是6 ~ 7人。

（2）变量测评法。

变量测评法是将影响管理幅度的各种因素作为变量，采用定性与定量分析相结合的做法来确定组织管理幅度的方法。

首先，找出本组织中影响管理幅度的主要变量。随后，分析各个变量对上级主管工作的管理者的负荷的影响程度。

例如，美国洛克希德导弹与航天公司通过研究分析与验证，找出了六个主要影响变量，然后按照每个变量的变化幅度分为五个等级，并依据各个变量对上级主管工作负荷的影响程度，赋予相应的权数，权数越大，表明该变量对管理幅度的影响越大。

在充分的定量、定性分析的基础上，接下来需要确定各变量对管理幅度总的影响程度。将企业实际得分相加，得到一个总分，然后根据主管人员拥有的助理人数及工作内容，对总分运用修正系数进行修正，即得到各变量对管理幅度的总影响权数。权数越大，意味着领导工作负荷越重，相应领导的管理幅度就应当缩小。当主管领导有1位助手时，修正系数为0.9；两位则为0.8；以此类推。如果配有分担一部分领导工作的直线助手，修正系数则为0.70。在计划和控制方面的参谋助理可用0.75或0.85。

在确定好变量对管理幅度总影响程度的量值后，接下来便可以在此基础上进行具体的管理幅度设计。将计算出的主管人员的总分数所对应的管理幅度标准值，与之前实际的管理幅度对比，就可以判定组织目前幅度是相对较大还是较小。如果组织是新建立的，可以直接依据总分数提出设置管理幅度的相关建议。

由于上述两种方法工作量较大，一般用于中高层次管理幅度的设计。因为一般情况下需要考虑的因素较少，伸缩性很大，不必做如此详细的定量分析，建立在定性分析基础上即可。

（三）管理层次的设计

一般来说，有多少等级层次，就有多少管理层次，管理层次越多，则说明组织结构在纵向分布上越复杂，上层与底层之间的距离就越大。中国行政体制中的国务院、省、市、县、乡体制便是管理层次在公共组织中的表现；企业中的管理总部、地区分部、业务部门、下设销售机构便是管理层次在企业组织中的体现。

为保证企业组织内部的管理层次能够促进组织绩效与组织目标的达成，大型企业从总经理到一般职工，中间层次可能有五到六个；中型企业可能是三到四个；小型企业则一般只有两到三个。企业的规模一定程度上与管理层次成正比，但是也存在一些经营简单的企业，其管理层次相对简单，也是为了适应其组织发展需要，因此在组织设计中对管理层次的设计要具体情况具体分析。

德鲁克曾指出："组织不良最常见的病症，也就是最严重的病症，便是管理的层次太多，组织结构设计中最为基本的原则是，尽量减少管理层次，尽量形成一条最短的指挥链。"在近期研究中，"扁平化"组织结构的概念被认为是符合现代组织效率的重要结构设计理念，与传统的金字塔形结构予以区分。

扁平式组织实际上就是在组织规模已定、选择管理层次较少而管理幅度较大的一种组织结构形态。它首先产生于工商企业之中，具体是指"让员工打破现有的部门界限，绕过原来的中间管理层次，直接面向顾客和向公司总体目标负责，从而以群体和协作的优势赢得市场主导地位的组织"。

由此解释可知，扁平式组织最基本的特征就是：简化管理层次，精干组织结构；注重权力下放，强调自我管理；实行信息共享，重视横向联系。[①]

管理层次的设计，同样经历了以经验为主的组织管理层次设计阶段，随后经过科学管理革命，经历了以量化与结构模型为重点的组织管理层次设计阶段，经历行为主义革命后，逐渐转变为既重视科学的管理层次设计，又在设计中突出组织成员的价值。

① 孟桢.论组织扁平化及其在组织变革中的运用［J］.湖南社会科学，2008（4）：223-225.

通常来说，组织管理层次设计可以按照以下步骤进行：

（1）回顾组织管理层次设计理论，分析判断组织需要进行金字塔形结构设计还是扁平化设计。

（2）按照组织的纵向职能分工，确定基本管理层次。

（3）按照有效管理幅度，推算具体管理幅度。

（4）选择具体的管理层次。根据以上步骤推算出的层次数，根据组织的具体情况来确定。首先依据实现组织目标的原则进行设置，其次根据组织效率最大化原则。如果设置相对较多的层次，领导者需要承担的任务将会相应增加，与下属间组成的集体相对较小，增加了人员晋升机会，有利于满足下属的成就感，产生激励作用。同时，集体较小，易于信息的传递，有更多参与管理的条件，易于统一思想。设置相对较少的层次，人员幅度会相应增加，有利于多种职能的实现。

（5）按照组织不同部门的特点，对个别层次加以调整。需要发挥下属主观能动性及创造性的部门，相应地可以减少管理层次，增强下属与上级的沟通联系。而对于要求技术复杂、环境变化快、人员素质低、需要加强控制的部门，则可以增加层次。

在进行管理层次的设计时，以下问题需要注意：

（1）虽然较多的管理层次设计能够减少领导者承担的工作量，增加人员的晋升机会，满足了下属的成就感，但是要避免出现过多的岗位设置导致的人浮于事。副职过多便是我国组织中普遍存在的问题。表现形式为官多兵少，这样会造成组织纵向结构的层次过多，机构臃肿，多头指挥导致下级无所适从，发生事情相互推诿的情况。

（2）关于组织的高层结构与扁平化结构问题，曾是组织设计争论的热点。高层结构设计是传统组织设计的重要组成部分，扁平化为近代学术研究所重视。孰优孰劣，要以权变的观点选择最适合组织的设计方案。

（3）设计管理层次触及组织内既有利益格局时，要以组织存续为前提，从组织文化等多方面对组织的管理层次进行渐进调整。

第二节　职权设计

组织职权是组织为实现其组织目标而设置的、能够影响他人或集体行为的力量。职权的性质符合政治权力的一般性质，需要从职权的来源、职权的运行方式、职权的监督与反馈等方面进行考量，通过职权执行机构加以履行。

职权设计是全面、正确地处理组织纵向横向的职权关系，将职权合理分配到不同层次与部门，建立起既能体现集中，又能体现组织内部民主，从而确保组织正常运转与具有活力的职权匹配方式。下面从职权的纵向设计、横向设计与表述分别介绍职权设计的不同方面。

一、职权的纵向设计

职权的纵向设计是与组织管理层次设计相匹配的，在组织层级间进行职权分配组合。其设计关键是组织决策权究竟是要集中化还是分散化。集中化的决策权是将广泛的决策权集中到企业的高层组织，高层组织职权影响组织运行的方方面面，中下层组织的决策权相对来说被削弱。而分散化的决策权倾向于强化基层组织的自由裁量权，高层组织保留少数对于组织目标大方向的决策权。

我们可以从权变的角度来看两种决策权的倾向。当组织应对组织危机、组织变革时期、环境变化较快、矛盾冲突频出时，需要一个能够统合不同意见、随时根据情况做出快速决定的领导层，这时集中化的决策权有利于帮助组织渡过难关。但是在组织平稳运行时期，在人员素质相对较高的基础上，分散化的决策权更有利于充分调动基层组织的积极性，并且有利于民主环境的形成从而塑造创新的氛围。

（一）集权化程度评判的标志

组织职权设计中，集权化与分权化各有优劣，应该根据组织的不同条件将二者结合，有所侧重。在对集权与分权的程度选择之前，需要对组织集权化程度做以评判。以下几种标志可以作为组织集权化程度的参考标志：

1. 组织职权的分布情况

一般来说，组织职权可以根据其重要性与关键程度划分为高、中、低三层次的职权。例如，战略属于高层次的职权，管理职权属于中等层次的职权，而操作与执行属于组织低层次的职权。在职权正常分布在各个层次的基础上，如果出现高层职权下放，如决策权下移到管理、操作层次，则说明组织的集权化程度较低；如果出现了低层职权上移，如操作决策权上移，说明组织的集权化程度较高。

2. 参与组织拍板的人数

在建议阶段，组织中往往能够照顾到大部分人的意见，给予提意见的空间。但是在最终拍板的阶段，即做出组织最终决策的阶段，是能够体现一个组织集权化程度的重要阶段。在这个阶段，拍板决定的人数越多，则组织的集权化程度越低；反之，则集权化程度较高。

3. 制度约束力

此处提到的制度约束力指由上级制定的对下级产生约束的制度。这种制度越明确、规定越具体，在执行过程中监督机构越丰富，则下级的自由裁量权越小，组织的集权化程度越高，反之则集权化程度越低。

（二）职权纵向设计的因素

组织在选择集权化与分权化的职权设计时，需要考虑组织产品、环境条件与组织规模等因素，具体可参考如下方法予以考察：

1. 组织的产品结构与相应技术特点

单一产品生产的企业组织、从事制度化常规工作的公共组织，往往面临着需要将普通的工作做精做细，提高工作效率的组织要求。其产品特点往往是产量较大，对创新要求较低，这时应以集权为主；反之，组织产品种类丰富，形成了体系化的产品体系，并且在销售、宣传时相对独立性较强，形成了不同的顾客群体时，需要加强组织的分权以保证顾客的特异性需求得到满足。

2. 组织的外部环境

组织面临的外部环境较为稳定时，可以适当提高集权化程度，以确保组织能够高效地围绕特定的组织目标运行，不会偏离组织战略。而当组织面临变化较快的组织外部环境，则需要将权力下移，以灵活的职权设计方式来应对多变的环境，确保组织生存。前者可以配套实行稳定型、收缩型的组织战略，后者可以配套实行增长型、扩张型的组织战略。

3. 组织内部人员素质

当组织内部人员素质较高时，可以适当地赋予下级成员较广泛的职权。这里的素质不仅包括组织内部成员的能力，也包括组织内部成员的道德品质。当一个组织的成员都具有负责任、服从指挥的品德，集权化程度相对降低的情况下，组织仍能够很好地完成既定的组织目标。

4. 组织的结构化程度

组织的结构化程度指组织中正式的职务关系的强度。高结构化程度的组织需要相应减少集权增加分权以保证组织活力，而高人际关系导向的组织需要相应增加集权以保证领导层的权威性。

5. 组织规模

组织规模较大时可以适当进行分权化处理，组织规模较小时集权化管理有利于组织的高效运行。

二、职权的横向设计

职权的横向设计，就是在进行组织职权设计时，着重依据职能分工，划分各部门的分工及独立行使的职权，并在此基础上理清各部门间的关系。一般来说，组织中不同职能部门间的工作会有独立行使、重叠交叉的部分。其中独立行使的部分依据职能划分即可完成设计，但其中交叉重叠的部分还要进行部门职权衔接设计，保证其分工明确、职责清晰。

部门衔接设计指涉及同一个层次的几个部门的职能出现衔接和重叠部分时，根据部门在业务活动中的责任与作用，通常由工序上的先后或分别负责生产与销售的不同环节，通过高层的职权横向设计，分别规定其在整体工序、产品完成过程中的职权范围，明确部门间的相互关系。

（一）职权的类型

职权可以分为决定权和非决定权。非决定权包括建议权、协助权、确认权、协商权、接受协商权、接受通知权等。以下分别介绍相关职权。

1. 决定权

决定权指某部门在职责范围内，提出对组织业务活动方案的裁定权力。这种裁定权力表明有关方案必须由该部门提出，既是该部门的义务，也是该部门的权利。

2. 非决定权

（1）建议权。指某一部门或人员依照自己负责的专业管理要求，就有关业务活动向其他部门提出建议的权力。这种权力要通过接受建议的部门最终确定是否采纳，因此属于非决定权。

（2）协助权。指某一部门或人员在完成自己在组织内任务的前提下，对一些较重要或缺乏人手的工作，按照制度规定或上级统一调配，向其他部门提供帮助的权力。

（3）确认权。指某一部门主管人员在某项业务活动上，对其他部门提出的建议或协助予以认可的权力。这种权力不同于决定权，因为当有关双方意见不同时，虽然努力但仍不能统一，拥有最后决定权的并非两部门负责人，而是其上级领导。

（4）协商权。指某一部门与有关部门协商后才能做出决定的权力。当对方有不同意见时，协商双方应当尽量谋求一致。上级保留决定权。

（5）接受协商权。指与协商权相对应的非决定权。

（6）接受通知权。指某部门从主管某项业务的部门那里，获得关于该项业务进展情况的通知的权力。

以上权力的明确，有助于各部门或人员在整体业务活动中各司其职，主动配合，相互协调，顺利完成总任务，实现总目标。

（二）注意事项

（1）职权彼此不重复。在进行组织横向职权设计时，要注意各部门职责范围不同，职能分工不同，要注意彼此间的职权不重复。

（2）各部门掌握的职权应当由各部门独立行使。这里强调权力在运行过程中的独立性，如果权力在运行中得不到独立保障，那么职权就失去了其执行力。职权的产生来源决定了职权应当对什么部门负责。

（3）注意职权设计的完整性。对于职权设计，做到不重复的同时，也不遗漏。职权设计如果有遗漏的部分，会造成实际职权运行中权力的缺位。

（4）运用职权类型明确规定各部门拥有的权力。

三、职权设计的表述

职权设计的内容与结果，要选择恰当的表述方式，全面、具体、明确地表述出来，以发挥职权设计的作用。常见的表述方式有以下几种：

（一）职务说明书

职务说明书是建立在工作分析基础上的，对组织中各种职务的职责与权限，以及任职者的资格条件做出系统且具体说明的人事文件。职务说明书一般包括两个部分的内容：一是职务规范，用来描述某一职务；二是用人规范，用以说明任职者的基本条件。这两部分可以结合出现。

职务说明书可以用于职权设计、人员招聘、培训等多方面。其详细程度因用途不同而各异。在职权设计中的职务说明书，应该将重点放在对职权的划分安排上，基本内容应该包括部门及人员的基本职能、责任与工作关系。

（二）组织结构图

组织结构图是一种表示有关组织的结构设置和职权关系的图标，有垂直图、横式图、圆形图三种。

垂直图依照职权关系，从上到下排列组织内所有部门、机构的管理层次。横式图，依照职权大小关系，从左到右排列组织内所有组织机构和管理层次。圆形图是依照职权高低关系，由里向外排列组织内所有组织机构，总负责人位于圆心位置上，同一层次的组织机构置于同一圆周上。有人认为这种圆形更能反映组织结构的动态关系。

组织结构图力求简明。有时候为更好地说明组织结构，可以将总体结构图与局部结构图并用。总体结构图反映的是整个组织的组织结构，对整个组织的职权分析、结构安排作以简洁、概括性的表述。局部结构图是用来反映组织的某个层次的结构，以便对总体结构做进一步说明，同时也是总体结构的具体化展开。

（三）职权系统表

职权系统表是一种二维结构，用以说明组织决策权以及有关的参谋机构的职权配置的表格。

该表格的横向自左向右顺次递增列出拥有决策权的机构与主管人员，纵向按管理职能系统地列出各种需要决策的问题。

职权系统表同样可以在总体层次与局部层次绘制不同表格。总体层次的职权系统表反映整个组织总体职权分布情况，局部层次的职权系统表反映决策权在每一个单位内的配置，便于具体指导。

第三节　组织机制和流程设计

现代经济组织越来越能感受到结构上的等级制和职能制所带来的障碍，相互独立的部门、很少的合作和有限的横向交流使得工作变得支离破碎。组织的管理者不得不面对如何用动态的观点重新审视组织运作的问题，流程的视角似乎提供了一个可行的解决办法。

组织流程可分为四种：工作流程、行为流程、组织学习流程与组织变革流程。工作流程源于工业工程和工作衡量理论，关注的是任务的完成，认为组织是通过横贯各个部门的、相互连接的一系列行为构成的链条来完成工作的，这些链条即为流程。行为流程是用来认知和完成工作的人际关系方面的一系列步骤，具有代表性的如决策流程、沟通流程、组织学习流程，它们都包括了信息和人际关系的收集、传递和解释。通常行为流程是通过社交活动或工作经验获得，而不是通过正规教育或培训。组织变革流程源于战略管理、组织理论和社会心理学，关注的是事件发生的时间序列，这些序列描述了个体、小组和组织是如何适应、发展和成长的。它与相对静态的工作和行为流程不同，组织变革流程是动态的，试图在运动中把握事物。组织变革流程的实例如组织生命周期和达尔文进化论等。[①]

① 苏慧文，高月飞，袁文龙.从组织流程和管理流程角度提高内部管理效率（上）[J].外国经济与管理，2000（9）：12-16.

一、整体协调机制设计

整体协调机制设计不同于之前提到的职能设计、部门设计等。前文提到的设计都是将组织的活动按照一定的规则予以分解，而整体协调机制设计是将组织的各部分联合成整体，构建组织系统，使各个部门的安排设计都符合组织的整体目标。整体协调也称横向联系，包括横向协调与横向制约。

（一）整体协调的基本方式

整体协调的基本方式是随着组织发展自然而然产生的。在组织产生初期，各种职能分工并不详细，往往部门个人身兼数职。随着组织的发展、技术进步与专业化分工，各部门产生分异，甚至因发生工作重叠而产生摩擦，这时候就出现了组织前进的阻力，自然地要求组织寻求协调的基本方式。常见的整体协调方式有以下三种：

1. 结构性方式

结构性方式主要着眼于组织结构方面的特性。组织结构的完善程度是选择组织整体协调的考量标准。若组织结构不完善，缺少保证横向联系的机构和人员，矛盾无法得到及时解决，说明组织结构设置不合理，这时候需要结合组织结构设计，在组织结构内增设保证横向联系的部分，以减少矛盾与摩擦。

2. 非结构性方式

若组织运行因素不协调，组织的制度无法得到落实，工作的执行没有科学的指导，管理工作得不到很好的开展，则说明下属的工作会存在较大的自由裁量权却得不到必要的约束。此时组织运行过程中的内部环境就会出现松散的现象，安排的工作得不到执行，而组织资源被下属各部门用于组织整体目标之外的用途。与结构性方式相对的是，此时出问题的并非组织结构，而是组织协调与运行的规则与方式。通过非结构性的调整，即可解决非结构性协调问题。

3. 人际关系方式

在科学管理理念的结构性与非结构性的方式之外，人际关系对于组织整体协调的重要性也非常重要。组织内部的人际关系方式主要体现在部门间人员或部门与上级人员的人际关系不和谐，这种不和谐通常产生于误解或成见。具体原因具体分析，在人际关系方式上进行整体协调，有时显得过于烦琐并且很难取得良好的效果，这时统一的、制度化的方法就显得非常重要。

通过组织手段，促进部门间的沟通协作，以组织的总体目标为导向凝聚部门，最终实现整体协调的格局。

（二）整体协调的阶段划分

新组织结构学派的著名加拿大学者亨利·明茨伯格，提出了协调方式发展三阶段论，认为组织整体协调方式可分为以下三个阶段：

1. 相互调整阶段

相互调整方式适合于组织内工作人员较少的情况。这种协调只需要成员间通过口头交换意见等，彼此实现相互调整。其中，组织内部的亚文化对相互调整方式的形成起到很大的作用。

2. 直接监督阶段

直接监督方式适用于组织发展中，需要协作人员的规模相较于初始阶段有扩大，却未到最终阶段的情况。这时候工作协作中的人数在10人左右，人与人之间的协作靠简单的个人相互调整方式，会导致大量的精力被用在非工作上。必须有一名管理者负责，统一进行指挥和监督活动，达到整体协调一致。

3. 标准化阶段

随着组织规模进一步扩大，管理层次明显增多，管理链条明显变长，直接监督方式与整体协调方式也显得笨拙而迟缓。由于分工细化和技术进步，整体协调的难度也相应增加。这时需要制定标准化制度，采用标准化方式进行整体协调。

首先，工作过程标准化。组织中工作过程的内容、程序与标准都要明文规定。将工艺操作规程和管理工作章程标准化地落实到制度层面。

其次，工作成果标准化。在工作过程不宜分解的情况下，规定标准化的工作内容和程序很难实现，这时候可以直接关注工作结果，将工作过程放入管理的黑箱，不影响工作成果的标准化程度。

最后，工作技能标准化。如果工作过程和产出的成果均无法预先规定标准，只能控制工作过程投入的方面，那么就应该将整体协调机制设置为门槛规定，即从事某一工作必备的知识、能力、经验、品德等的规定。这方面主要通过人力资源的招募来保证，在运行中定期检查和考评，保证工作过程和成果达到统一。

（三）横向协调设计

横向协调设计主要包括人际关系方式协调、结构方式协调两种方式。其中，人际关系方式协调侧重非结构性层面的人员情感层面安排，而结构方式协调主要体现在非人格化的制度层面的设计。两种协调方式均为了实现组织的横向协调，通常在组织中因不同情况进行单独使用或组合使用。

一般来说人际关系方式通常被用于高结构化的组织，结构方式被用于低结构化高人际关系导向的组织。

1. 人际关系方式

人际关系方式是高结构化、低人际关系导向的组织中适用的横向组织协调机制，用于对制度化而非人性化的工作导向的组织生态进行调整，具体可以采取建立跨部门横向联谊组织或拓展非正式意见反馈渠道的方式来展开。

跨部门横向联谊组织打破了按照职能划分的部门间固有的隔阂，将工作中有业务关系或者同类工作的人员，在自愿的基础上，通过非工作形式组织起来，展开部门间联谊。常见的形式有研修会、联谊会、庆功会等。跨部门横向沟通，彼此通过工作交流、信息交流、情感交流以增进友谊和了解，从而实现在原有相对独立的部门间建立新的横向协调组织与机制，使各部门更好地一同为服务组织目标而努力。

意见的非正式反映渠道，同样也是对组织过高结构性的补充。通常组织中纵向层级间不能够跨级汇报工作，但是直接隶属关系的上下级间，往往由于上级对下级的支配关系，下级的意见无法对直接上级反馈。由于工作中矛盾的积累，下级往往产生消极情绪。如果任由这种负面情绪在个体甚至团体中集聚，会造成怠工等影响组织绩效的现象。这时候就要通过拓展意见的非正式反映渠道，来保证这些情绪和意见得到反馈和疏解。对于组织一把手接待日或信箱的设立、建立心理疏导机构都是非常常见的做法。

2. 结构方式

结构方式是通过日常的、惯例性的、制度化结构化的活动或规定，来保证组织正常且有序运行的横向协调机制。结构方式的突出特点就是高工作导向、低人际关系导向。具体形式如下：

（1）制定管理工作规范。通过标准化的协调方式，对重复出现的管理工作予以规定，从而保障管理工作实行的规范性、精确性、专业性与可预测性，保证结构方式的落实。

（2）例会制度。通常组织内部召开定期例会。会议内容包括常规性、经常性出现的工作，本时期组织所要着重开展的非常规性工作。例会需要能够提出和研究解决各方面存在的问题，并对常规性的工作予以总结，对非常规性的工作做出指导说明。同时，其重要环节是完成工作分工，落实各自责任，并且统一思想意识。

例会在种类、内容、时间、地点、会议记录等过程都实现标准化的前提下，形成一套完整的体系。例会也可以被用作组织成员非正式、正式交流的契机。在例会上，可以设置下属对于上级提供意见的环节；例会结束后，可以以此为契机安排成员的联谊，从而促进成员间的横向联系。

（3）主管部门组织会审会签。重复性工作的负责部门，可以由领导部门提出让相关部门对自身进行的工作的职责范围与工作方式提出设想与意见。这种方式是将对工作的建议权以正式的组织方式委托给负责部门。由于负责部门对所掌握的工作最为了解，让负责部门人员在此基础上邀请有关部门审核与签署意见，可以促成各组织部门间形成更全面的横向联系。

（4）跨部门直接沟通。跨部门直接沟通适用于例外情况或通过制度确认下来成为制度化的情况。在例外情况下，如果一个部门临时需要与其他部门进行直接沟通，这种沟通需要建立在部门间的联系不会影响整体组织目标的决策布局的基础之上。这时部门的主管领导们沟通达成一致意见，便可以对这些关系比较简单、对全局影响不大的问题进行自主处理。

但是在一些涉及组织目标的整体决策布局的问题上，就需要通过制度化的设计，明确在常见情况下部门直接沟通需要注意的问题，依据组织生产工序或不同部门的职能重要性，对跨部门直接沟通中的主责部门予以规定，从而使沟通更为有效，并且可以服从于整体的组织目标。

（5）临时工作小组。有些例外工作涉及多个部门，需要临时在部门原有的领导体制基础之上，设立工作小组。这时候需要单独委派上级主管领导，在原有工作架构之外建立工作小组，工作小组需要具备极高的独立性。工作小组建立的目的是应对突发的组织危机与组织变革。其高机动性是其独特优点，但是工作小组的设置必定会对组织原有的职权架构产生临时性的或持久性的影响。[①]

① 苏慧文，高月飞，袁文龙. 从组织流程和管理流程角度提高内部管理效率（上）[J]. 外国经济与管理，2000（9）：12-16.

二、横向制约设计

横向制约设计是与横向协调设计处于同一维度上，以控制目的为重点的组织设计。横向制约实质在于控制，是依据已有的制度、规范，通过制约机构运行，监督和检查业务部门的工作成果，确保上级管理机构对组织内各部门运行情况有所了解，并在了解的基础上对各部门工作予以统筹，确保组织目标的实现。

横向制约可以按照以下步骤进行：

（1）明确组织目标实现过程中需要横向制约的重点。不同组织进行横向制约设计的重点不尽相同，要依据组织目标来进行横向制约设计。有的组织横向制约的内容和重点是生产作业控制，确保产品产量和进度。

（2）完善横向制约的机构及其责任的归属。横向制约设计中，是由原有部门承担制约职能，还是重新设置部门负责制约职能，需要考虑以下三个问题：在组织运行过程中，偏差容易产生于哪个部门；在现有组织结构设置中，是否存在能够在职能上矫正这些偏差的部门；部门偏差的责任在谁。

（3）分设执行部门和监督部门。监督部门在组织的实际运行中履行监督职能，会与其他部门产生摩擦与矛盾。要注意通过强化监督部门的服务职能，来缓解这种摩擦。同时可行的方案是实行人员调换制度，制度化地使监督部门与执行部门的人员进行横向交流。在制度层面，还要注意设置便于部门间横向与纵向沟通的机制。

三、组织流程设计

从广义上讲，流程可以看作一个任务和行动的集合，这个集合将相应的输入转变成输出。在一个组织内，相应的输入和输出包括物质、信息和人力资源等多个方面，比较常见的流程包括新产品开发、订单或者任务执行、客户服务、资源配置和决策等。

在组织流程设计中，首先要注意组织流程的分类及各自特点；其次对于组织流程设计的影响因素需要加以重视；最后注意组织流程的设计步骤，其中包括组织流程再造的方法。

（一）组织流程设计的分类

组织流程设计是指组织为完成组织目标，在实际运行中完成某项任务的全过程。这一过程由一系列工作环节或步骤组成。传统组织流程的设计主要突出组织流程设计的原则，通过战略、顾客关系等进行组织流程的设计方案分析。随着技术的进步与管理理论的革新，组织流程设计出现了组织流程再造等理论。

从组织层次上可以把流程设计分为四种，即工作流程设计、行为流程设计、组织学习流程设计、变革流程设计。它们分别反映了组织流程设计不同目的的需要。

1. 工作流程设计

工作流程源于工业工程和工作衡量理论，关注的是任务的完成，认为组织是通过横贯各个部门的、相互联结的一系列行为构成的链条来完成工作的，这些链条即为流程。流程可分为以下两类：

（1）作业流程，指那些创造、生产、传递顾客所需要的产品和服务的流程，如研发、制造、后勤等。

（2）行政流程，指那些并不产出顾客所需要的产品或服务，但是组织运转所必需的流程，如战略规划、预算、业绩评价等。

作业流程与行政流程都是由一系列相互联系、相互依赖的活动共同将输入转变为输出，都有起点与终点，都有可以被相对合理和准确界定的边界，都有顾客（内部顾客或外部顾客）。

二者不同之处在于输出的性质不同。作业流程产出的产品和服务由外部顾客来消费，而行政流程产出的信息和计划由内部顾客来使用，这种区别导致有些人错误地认为这两种流程是相互独立的。

改善工作流程的两种模式——质量运动和再造工程，都致力于通过改造流程提高质量、削减成本、缩短工作循环时间或提高经营业绩。两者的基本认识是相同的，即现存的大多数工作流程都是自然形成的，没有进行科学的规划，效率很低。一项实证研究表明，在工作流程中，增值时间仅占总流程时间的5%左右。为了消除低效率，两者都提倡工作流程的再造，并认为改进流程与流程管理具有相同的含义。二者提供了相似的工具，如流程图、数据模型以及识别改进机会的经验方法等，根据流程图显示出流程的全部步骤，通过去除重复审批和检查环节、发现可以削减的等待时间、理顺部门间的关系、将相关的任务和职责进行分类等手段来提高流程的效率。两者的不同之处在于对流程改变的性质和源泉的认识不同。

质量运动主张改良式的进步，认为现有流程有很多可取之处，改进的目标应当是去除不必要的步骤和存在的错误，并保留流程的基本框架，改进应当是在小范围内持续进行。再造工程主张激进式变革，认为现有流程只考虑了工作实践和劳动分工，没考虑现代信息技术，因此现有流程是过时的。相比而言，再造工程关注的是设计和采纳新的流程，而不是理解现有流程的细节。两者的不同之处集中体现在它们对测量和控制的重视程度上。质量专家们更依赖于他们对制造过程控制的经验，主张良好的工作流程管理必须有详尽的记录和确定的控制点。他们认为管理者要想改进流程，首先必须精确地测量流程并保证其稳定性，改进后，为了保持已取得的成绩和保证流程按计划进行，必须进行持续监控。再造工程专家们强调的是运用信息技术实现再造，而不是控制。

工作流程可以应用于处理组织内职能部门间的工作割裂问题。现代组织一般具有复杂的组织结构、高度分化的分支机构和职能部门、非正式联系有限、规模和空间距离增大等特点，使得部门间的横向整合非常困难，而工作流程设计强调的正是部门间衔接的效率而不是职能部门的内部问题，因而能大大增加组织内的横向联系，提高内部沟通效率。

2. 行为流程设计

行为流程是用来认知和完善工作的人际关系方面的一系列步骤，具有代表性的如决策流程、沟通流程、组织学习流程，它们都包括了信息和人际关系的收集、传递和解释。通常行为流程通过社交活动或工作经验获得，而不是通过正规教育或培训。行为流程源于组织理论和群体动力学，致力于行为模式的研究，这些行为模式反映了一个组织在行为方式上的固有特征，并从组织成员的行为上一再地反映出来，即使组织成员发生变更、具体行为发生变化，该行为模式仍会得到延续，从而表现出极强的持久性。所以，行为流程都是在日常工作的观察中抽象概括出来的，不能独立于工作流程而存在，因而识别起来比较困难，但也更为重要。

（1）决策流程设计。决策是一项基于分工管理、经过一段时间并涉及许多参与者的工作，而不只是主管一个人的事情，因此管理的重要任务就是培育一个有助于产生有意义结果的决策环境。对决策流程的研究主要集中在两个方面。其中一部分学者致力于决策流程的结构研究，研究的目标是建立一个决策流程模型，用来描述决策过程中的一系列步骤，并找到进行理想的决策时总是不得不利用和评价的那些始终在变化的信息，以便迅速做出决策。由于事情总是一组一组地去做，而不是一件接一件地做，因此在战略决策研究中就很难找到一个简单的由一系列步骤组成的决策模型。

（2）沟通流程设计。沟通流程源于对人际关系的研究，目前涵盖了面对面、组内和组间的一系列相互关系作用的研究。在一个组织中，个体与小组是怎样分享数据、怎样对过程和目标达成一致看法、怎样解决工作中的矛盾等问题，往往影响着人际沟通和信息处理活动的特征和丰富程度，进而影响了沟通的有效性。这些活动会逐渐模式化并能够以一种可被预期的方式进行。但它们融合于日常的工作流程中，因此并不总是非常明显。就像决策流程一样，它们也只有在经过对个体及小组例行的下意识活动进行反复观察后才能被反映出来。考虑到沟通活动的复杂性，沟通流程最好用多指标来测量，如频率、延续性、方向、起因和风格、层次和深度等。有些研究将各项活动组合成子流程，以进行中间层次的分析。这些子流程可分为两类：其一，任务管理和完成工作所需要的流程，如信息提供与寻找、意见提供与寻求等流程；其二，建立小组并维持其关系所需要的流程，如协调与让步行为。

3. 组织学习流程设计

组织理论家、社会心理学家、生产专家和系统论专家都分别研究过组织学习流程。组织学习是指创造和获得新知识的活动，包括四个过程：知识的获取、知识的理解、知识的分类和知识的存储。在组织学习中，不同组织通常只选择那些适合本组织文化和需要的少数几种方法，在经过一个时期以后，这些方法便固化成一种组织学习的风格。知识可以通过许多途径获得，每种途径都与一种独特的学习方法相联系并采取不同的工具、系统和行为，相应的隐含的流程也是不同的，如对知识的获取可采取头脑风暴法或通过与行业领导者、竞争者相比较来获得，知识的存储可采用书面记录或将其转换为惯例的方法等。知识的理解和分类也有许多不同的方法。

组织学习流程与决策流程、沟通流程有很多相同的特征：学习活动遍布整个组织，涉及诸多部门不同职责的人员，历经一段时间，并最终落脚在几项特定的子流程和惯例上。它也属于组织的学习流程而非个人的学习过程，并能分为几种不同的模式与风格。事实上，三种行为流程常常是相互补充和协作的。它们相互促进并形成一组特征，以一种可以预期的方式相互作用。在实践中管理者通常认为重构工作流程时行为将会同时自发地发生变化，但事实上并非如此。因为行为是更深层次力量的反映，必须有意识地进行。所以，如果隐含的行为流程没有被改造，整个流程的改造是不会成功的。管理者必须对组织的决策流程、沟通流程、学习流程的特征有明确的认识，以保证改进计划的成功。模仿、练习、观察、训练等都是促使变革的有效工具，并都可用于个人或组织层次，学习流程的改进、延续能从深层次上改变个人或组织的行为模式，使组织内部管理发生根本性的变化，从而大大提高内部管理效率。

4. 变革流程设计

变革流程设计源于战略管理、组织理论和社会心理学，关注的是事件发生的时间序列，这些序列描述了个体、小组、部门和组织是如何适应、发展和成长的。与相对静态的工作和行为流程设计不同，变革流程设计是动态的，试图在运动中把握事物。变革流程设计的实例如组织生命周期和达尔文进化论等。

所有的变革流程设计都包含三个构成要素：一个起始状态、一个能实现特定功能的结果状态、一个由变革构成的流程。许多变革可以按时间划分成几个阶段，每个阶段都有一个子目标，由一组活动构成，各阶段之间的过渡可以是平缓的，也可以是剧烈的。变革流程设计可以回答怎样实现从变革起点演进到终点的问题。

变革流程一般包括以下四个阶段：创始、成长、转变和衰落。每一个阶段都代表了个体或组织生命周期中的一个典型阶段。变革流程可以分为两大类：自发变革和诱导变革。

（二）组织流程设计的影响因素

依据产品或服务的特性，组织流程设计的影响因素如下：

1. 功能特性

服务功能不同，对于组织流程设计的基本业务流程也不同。例如，制造业企业主要为顾客制作所需要的产品，基本业务流程是通过顾客的需求信息，进行产品的设计开发，完成产品生产销售，后续进行售后服务保证。

2. 技术特性

组织产品的技术特性不同，基本的组织流程也不同。例如，计算机硬件产品的基本业务流程与计算机软件产品的基本业务流程不同。计算机软件产品通过软件需求信息，进行软件设计开发，随后进行产品生产销售，通过系统集成，配套培训服务。而计算机硬件产品只有主机需要安装调试，其他外设都可以不安装调试。

3. 服务模式

产品服务模式不同，组织流程不同。电视机不需要安装，可以直接使用；空调则很难由顾客直接安装，对买空调的顾客就需要组织提供安装服务；现在网购的产品比如折叠椅，甚至发展出零部件销售，给予线上组装指导的DIY流程。由此可见，产品使用难度不同，客户要求组织提供的培训服务不同，基本组织流程也就不同。

4. 生产方式

产品的生产方式不同，组织流程不同。主要的生产方式有：以飞机、大型发电机组等单个产品的生产的项目管理流程的项目生产方式；以汽车、家电等标准化、大批量产品生产的流水线转配流程的离散型生产方式；以化工、石油等连续型产品生产、高流量产品或服务应该采用标准化活动构成的重复式流程的连续生产方式。

5. 需求模式

产品交货时间要求不同，组织流程不同。要了解一家制造公司的管理特性，首先要了解掌握公司的产销特性，即其销售、采购、生产之间的关联性。根据其销售、采购、生产之间的关联性，再确定组织的业务流程。

（三）组织流程设计的步骤及组织流程再造

以下介绍两种组织流程设计步骤，分别是常规组织流程设计步骤与组织流程再造设计步骤。

1. 常规组织流程设计步骤

（1）设计组织的管理战略流程。组织的核心竞争力与市场购买力的匹配决定组织的产品、服务管理结构。组织的产品、服务管理战略决定组织业务流程的方向。

（2）设计服务对象关系流程。组织的服务对象是组织生存发展的基础。组织流程设计与管理的根本目的是为其服务对象提供更好的服务。服务对象提出了其需求与需求模式，组织要依据其服务对象的特性与需求，在此基础上不断对需求进行跟进，改善功能特点与服务模式，不断提升服务标准，不断开发新的产品与服务，建立发展与服务对象的关系。

（3）组织业务流程设计。组织要依据产品服务功能特性、技术特性、服务特性、营销特性、产销特性以及生产规模特性确定核心流程、支持流程，并且要建立流程考评体系来验证业务流程的能力与效率。

2. 组织流程再造设计步骤

经济全球化、市场激烈竞争、信息技术高速发展的变化，使原有金字塔式的组织层级结构无法适应市场瞬息万变的环境，严重阻碍了组织的发展。此时，一些新的组织结构被提出和应用。组织流程再造的提出，促使组织更注重组织的横向整合，将组织内部的各种作业活动整合成一个长的流程，从而缩短组织的业务周期，提高对市场的反应程度，有利于组织在变化的环境中更好生存。

（1）组织流程再造设计，首先要对原有的流程进行全面的功能和效率分析，发现其存在的问题。根据组织现行作业程序，绘制细致、明了的作业流程图。一般来说，原来的作业程序是与过去的市场需求、技术条件相适应的，并由一定的组织结构、作业规范作为其保证。当市场需求、技术条件发生的变化使现有的作业程序难以适应时，作业效率或组织结构的效能就会降低。可以从以下方面分析现行作业流程的问题：

① 功能障碍分析。随着技术发展，技术上具有不可分性的团队工作，个人可以完成的工作额度就会发生变化，这就会使原来的作业流程或者支离破碎增加管理成本，或者核算单位太大造成脱节，并会造成组织结构设计的不合理，形成组织发展的瓶颈。

② 重要程度分析。不同的作业流程环节对组织的影响是不同的。随着市场的发展，顾客对产品、服务需求的变化，作业流程的关键环节及各环节的重要性也在变化。

③ 可行性分析。根据市场、技术变化的特点及组织的现实情况，分清问题的轻重缓急，找出流程再造的切入点。为了对上述问题的认识更具有针对性，还必须深入现场，具体观测、分析现存作业流程的功能、制约因素及表现的关键问题。

（2）对原有流程分析后，针对性地提出新的流程改进方案，并进行评估。为了设计更加科学、合理的作业流程，必须集思广益、鼓励创新。在设计改进方案时可以考虑：将现在的数项业务分类或工作组合，合并为一；工作流程的各个步骤按照其自然顺序进行；基于成员参与决策的权力；为同一工作流程设置若干种运行方式；工作应当超越组织的界限，在最合适的场所进行；尽量减少检查、调整、控制等工时；设立项目负责人。

（3）制定保障和配套方案。制定与流程改进方案相配套的组织结构、人力资源配置和业务规范等方面的改进规划，形成系统的组织流程再造方案。

组织业务流程的实施，是以相应组织结构、人力资源配置方式、业务规范、沟通渠道甚至组织文化作为保证的。所以，只有以流程改进为核心形成系统的组织流程再造方案，才能实现预期的组织目标。

（4）组织实施与持续改善。实施组织流程再造方案，必然触及原有的利益格局。因此必须精心组织、谨慎推进。既要态度坚定、克服阻力，又要积极沟通、达成共识，以保证组织流程再造的顺利进行。

组织流程再造方案的实施并不意味着组织流程再造的终结。在社会发展日益加快的时代，组织总是不断面临着新的挑战，这就需要对组织流程再造方案进行不断改进，以适应新形势的需要。

本章小结

本章主要阐述了组织设计的内容与相关方法技术，包括结构、职权、机制与流程三个方面设计的内容与方法技术。

组织结构设计是指设计组织在职、责、权等方面的动态结构体系，调整分工协作关系，以助于组织战略目标的实现。组织结构是组织运行的基础与框架，其设计依据为职能设计，设计载体为部门设计，而管理幅度和管理层次是对组织结构的纵向与横向延展。

职权设计是通过设计活动促进其组织目标实现而设置的、能够影响他人或集体行为的力量结构。包括职权的纵向结构、横向结构和职权的表述说明。其中，职权的表述方式一般包括职务说明书、组织结构图、职权系统表等。

组织机制与流程设计在于通过动态的观点重新审视组织运作，旨在打破结构上的等级制和职能制所带来的障碍，理顺组织管理活动。组织流程可分为四种：工作流程、行为流程、组织学习流程与变革流程。其设计活动可分为整体协调机制设计、横向制约设计、组织流程设计等。

即测即评

扫描右侧的二维码图标（内含若干判断题、单选题和多选题），您可在线自测并查看答案。

思考题

1. 你如何看待组织设计与组织管理之间的关系？结合本章内容，谈谈你对组织设计的地位和作用的认识。
2. 组织设计包括哪几个方面？各方面分别又包含什么内容？
3. 试以你熟悉的某一组织与工作为例，尝试进行相关的组织结构设计。

实例经验及启发

1. Q公司的组织架构有哪些合理的地方？又有哪些不合理的地方？

Q公司自身的组织架构是比较完善的，6个职能部门中包括了一半以行政为主的部门，即财务融资部、人力资源部和总经理工作部，另一半是以业务为主的部门，即研究发展部、资本运营部和投资开发部，很好地兼顾了行政上和业务上的关系，职能划分较为清晰。但是公司新设置的两个机构都没有进行合理规划：一是新设置的项目专家组和专家咨询委员会二者存在职能重叠，需要部门工作说明书进行具体权限、责任、义务的界定；二是临时性委员会在发展的过程中逐步转入日常化，需要适时调整这一组织。

2. 如果你是咨询公司成员，你对Q公司组织结构调整有何建议？

关于项目专家组和专家咨询委员会之间的职能界定，首先要明确各自主要职责。项目专家组负责针对具体的项目进行咨询服务，专家咨询委员会负责对企业发展大的战略规划和项目进行论证、提供意见。其次是厘清二者的相互关系。专家组是以项目为纽带联结起来的一个课题组，专家咨询委员会是相对常设的机构组织，一个负责日常的微观的事务，一个负责战略的宏观的事务。最后，可以尝试进行二者的合并，设立直属于总经理的新的机构，由专家委员会负责总的咨询和评估业务，专家委员会常设若干工作人员，负责组织的运作，项目专家组作为专家咨询委员会下的非常设的、可以自由组合的临时小组，以便整合专家资源、减少扯皮现象和资源浪费。

本章实训

实训目的

掌握设计组织结构的原则和方法。

实训内容

（1）针对某民营科技类企业，收集其历史发展脉络信息。

（2）对企业内部的老员工进行访谈，了解组织结构变革的背景和实效。

（3）讨论当下该企业是否存在组织结构变革的必要性和可行性。

实训组织与步骤

（1）教师讲解组织结构设计的基本原理。

（2）教师带队进行企业游学。

（3）将学生分为三到六组，分别负责不同时期该企业组织结构变革PPT讲解任务。

（4）由教师总结企业组织架构在不同时期变革的主要脉络，并讨论当下变革的必要性和可行性。

延伸阅读

[1] 肖鸣政.组织建构与企业管理技术[M].北京：高等教育出版社，2003.

[2][美]雷蒙德·E.迈尔斯，查尔斯·C.斯诺.组织的战略、结构和过程[M].北京：东方出版社，2006.

[3] 任浩，刘石兰.基于战略的组织结构设计[J].科学学与科学技术管理，2005（8）：123-126.

[4] 张绪柱.基于流程优化的企业组织设计研究[D].济南：山东大学，2011.

第二篇

工作分析篇

第四章
工作分析概述

学习目标

1. 掌握工作分析的基本概念及相关术语
2. 掌握工作分析的性质与作用
3. 了解工作分析的结果和形式

关键术语

工作分析　工作说明书　资格说明书　职务说明书

情境实例

卡特洗衣公司职务说明书

詹妮弗根据自己对洗衣店的逐项了解所得出的结论是：她所要做的第一件事就是为洗衣店管理人员编写职务说明书。

正像詹妮弗所说，她在大学所学的一般管理课程和人力资源管理课程都强调了职务说明书的重要性，但在学习时，她一直不相信职务说明书在一家企业的顺利运行中会有如此重要的作用。但她在上班的最初几周内，多次发现每当她问及洗衣店的管理人员为什么违反既定的公司政策和办事程序时，这些人总是回答“因为我不知道这是我的工作内容”或“因为我不知道应该这么做”。詹妮弗这时才知道，只有花大力气编写职务说明书并制定一整套标准和程序来告诉大家应该做什么以及如何去做，才能使这类问题得到解决。

从总体上说，洗衣店的管理人员负责指挥店里的所有活动，其目标包括：生产服务质量的监督、顾客关系的维护、营业额的增长，以及通过有效地控制劳动力、物资、能源等方面的成本实现利润最大化等。

在完成这些总体目标的同时，洗衣店管理人员的任务和职责还包括：质量控制、店铺的外观和清洁、顾客关系、财务和现金管理、成本控制和生产率、事故控制、价格掌握、库存管理、机器维修、衣物的接收与清洗、雇员安全、人力资源管理、不良事件控制等。

资料来源：[美] 加里·德斯勒.人力资源管理 [M].北京：中国人民大学出版社，1999：105-106.

什么是工作分析？它在人力资源管理中有怎样的作用与地位？这是学习该课程首先遇到的问题。因此，本章主要介绍工作分析的概念与相关术语、工作分析的性质与作用、工作分析的结果与形式，以便让大家对工作分析的概念、过程及结果有一个概括的了解。

第一节　工作分析的概念

工作分析是人力资源管理中一种常见的活动。如何从理论的层面来解释与把握它，其中涉及哪些相关术语，是本节所要阐述的内容。

一、工作分析的基本含义

工作分析，简单一点说，就是人力资源管理在短时间内用以了解有关工作信息与情况的一种科学手段；具体一点说，就是一种活动或过程，它是分析者采用科学的手段与技术，直接收集、比较、综合有关工作的信息，就工作岗位的状况、基本职责、资格要求等做出规范的描述与说明，为组织特定的发展战略、组织规划，为人力资源管理以及其他管理行为提供基本依据的一种管理活动。

在这种分析活动中，包括分解、比较与综合。其中，分解是基础，比较是关键，综合是结果。分解是对一定事物的分割，把它的组成部分拆开，研究它们是如何组合成这个事物的。当待分解的事物是较大的系统时，不仅要研究该系统内部的组成关系，还要弄清每个构成部分是如何为整体服务的。这些分析研究能帮助我们找到系统与构成部分之间不断变化的关系。这种解析思想在工作分析中的运用是典型的，即把工作看作组织的构成部分，进而研究工作内部的构成要素之间的关系。任何复杂的工作系统都是从产出、投入、过程及其关联因素四个层面进行分析的。

（1）产出。对一项工作而言，什么是其规范化、标准化的物化产品与服务产品？它们在哪些方面不同于组织内其他工作的产品或服务？

（2）投入。完成这项工作需要具备哪些知识、品性、技能和能力？这项工作的运作中需要哪些材料、资本和其他非人工成本的参与？

（3）过程。资源是怎样变成令人满意的产品和服务的？在这种转变过程中，需要使用哪些生产程序、技术和工艺方法？哪些靠机器，哪些单纯靠人来完成？这项工作中包括员工的哪些行为与联系？

（4）关联因素。这项工作能在组织结构图中的哪一部分找到？它的责任与权力是什么？这项工作对工作环境与心理承受力有何要求？员工是在什么样的时限与环境下操作的？这项工作在工作环境方面有哪些法律规定或其他法定要求？

因此，工作分析作为一种活动，其主体是工作分析者，客体是整个组织体系，对象是工作，包括战略目标、组织结构、部门职能、岗（职）位的工作内容、工作责任、工作技能、工作强度、工作环境、工作心理以及工作方法、工作标准、工作时间及其在组织中的运作关系。

研究成果表明，工作分析对一个特定的组织在特定时期内解决特定的工作问题，起着至关重要的作用。例如，一个企业为了弄清一系列特定的职位的具体职责与任务，往往通过召开一系列会议进行讨论。对于工作分析来说，则是通过对具体的工作环节乃至行业状况的全面分析来制定职务说明书。因此，工作分析被认为是现代组织中的一种重要的管理手段。

二、工作分析的类型与流程

（一）工作分析的类型

从客体分布范围上划分，工作分析有广义与狭义两种。广义的工作分析，是对于整个国家与社会范围内岗位工作的分析；狭义的工作分析，是对于某一企事业组织内部各岗位工作的分析。本书所说的工作分析主要指狭义的工作分析。

从目的上划分，工作分析有单一目的型与多重目的型两种。其主要区别在于细节和记录的内容，但其获取与分析资料的手段及过程是相同的。比如，如果工作分析的目的在于提高人员甄选的针对性，则工作信息可以直接记录在一张简单设计的表格中。如果工作分析还想用于一些其他目的，如培训、安全计划等，工作分析表格就要设计得详细些，以便能够记录与其他目的相关的工作信息。即使工作分析只有一个目的，调查中记下所有的细节也是较为经济的，可以避免日后的重新调查。这一点在设计工作分析程序时就应予以考虑。

从分析切入点划分，工作分析有岗位导向型、人员导向型与过程导向型三种。岗位导向型，是指从岗位工作任务调查入手进行的工作分析活动；人员导向型，是指从人员工作行为调查入手进行的工作分析活动；过程导向型，是指从产品或服务的生产环节调查入手进行的工作分析活动。

（二）工作分析的流程

组织进行工作分析首先要选择恰当时机。一般而言，工作分析主要是在以下情况下发生：新组织建立，新工作出现，新技术、新方法、新工艺或新系统出现而使工作发生变化，组织变革或转型期等。其次，工作分析过程中要做到循规蹈矩，按流程办事。

整个工作分析过程一般包括计划、设计、信息分析、结果表述与运用指导五个环节（见图4-1）。其中，计划与设计是基础，信息分析与结果表述是关键，运用指导是目的。

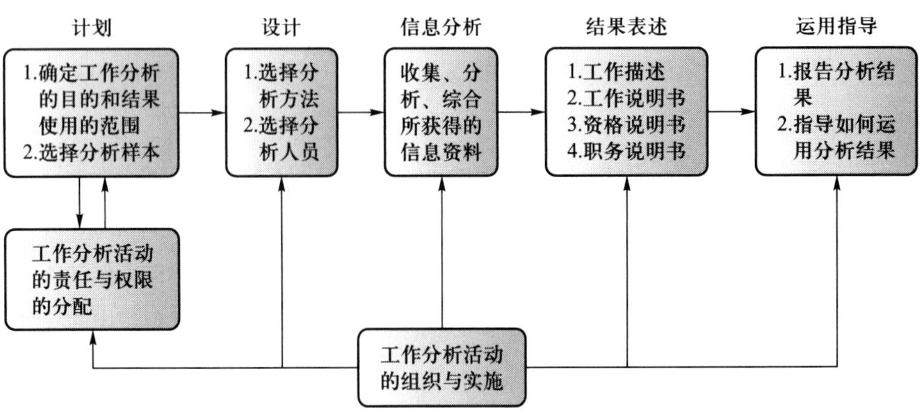

图4-1　工作分析活动流程图

1. 计划

工作分析中的计划主要包括：

（1）确定工作的目的和结果使用的范围，明确所分析的资料要用来干什么，解决什么管理问题。即要确定工作分析信息的用途。也就是说，工作分析是服务于人员选拔，还是服务于薪酬设计；是服务于人员培训，还是据此进行内部职位的调整。工作分析所获得信息的用途直接决定了需要收集何种类型的信息，以及使用何种技术来收集这些信息。

（2）界定所要分析的信息的内容与方式，预算分析的时间、费用与人力。

（3）组建工作分析小组，分配任务与确定权限。

（4）明确分析客体，选择分析样本，以保证分析样本的代表性与典型性。

2. 设计

工作分析中的设计主要包括：

（1）选择分析方法与人员。人员的选择主要由经验、专业知识与个性品质等决定。

（2）做好时间安排与制定分析标准。

（3）选择信息来源。工作信息的来源一般有工作者、主管、顾客、分析专家、词典、文献汇编。

（4）选择相关背景信息。背景信息包括组织结构图、工作流程图、现有的工作说明书、规章制度等相关信息。同时，要全面了解组织的情况，如人员、部门、结构设置、业务范围等信息。对这些信息的了解和调整，将大大有助于提高工作分析的使用性和准确性。

（5）选择代表性工作进行分析。以典型的、有较好代表性的业务作为工作样本，先对样本进行全面的分析，再扩大到组织全部的业务，目的是提高工作分析的效率。

3. 信息分析

分析信息之前必须进行工作信息审查。工作信息审查者为组织人力资源经理、专员、工作承担者及工作承担者的直接主管。审查重点为工作的性质、工作的功能。这一审查步骤实际上为这些工作的承担者提供了一个审查和修改工作描述的机会，而这无疑会有助于赢得大家对所收集到的工作分析资料的认可。

信息分析包括对工作信息的调查收集、记录描述、分解、比较、衡量、综合归纳与分类。信息分析的内容一般包括七个问题的调查和五个方面的信息分析。

七个问题的调查包括：① 由谁来做（Who）；② 做什么（What）；③ 何时做（When）；④ 在哪里做（Where）；⑤ 如何做（How）；⑥ 为什么做（Why）；⑦ 为谁做（For Whom）。

五个方面的信息分析包括：① 工作名称分析，包括对工作特征的揭示与概括、名称的选择与表达；② 工作内容分析，包括工作任务、工作责任、工作关系与工作强度的分析；③ 工作环境分析，包括物理环境、安全环境与社会环境的分析；④ 工作条件分析，包括必备的知识、必备的经验、必备的操作技能和必备的心理素质的分析；⑤ 工作过程分析，包括对工作环节、人员关系与所受影响的分析。

4. 结果表述

结果表述实际就是选择合适的方式编写职务说明书。大多数情况下，在完成工作分析之后，都要编写职务说明书。职务说明书的内容就是对有关工作职责、任职条件、工作流程、工作环境以及工作对人身安全危害程度等工作特性方面的信息所进行的书面描述。在任职条件中，全面反映了工作对从业人员的品质、特点、技能以及工作背景或经历等方面的要求。

一份标准的职务说明书应涵盖以下元素：工作标志（工作名称）、工作概述、工作关系、工作职责、工作权限、绩效标准、工作条件、任职条件。具体参考本章第三节相关内容。

工作分析结果的表述主要有四种形式：

（1）工作描述，主要是对工作环境、工作要素及其结构关系等相关资料的全面记录与说明。

（2）工作说明书，主要是对岗位或职位工作职责任务的说明。

（3）资格说明书，又叫工作规范，主要是对任职资格与相关素质要求的说明。

（4）职务说明书，主要是对相关岗位概况、工作职责及任职资格的完整说明。

5. 运用指导

工作分析结果的运用指导主要包括对运用范围、原则与方法的规定。

三、工作分析的相关术语

就狭义的组织内工作分析而言，工作的具体形式是职务、职位（岗位）、任务与要素，而分析的具体行为形式是调查、研究、分解、比较、综合、分类、排序、评价、记录、说明与描述。工作分析活动的实质就是从不同的个人职业生涯与职业活动的调查入手，顺次找出工作群、职务、职位、职责、任务与要素的过程，并由此确定工作的内容范围、属性关系、繁简难易程度与所需的资格条件。下面对工作分析的相关术语加以说明。

（一）要素

要素指工作活动中不能再继续分解的最小单位。例如，速记人员速记时，正确书写的各种速记符号；木工锯木头前，从工具箱中拿出的一把锯。

（二）任务

任务指工作活动中达到某一工作目的的要素集合。例如，要打印一封英文信，打字员必须能够系统地做到：① 熟悉每个英文单词；② 在计算机中拼出相应的单词；

③ 辨认与修正语法错误；④ 把计算机中打好的英文信打印在纸上等。换句话说，打印一封英文信这一任务是上述四个工作要素的集合。

（三）职责

职责指某人担负的一项或多项相互联系的任务集合。例如，人力资源管理人员的职责之一是进行工资调查。这一职责由下列任务组成：设计调查问卷，把问卷发给调查对象，收回调查问卷，分析调查结果，将结果表格化并加以解释，把调查结果反馈给调查对象等。

（四）职位

职位指某一时期内某一主体所担负的一项或几项相互联系的职责集合。例如，办公室主任同时担负单位的人力调配、文书管理、日常行政事务处理等职责。职位一般与职员一一对应，一个职位即一个人。

（五）职务

职务指主要职责在重要性与数量上相当的一组职位的集合或统称。例如，某工厂设两个厂领导岗位，一个分管工厂的生产，另一个负责工厂的供销。显然，就其工作内容来说，两个人的职责内容不尽相同。但就整个工厂的经营来说，职责相当，少了谁也不行，谁也不比谁更重要。因此这两个职位可以统称为“副厂长”（职务）。与职位不同，职务与职员并不是一一对应的，一个职务可能由几个人分担，即可能不止一个职位。

（六）职业

职业指不同时间、不同组织中，工作要求相似或职责平行（相近、相当）的职位集合，如会计、工程师等。虽然每个单位的会计与工程师的具体工作的内容与数量不尽相同，但他们彼此所担负的职责及单位对他们的任职要求却是相似的。

（七）职业生涯

职业生涯指一个人在其生活中所经历的一系列职位、职务或职业的集合或总称。

（八）职系

职系又叫职种，指职责繁简难易、轻重大小及所需资格条件并不相同，但工作性质相似的所有职位集合。例如，人事行政、社会行政、财税行政、保险行政等属于不同的职系。每个职系中的所有职位性质充分相似，而工作繁简难易、责任轻重及其任职资格要求并不相同。每个职系便是一个职位升迁的系统。

（九）职组

职组又叫职群，指若干工作性质相近的所有职系的集合。前面提到的人事行政与社会行政可以并入普通行政职组，而财税行政与保险行政可以并入专业行政职组。职组是工作分类中的一个辅助划分，并非工作评价中不可缺少的因素。

（十）职门

职门指若干工作性质相近的所有职组的集合。前面提到的人事行政、社会行政、财税行政与保险行政均可以并入同一个行政职门之下。职门、职组与职系是对工作的横向划分，而下面的职级与职等则是对工作的纵向划分。

（十一）职级

职级指同一职系中职责的繁简难易、轻重大小及任职条件十分相似的所有职位集合。例如，中学一级数学教师与小学高级数学教师属于同一职级，中学一级语文教师与中学一级英语教师也属同一职级。

（十二）职等

职等指不同职系之间，职责的繁简难易、轻重大小及任职条件要求充分相似的所有职位的集合。例如，大学讲师与研究所的助理研究员以及工厂的工程师均属于同一职等。职级的划分在于对同一性质工作程度差异进行区分，形成职级系列；职等的划分则在于对不同性质工作之间程度差异进行比较或寻求比较的共同点。因为不同职系序列的职级数不一定相等，而且某职级序列中的最高职级与另一职级序列中的最高职级，其工作难度也可能不等，因此职等的概念有助于这一问题的解决。

（十三）职权

职权是依法赋予的完成特定任务所需要的权力。职责往往与职权是有密切联系的，特定的职责要赋予特定的职权，甚至是特定的职责等同于特定的职权。例如，审计员对公司财务的审计，既是审计员的职责，也是他的职权。[①]

① 李文辉.工作分析与岗位设计［M］.北京：中国电力出版社，2014：5.

第二节　工作分析的性质与作用

工作分析不但是人力资源开发与管理的一种手段，也是整个组织管理系统中的方法与技术，因此工作分析属于方法论的学科范畴。

工作分析是整个人力资源开发与管理的奠基工程，在人力资源开发与管理过程中具有十分重要的作用和意义。主要表现在以下几个方面。

一、工作分析是整个人力资源开发与管理科学化的基础

人力资源管理过程包括岗位设计、招聘、配置、培训、考评、付酬等环节，每个环节的工作均需要以工作分析为基础。岗位设计要以岗位职责与职务说明书为依据，招聘要以职务说明书为依据，配置要以工作要求为依据，培训要以工作内容和要求为依据，考评要以工作目标为依据，付酬要以岗位职责大小、所需技能高低与实际贡献大小为依

据。这一切都要以工作分析为基础。

（1）工作分析是人力资源规划的重要基础和依据。人力资源部门对组织的发展提供战略性支持主要体现在人力资源规划方面，工作分析可以帮助组织确定未来的工作需求以及完成这些工作的人员需求。

（2）为人员招聘与甄选提供基础参照标准。科学的工作分析为招聘过程中用人标准的确定、招聘信息的发布、应聘简历的筛选、面试工具的选择和设计，提供了重要的参考与基础信息。

（3）工作分析使人员培训和开发更具有针对性。员工培训是现代组织人力资源开发的主要手段之一，是开发人的潜能、调动广大员工积极性、提高员工综合素质的有力保障。而工作分析有如提供了岗位的刻度，可测出上岗人员的水平高低。因而有了工作分析的基础，培训工作将更加具有针对性。

（4）为建立客观、公正的绩效考评体系提供依据。绩效考评是人力资源管理的关键环节，而要实现绩效管理，最基本的便是评价标准了。工作分析对工作的任务、性质以及期望的绩效水平做了相关的规定，因而为制定客观、公正的价值评价体系奠定了基础。

（5）工作分析是岗位评价、薪酬体系设计的基础。根据对组织的目标及各自职责的分解，确定了各自的岗位职责，为通过岗位评价进一步确定职位级别提供了条件。岗位评价内容通常包括职责范围大小、工作复杂难易程度、工作强度、工作条件等要素。它确定了组织内部各个职位的相对重要性，解决了内部的薪酬公平性评价的基础问题。有了职位等级和薪酬方案，便可以确定每个职位的薪酬水平。

（6）工作分析为个人职业发展规划提供了帮助。岗位说明书（职务说明书）对上岗人员的知识、技能、经验与能力做出了明确的规定。同时，在工作过程中对于绩效标准的传达，使员工明确了组织的期望。通过对照岗位说明书，可以加强自身行为的改进，使员工体验到成就感、责任感。同时，岗位说明书明确了职位上升的空间，便于员工个人根据组织的目标来拟订个人的发展规划。

（7）完整的工作分析对支持雇用实践中的合法性及建立员工劳动关系具有重要意义。我们需要工作分析资料为有关升职、调动和降职的决策提供依据。

总之，工作分析是人力资源开发与管理中起核心作用的要素，是人力资源开发与管理的工作基础。只有做好了工作分析，才能做好人力资源开发与管理的其他工作。

二、工作分析是提高现代社会生产力的需要

社会生产力的提高表现为生产效率与生产质量的提高。而提高生产效率与生产质量，关键在于简化工作程序，改进生产工艺，明确工作标准与要求，让每个人从事其最

适合的工作，以达到最好的工作效果。

随着现代生产过程越来越复杂，企业规模越来越大，工艺流程越来越长，分工越来越细，具体的劳动形式和生产环节越来越多，对劳动协作在空间和时间上的要求也越来越高。为了科学地配置与协调不同劳动者的工作，必须对生产过程分解后的基本单位——工作岗位进行科学的分析。

三、工作分析是组织现代化管理的客观需要

传统的管理模式有值得借鉴的地方，但也有不少弊端：① 凭经验管理；② 重视物力、财力因素而忽视人力因素的作用；③ 重视人的现有能力而忽视对人的潜能的发掘。在现代社会生产中，工作效率的提高越来越依赖人力因素的作用。因此现代管理的突出特点是强调以人为中心，强调在工作分析的基础上进行工作再设计和恰到好处地定员、定额，为工作者创造和谐的人际关系和组织氛围，创造良好的工作条件和工作环境，控制各种有害因素对人体的危害和影响，保护工作者的身心健康，以激发工作者的自觉性、主动性与创造性，从而满足现代化管理的需要。

四、工作分析有助于实行量化管理

现代企业管理实践表明，提高效益要依靠好的政策和技术进步，更要依靠严格和科学的管理。实行严格和科学的管理需要一系列的科学标准与量化方法。工作分析通过岗位工作客观数据和主观数据分析，充分揭示了整个劳动过程的现象与本质的关系，有助于整个企业管理逐步走向标准化与科学化。

五、工作分析有助于人员测评、工作评价、定员、定额、人员招聘、职业发展设计与指导、薪酬管理及人员培训的科学化、规范化和标准化

人员测评内容的分析、指标体系的制定与标准确定，如果不是建立在科学的工作分析的基础上，很可能是主观臆断与不科学的。即使这些指标是现成的，也应该经过工作分析的检验。

工作评价必须建立在工作分析的基础上。一般来说，工作分析与工作评价是一体化的，如果没有工作分析，工作评价就是无源之水。工作评价的一切根据都来自工作分析。

定员、定额也是以工作分析结果为基础的。一份工作应该由几个人去干，每个人单位时间内该干多少、能干多少，不能凭主观想象确定，也不能凭感觉去制定。应该深入工作现场进行调查，进行工作分析，然后才能科学地定员、定额。

薪资报酬取决于任职者所具备的素质和资格条件、工作的强度和难度、职责大小及环境优劣等因素，人员招聘取决于空缺岗位所需要的资格要求，人员培训取决于人员素质与岗位要求的差异。这些信息的准确获得都来自工作分析。

六、工作分析对于人力资源管理研究者也是不可缺少的

人力资源管理研究者主要研究人力资源管理的现象与规律。所有人力资源活动中的“人”与“事”及其关系，是整个人力资源管理研究的基本点。其中，“事”是内核；“人”在这里不是一般意义的人，是与一定的“事”即工作相联系的人，是在职人员或求职人员。因此，对人力资源管理进行深入而科学的研究，不掌握工作分析的理论和方法是不行的。

第三节 工作分析的结果与表现形式

工作分析的结果一般为工作描述，它是工作分析的直接结果形式。其表现形式有工作说明书、资格说明书与职务说明书等。

一、工作描述

（一）工作描述的内容

从世界各国有关工作描述的论文、著作中可以发现，人们对工作描述的内容提出了几种较一致的意见。第一种意见，即大部分权威人士所持的观点认为，一个名副其实的工作描述必须包括有助于使该项工作区别于其他工作的公共属性信息。工作描述的内容主要包括工作名称，工作目的，工作的行为活动、任务，使用的物品和材料，方法和环境。工作描述的显著特征在于：它以一种概括而简明的形式向人们直接描述了工作是什么（What）、为什么做（Why）、怎样做（How）以及在哪里做（Where）等基本信息。

第二种意见是从另一个角度进行讨论的，规定了在工作描述中不应该包括的内容，

该意见认为有些项目不应包括在工作描述中。任职资格方面的信息不应包括在工作描述中，应把这类信息从工作描述文件中独立出来放入资格说明书中；关于个人具体的工作内容的信息不应该放在工作描述中，这类信息应放在另一个人事档案的文件中。

一个纯正的工作描述文件是对工作自身结构的概要描述。尽管工作最终要由一个或多个工作人员来完成，但是工作描述本身包括的内容并不涉及工作人员的姓名、个性特征与个人的工作内容。

基于此，我们在表4–1中说明了可以包括在工作描述文件内的各种项目。这些项目包括工作识别项目、工作概要、工作手段、工作材料、技术和方法、任务行为、环境等。这些项目之间存在一些差异，可以划分为两类。一类是工作识别项目和工作概要，分别以各自特殊的方式提及工作的内容与形式。工作名称（包括在工作识别项目内）主要表明工作在组织中的角色、地位，而工作概要主要表明工作的任务或对任职人员预期的特殊产品和服务。另一类是关于项目间的条理和顺序各自不同。

表4–1　工作描述的内容

项目	具体内容
工作识别项目	名称、副标题、代码、等级、工资类别、地位、汇报关系
工作概要	全面简明地对工作的任务、目的及工作结果形式的描述
工作手段	机器（M）、工具（T）、装备（E）、工作辅助设施（WA）
工作材料	原料、半成品、物资、资料、其他用于工作的材料
技术和方法	把原料输入变为产出的专门方法
任务行为	（1）对产出的数量和质量、技术和方法、行为和工艺流程的管理模式和规定 （2）对所做工作的描述，包括工作人员与资料、人、物以及完成工作应遵循的指导方针之间的相互影响
环境	物理的、心理的、情感的环境，雇佣关系与状况，与其他工作的相互关系
补充信息	以上未提及，但对操作化目标的制定十分必要且有用的细节术语的解释

（二）工作描述的作用

在人力资源管理中，工作描述的作用大致可以分为三类：作为开发其他工作分析结果形式的基础；作为可直接利用的原始资料；作为工作研究的依据。图4–2以图解方式展现出了它们之间的关系。

1. 基础作用

在构成工作分析的各行为环节中，工作描述是工作分析初始的和主要的产物。它为获得以下工作分析结果形式起了奠基作用：工作人员任职资格、绩效评估标准、报酬依据、工作分类和评价以及其他人力资源管理所必需的信息报告。在工作描述的基础上，可以方便地设计出简明的职业申请表、绩效评估格式、工作分类文件和其他目标管理所需要

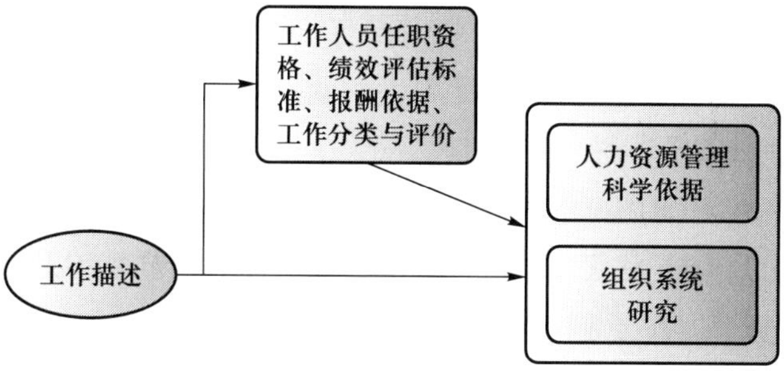

图4-2　工作描述的作用

的人事文件。就这个意义而言，在人力资源管理过程中，工作描述可以看作一块奠基石。

2. 直接作用

（1）工作描述可以作为原始资料，直接服务于组织内部的目标管理，服务于组织的整个人力资源管理过程。管理者可以工作描述为基础，进行工作分派，明确任务和绩效期望，指导和监督部门及个体行为结果。

（2）企业工程师和工作设计师可以使用工作描述来核对工作设计流程，确认各种角色，包括确认总体工作系统是不是一种优化结构以及能否改善卫生、安全条件和减少危害。而在没有工作描述的情况下，每进行一次工作设计，都必须临时做一次基础性研究来获得这些相关信息。

（3）工作描述在人力资源规划、招聘、甄选、配置中有多种用途。它与工作人员任职资格一起，为形成和开发人力资源提供了必要的信息。应聘者可以利用工作描述申请自己熟悉的工作。招聘者可以使用工作描述选择相关的招聘工具并制定招聘标准。

（4）工作描述是绩效评估的重要工具。它明确地表述了绩效的标度（Criteria）和标准（Standard）。工作描述同时也是了解与确定任职者资格临界水平的基础。

（5）工作描述在薪资管理领域的主要用途在于工作评价。它连同工作人员任职资格和环境描述所提供的信息，为确定报酬提供了依据。在向员工解释工资率和浮动幅度的基础的过程中，客观的工作描述也是很有用的。就这个意义而言，工作描述可以帮助人力资源专家处理员工在报酬和福利问题上的抱怨、纠缠和咨询。

（6）工作描述对于培训、发展和职业指导，也是一种很有价值的工具。它可以帮助我们理解和描绘工作之间的流动路线和环节。这些信息也可以用于管理者和培训者向员工提供有关晋升机会的建议。

（7）工作描述在有些组织中还可以作为劳资纠纷处理与工作协议文件的依据。

3. 研究用途

工作描述的第三种用途与工作的基础性研究相关。这种用途与规模较小的私有企业没有多大关系，但是，大型企业、政府机构、军队以及其他员工数量庞大的组织，就需要关注其员工队伍的组成。我国的人力资源和社会保障部及一些与劳动力市场的管理相联系的政府机构，也要求掌握有关工作内容和结构的知识。客观的、标准化的工作描述可以协助有关组织及时掌握有关人员的需求状况、行业需求水平和其他一些基本关系的变动情况。

（三）工作描述的格式

工作描述并无固定的统一格式，但表4-1所列的因素体现了工作描述的实质内容。在这里，它并未以标准的格式和专业术语构成。工作描述的范围可以是对一两个项目的详细描述，也可以是对众多项目的详细描述。在工作描述中，是否要用专业术语来组织材料，目前还众说不一。不过，本章出现的工作描述术语与表4-1中的术语经常在工作描述中出现。但是，在工作描述项目的选择方面，不同的组织之间或同一组织内也存在相当大的差异。

表4-1中所列的因素只是一种大概的描述。具体到实际工作中，则要求将这些因素描述得更细致，并且要求说明在工作描述中是如何和在什么地方应用这些因素的。每种情况下，用于表述这些因素的术语都要经过反复斟酌。

（四）工作识别和工作概要

工作识别和工作概要是工作描述中两个常见的项目。为了识别工作和对工作的精髓提供一个概括而简明的叙述，几乎所有的工作描述格式都包括如下一些项目。

1. 工作识别

这部分内容的目的在于获得企事业组织的工作识别标志。它大致包括五种类型的材料：

（1）工作名称。

工作名称即岗位名称或职称，它表明了工作人员在组织中所扮演的角色。它是区分某一项工作与其他工作的身份标记。

为工作指定一个名称，表面看来是件简单的事情，但在实践中却会遇到很多困难和抉择。下面是几个抉择实例：

① 打字书记员和书记打字员。

② 分析程序员和程序分析员。

③ 工程联络员和联络工程员。

④ 医疗顾问医生和医生医疗顾问。

在每一例中，第一组词表达了工作指派的首要任务。哪一个名称标志更能准确地体现工作的精髓，是由分析专家自己判断决定的。一个完整的工作名称应能表达出工作的目标、工作在组织中的水平层次、相关结果和活动的延伸范围。

（2）其他识别标志。

工作名称表明任职者的正式角色。此外，工作显然还需要各种各样的其他标志。例如，《职业名称词典》中的代码；企业出版物中的代码；由传统或习惯形成的副标题和替换名称；由工资类别形成的在工作群中的等级（如一级办事员、二级办事员、三级办事员）。

这些附加细节的内涵构成了工作识别圈。事实上，记入特定工作描述中的工作识别标志，其理解范围在组织与组织之间和行业与行业之间差别非常大。分析人员应根据组织的需要来做出决定。

（3）工作地。

工作地指岗位或职位在实际中被放置的物理位置。对于大型私有公司来说，工作地一般在岗位所在的部门或分支机构的名称中已经明确。但是，用于命名组织单元的名词差别相当大。警官被分配到警察局，却工作在不同的巡逻线路上；卫兵被分派到不同哨所；销售代理人活动在不同的地区。在此，分析人员承担的任务是找出商业、产业、组织与部门的特征标志。

（4）隶属关系。

这一项是确定工作在组织体系中的地位。它表明任职者应向其汇报工作的更高级职位。这是一种工作职位间的关系，表明了组织中的权力关系。

（5）所在部门与直接上级。

所在部门表达了该职位所属部门，直接上级明确了职位的隶属关系。直接上级是指直接上级职位，而非职位的任职者。例如，招聘专员这一职位所属部门为“人力资源部”，直接上级为“招聘主管”。同时，这里所指的是“直接上级”，必须是在职位体系中直接位于该职位上一级的职位，即适用于直线型管理模式下的界定范围。但是在人力资源管理实践中，可能存在多头领导，而直接上级非单一的情况，因此需要梳理组织结构和职位体系。[①]

2. 工作概要

工作概要是工作分析中保留的传统项目。它紧随标志项目之后，提供了对工作的一个概括。作为工作描述中不可缺少的部分，工作概要在涉及范围和表达内容的方式上很少有一致的地方。工作概要应尽可能清晰地描述工作的任务和基本目标。实际中的工作概要涉及的范围和表达方式差别很大，超出了对工作任务与目标的描述范围，而且有些人用工作职能和基本职责或目的替代工作概要。

美国劳工部出版的工作概要是与职能工作分析系统（FJA）相联系的。它在资料、人、事务的框架中表明工作是什么（What）以及为什么要做（Why）。工作概要中所使用的措辞便于我们掌握工作人员与这三种工作对象（资料、人、事务）之间的联系。这些联系及其相应的层级水平都在每项工作概要下面的括号中注明了。美国制造业的工作概要也是按照是什么（What）和为什么要做（Why）的格式表述的。

分析人员在编制工作概要时有相当大的自由度。决策中的最终考虑是要服从于用户的兴趣。但是，为了避免重复并保持工作概要的独特性和唯一性，特提出以下建议：

（1）工作概要应简洁，最好是用一句话叙述。

（2）工作概要应明确工作的基本目的及其存在的基础，即要说明工作目的是什么（What）和为什么要做（Why）。

（3）如果工作描述是根据某种理论框架构建的，或者是某个分析系统的一部分，则

① 郑永武，苏志霞.工作分析［M］.杭州：浙江大学出版社，2011：13.

应该使用适合这个系统的语言。

（4）避免将预期成效、任务、时间和其他超出工作目的和存在基础范围的细节包括进来。这些细节属于工作描述的其他部分，它们的加入会破坏工作概要作为独立项目的唯一性。

（五）有关问题和建议

1. 描述长度

一般说来，工作描述不应该过长。不过，硬性规定一个长度标准也许是一种自我限制。我们倾向于工作描述的长度由它所服务的目的决定。它应该能够向招聘者、培训者和其他使用者提供所需要的全部信息。

2. 具体层次

工作因素可以在不同的层次上描述。例如，车间的噪声既可以通过其来源如车床等来描述，也可以更精确地通过声音强度分贝来描述；热度可以用日常用语如热或冷描述，也可以通过温度测量和记录更精确地描述。为更清楚地归纳有关细节，可以参考下面的几段工作任务描述。

（1）用指尖在机器表面滑动来探寻损坏的边缘和突起：举起右手离机器0.3米高，把手放在机器上，然后慢慢地向两边移动手臂大约0.5米，同时用食指和中指触压机器表面，用指尖感触表面不均匀的状态，如毛刺等突起物。（美国劳工部，1972）

（2）完成每天的指定路线全部行程的行车日志：通过计算规定路线行车里程费，完成工作日志（减去每天创收的里程费）。公布旅费信息和每站完成的工作，给上级主管提供完整的日志和关键因素，以便最终完成每天指定的任务。

由这种选择所引起的两难问题在所难免。细节提供得越多，工作描述作为信息的源泉和行为的工具的作用就越大，但从金钱和时间等资源来看，投资也越大。解决这一困境的方法在于，确定工作描述在整个人力资源管理体系中的位置。有两种选择可供参考：① 把工作描述作为工作信息的唯一来源。如果按照这一选择做，就意味着工作描述要提供大量的细节。② 把工作描述作为概括性陈述，而把有关的细节涵盖在附件和指南等小册子中。

在范围和细节的抉择中，工作信息使用者的水平是一个关键的考虑因素。相对而言，经验丰富的员工需要较少的细节描述。实际上，对于经验丰富的员工，没有必要对他所涉及的工作职能做详细的鉴别说明。工作了一段时间的员工自然懂得如何完成工作，而无须按照一个详细的书面规定行事。

二、工作说明书

工作说明书又叫职位描述，这个词在工作分析文件中经常见到。然而在使用上，这个词的含义很不一致，它至少有以下四方面的用法。

（1）作为工作描述的同义词。这种用法是美国人力资源管理办公室和其他公共机构的特点。

（2）指对一个工作族中各种工作的划分。属于一个工作族的各种工作在有关工作执行和组织中的位置方面应有相似性，但不能没有区别。这种区别可能表现在经验（高级的或初级的）、对员工工作熟练性的要求（工匠师或学徒工）、工作时间（白班或夜班）或者其他特定的组织因素上。在这种情况下，工作说明书是指把工作当作一个组织角色来描述其总体特征以备使用。因此，工作说明书的描述涵盖了对各组工作区分的信息。

（3）指对一个类或子类中个人的工作的描述。这是第（2）种用法的扩展，从组织层次扩展到个人层次。

（4）指从事某一工作的员工的预期效果或其他收益。这种用法下的描述便不再涵盖有关任务和其他工作因素的信息，它将成为管理者与其下属在一定时间范围内双向沟通信息的基础。在这种用法下，职位描述相当于在目标计划管理下直接主管和下属间达成的协议。

工作说明书范例见表4−2至表4−6。

表4–2　某公司的工作说明书

姓名		职称			贸易一部经理		单位	贸易一部
编号		职系					主管	
项目	工作内容	工作依据	权限	时限	表单		管制基准	备注
					名称	分送单位		
1	信件等文件签核及处理	所收信件	执行	不定	信件	助理	于每日下午1：30交给助理业务代表	
2	客户开发及巩固	业务年度计划	执行	不定	月报告表、年度报告表	总经理	每月检查一次	
3	产品推销与检查	业务年度计划	执行	不定	季报告表、年度报告表	总经理	每季检查一次	
4	与管理部门就有关事项进行联络	实际情况	执行	0.2小时	外厂001簿	管理部门	下班前或规定时间内回复	
5	客户接待	规定范围	执行	不定			公司的客户接待须有助理在场	
6	对账表签核	实际收款情况	签核	0.2小时	对账表	部门经理	于收到当月完成	
7	总经理交办事项	总经理指示	执行	不定			规定时间内完成	

续表

项目	工作内容	工作依据	权限	时限	表单		管制基准	备注
					名称	分送单位		
8	订单签核	公司价格表	签核	不定	订单	1. 部门主管、总经理 2. 助理	1. 收到订单的第二日中午前交部门经理或助理 2. 订单金额达50万元或涉及新产品，交部门经理呈总经理签核	
组织关系	略							

表4–3 某保险公司人力资源部经理工作说明书

岗位名称：人力资源部经理
所属部门：人力资源部
上级主管：常务副总经理
岗位职能：

本岗位负责制定和执行人力资源政策，以确保公司目标的实现。

基本职责：

（1）获取并留住合格的人员。
（2）根据公司的内外部需求，确定员工间的工作合作关系。
（3）根据公司的短期和长期需求，制定人力资源培训计划。
（4）建立舒适、安全、清洁的工作环境。
（5）采取有效的措施支持员工的工作。
（6）计划和控制部门预算。
（7）为了公司目前和将来的需要，建立激励员工的机制。

性质和范围：

人力资源部经理除进行各种传统的管理活动以外，必须知道人力资源管理方面每天出现的新问题是什么。从长远来看，他还必须能创造一种气氛，在此气氛中员工能受到激励，从而认真完成交给的任务，最终使组织的目标得以实现。从近期看，任职者须建立组织目标、进行绩效评价及相关的活动，以确保组织目标的实现。

本岗位对常务副总经理负责。本岗位的下级是以下部门的主管人员：薪金管理和雇佣，计划、开发和培训，福利和劳工关系，经理助理，建筑监督，办公室服务设施管理人员，人力资源办公室主任等。

本岗位下级人员的分工：

人力资源主管——薪金管理和雇用（5人）：负责调整和执行合理的薪金政策，以便获取和留住合格的人员。管理者负责提出每年的薪金标准、雇佣过程、绩效评价等。

人力资源主管——计划、开发和培训（1人）：负责制定人力资源培训和开发规划，以满足短期和长期要求。

人力资源主管——福利和劳动关系（5人）：负责根据公司的内外部需求，解决员工的抱怨和不满，加强员工间的合作等。

经理助理：负责最大限度地利用办公空间，代表部门参加各种会议，处理分配的各种专业项目。

建设工程监督主管（5人）：负责监督建筑物的施工以确保工作环境安全、舒适、整洁。

办公室服务设施管理人员（6人）：负责为办公人员提供各种服务设施，包括电话、邮件、打印、购物等。

人力资源办公室主任（2人）：为两名人力资源主管人员负责提供查询和培训设施，以及负责开展副经理——人力资源部经理分配来的专业项目。

本岗位与上下级的关系（见图4–3）：

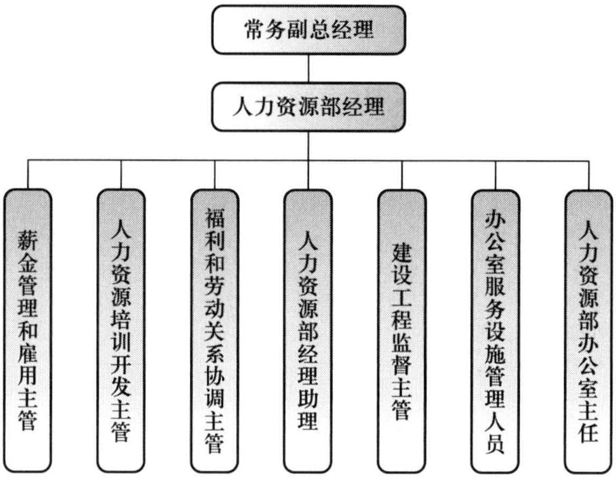

图4-3 本职位与上下级的关系

大致的年度指标：

办公室人员薪金1 700万元。

部门预算（不含工资）280万元。

部门工资180万元。

办公室职员30人。

全职岗位60人。

部门人员65。

任职者：　　　　日期：

分析人员：　　　评价人员：

表4-4 某车间技术员职务工作说明书

职务：实验车间技术员

职务编号：15038

部门：技术开发部

职务等级：8

分析日期：2010年5月4日

工作范围：

从事实验工作，包括零部件的设计、加工、装配和改造。

责任范围：

（1）根据图纸或工程师的口头指示，运用各种机械工具或安装设备，加工、改造产品。

（2）与工程师及车间主任一道，改进生产工艺。

（3）操作机床，使用焊枪并从事钳工的工作。

（4）阅读有关图纸及说明。

（5）指导本车间工人操作机器。

仪器、设备及工具：

普通车床、六角车床、成型机、钻孔机、磨削机、电锯、冲压机、测量仪及其他手工工具。

资格条件：

高中毕业，或具有同等学力，具备3～4年操作各种机械设备的经验，有较高的理解、判断能力，会看图纸，能熟练完成实际操作，身体健康。

表4–5 某工厂发货员职务工作说明书

职务：发货员　　部门：货品收发部门　　地点：仓库C大楼

职务概况：

听仓库经理指挥，根据销售部门递来的发货委托单据，将货品发给客户。与其他发货员、打包工一起，徒手或靠电动设备从货架上搬卸货品，打包装箱，以备卡车、火车、飞机运输。正确填写和递送相应的单据、报表，保存有关记录文件。

受教育程度：

高中毕业。

工作经历：

不限。

岗位责任：

1. 用70%的工作时间做以下工作：

（1）从货架上搬卸货品，打包装箱。

（2）根据运输单位在货运单上标明的要求，给纸箱过磅并贴上标签。

（3）协助送货人装车。

2. 用15%的工作时间做以下工作：

（1）填写有关运货的各种表格（如装箱单、发货单、提货单等）。

（2）借助键控穿孔机整理货单，保存发货记录。

（3）打印各种表格或标签。

（4）把有关文件整理归档。

3. 用15%的工作时间做以下工作：

（1）开公司的卡车送货去邮局，有时参加当地货物直接投递。

（2）协助其他人盘点存货。

（3）为其他发货员或收货员核查货品。

（4）保持工作场所清洁，使一切井井有条。

管理状态：

听从仓库经理指挥，除非遇到特殊问题，要求独立工作。

工作关系：

与打包工、仓库保管员等密切配合，共同工作。装车时与卡车司机联系，有时也与供销部门的人接触。

工作设备：

操纵提货升降机、电动运输带、打包机、计算机终端及打字机。

工作环境：

干净、明亮，有保暖设备。攀登设施安全，提货方便。

表4–6 打字员/接待员职位工作说明书

职位名称：打字员/接待员	职位号码：327			页数：1
责任	任务	绩效标度	绩效标准	绩效指示
Ⅰ.打字*	1. 打印书信、备忘录和报告*			
	2. 打印/抄写信件、备忘录和报告*			
	3. 打印表格和格式化书信*			
	4. 校对和修改			
Ⅱ.回电话或接待来访者*	5. 接电话*			
	6. 接待来访者*			
Ⅲ.文档管理	7. 文件归档			
	8. 查找/取出文档			
监督者签字：	职员签字：		日期：	

注：*表示对职位绩效重要的责任和任务。

三、资格说明书

资格说明书又称工作规范，是工作分析结果的另一种表达形式，主要说明任职者需要具备什么样的资格条件及相关素质，才能胜任某一岗位的工作。这里的资格条件及相关素质要求是最低的限制。一般由该岗位的上级主管、任职者及工作分析人员共同编制（见表4-7）。它不像工作说明书那么普遍，但对了解任职者的个体特性很有帮助。

表4-7　某公司秘书资格说明书

编码：140020　　岗位名称：中级文书

一、职责总述

在一般监督之下，完成文书工作。包括准备各类数据资料，并编辑、汇总、分类；草拟各种报告、请示、文件、通知、公告、工作总结，速记会议发言等。

二、工作时间

一般在正常工作时间内完成，无须加班。

三、资格条件

（1）学历：至少应高中毕业，中专毕业更为理想。

（2）经历：至少在低一级岗位工作3年以上。

（3）熟练：具有较好的工作熟练程度，如打字速度至少达到每分钟45字，55 ~ 80字最为理想。

四、考评项目

（1）校对稿件：每分钟至少40字，超过60字最为理想。

（2）打字：每分钟至少45字，超过55字最为理想。

（3）速记：每分钟至少100字，超过120字最为理想。

（4）专门知识：秘书学、速记方法、公文写作等。

（5）写作能力：行文格式规范，语言通顺简洁，内容充实，结构严谨。

（6）心理测验：考查情绪稳定性、接受外界信号灵敏性。

五、本岗位后备来源

（1）初级文书（企业现任）。

（2）担任过此类工作且正在自学深造的人员。

（3）从专业学校招收。

（4）从社会招聘符合条件的人员。

六、健康状况

良好，身高1.60米以上，身体健康，五官端正。

七、性别和年龄要求

男女均可，一般应在30岁以下。

八、工作条件

办公室内完成工作任务。

九、其他补充事项

符合上述条件的残疾人，如有跛足而具备其他各种资格条件的人也可聘用。

资格说明书的形式如下。

（一）计分式

这种方法一般将操作活动所涉及的心理能力归纳为25 ~ 30种，然后通过谈话和问卷手段，对所分析职务的每种能力用5点表计分（也可用7点或11点）。5点计分标准如表4-8所示。

表4–8 计分操作标准

计分	含义
1	不需要这种能力
2	不大需要这种能力
3	可以考虑
4	比较需要
5	非常需要

图4–4是这种方法的一个实例。它是关于建筑工人必备心理素质的一种描述。

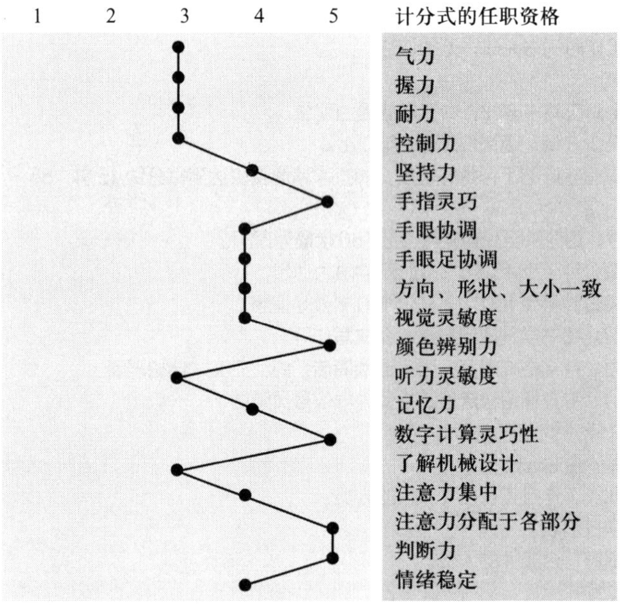

图4–4 计分式的任职资格

（二）文字表达式

此种方式侧重于用文字来描述岗位工作对任职者心理品质的具体要求，具有突出重点、分析细致的优点。它的缺点在于缺乏量的估计，无法对所需的心理特征进行定量分析（见表4–9）。

（三）表格式

表格式用表格的形式来描述任职资格，表达对任职者所要求的品质、各种品质的重要性、训练时间和原因等内容。

表格式既突出重点，注意对任职者中心品质和中心能力的分析，也注意用定量的方法来分析问题，因而是一种受欢迎的任职资格表述方法，但在进行比较时，不如计分法直观。具体实例参见表4–10。

表4–9 电话铃调整工人的心理素质要求说明书（节录）

序号	心理品质	主要用途
1	对物体差别的感受性（小于1毫米）	用于发现铃盖的缺口、压痕、飞边、砂眼
2	对很小距离的目测（1毫米或小于1毫米）	用于确定铃钟在铃盖开槽上的位置、铃轴的抛光和磁铁标的大小是否一样
3	音色的差别感受性	用于确定铃声的音质
4	在0.1秒内声音长度的差别感受性	用于倾听铃钟敲打的单位数，以确定铃钟的位置是否正确
9	音色、音长、音高、音强和打击速度差别的听觉记忆	用于迅速把握和记忆优质的和有缺陷的铃声
10	对应力细微差别的感受性	用于确定接触片自然转动的程度，在消除间隙时是否拧开支撑轮
11	对肌肉、用力程度和手指、手腕经过细微距离的运动记忆	用于迅速把握和记忆需要的肌肉、用力程度及手指、手腕通过的细微距离
13	双手协调	用于装配所有零件
14	手指细小动作的协调	在拧开时把电枢固定在磁铁上、铃钟装置在螺丝上时
15	注意力集中	倾听音乐时，必须把铃声与一切无关噪声区别开来
 16 17 18 19	其他工作品性： 沉着、细心 工作时肯干 勤劳、认真 责任心强	适用于所有工作环节

表4–10 纺织工人的心理素质说明书（节录）

品质	程度									对何种操作必要
	必要性			需要			训练			
	很有必要	必要	有帮助	希望	经常	有时	高度	低度	不需要	
迅速认出不引人注意的东西或在照明很差情况下能辨别事物		×			×			×		发现结头断线及织物上的小孔
用触觉发现不明显的不平滑处				×	×			×		用手感检查织线是否平滑
认出或区别主要颜色				×		×	×			织彩色布料
估计很短的时间间隔			×			×			×	织机停止，在纱管尽头找纬纱线时间
迅速认出稍偏离规定的开口			×			×			×	织布时发现引线绪、阁系偏离

四、职务说明书

职务说明书可以看作工作描述再生形式中最完整的一种，它包括工作说明书与资格说明书中所有甚至更多的内容。一般来说，包括以下项目：① 工作状况；② 工作概要；③ 工作关系；④ 工作任务与责任；⑤ 工作权限；⑥ 考评标准；⑦ 工作过程与方法；⑧ 工作环境，包括工作工具；⑨ 任职资格条件；⑩ 福利待遇及其他说明。但实际上的说明书并不包括上述10个方面的内容。具体实例参见表4-11、表4-12。

表4-11 某机关信息部主任职务说明书

工作名称：信息部主任　　直接上级：情报系统经理　　工资等级：12级
定员：1　　所辖人员：12人　　工资水平：148 000元/年
分析日期：2019年6月　　分析人：人力资源部张宏宝
标准人：人力资源部经理刘冬
工作概要：
指导控制信息处理、设备维修与保养，履行所分配的其他任务和职责。
工作职责：
1. 下列基本活动：
（1）独立上机操作。
（2）定期向上级汇报。
（3）听取信息使用者意见。
2. 选择、培训、发展人员：
（1）挑选信息处理人员。
（2）发扬合作精神，增进相互了解。
（3）保证下属得到必要的培训。
（4）指导下属工作。
3. 计划、指导和控制：
（1）向下属分配任务。
（2）检查、评价下属的工作。
（3）指导和解决问题。
4. 分析业务，预测发展。
5. 制定部门发展计划。
资格要求：

因素	细分因素	等级	限定条件
1. 基本要求	（1）教育	5+	具备硬件、软件方面的知识；四年制工商管理和信息处理技术方面的证书
	（2）经验	6+	5年以上信息处理和程序编制经历
	（3）技能	7-	必须在信息处理的方法、系统设备方面有很高的技巧，并有处理人际关系的良好能力
2. 解决问题	（1）分析	5+	具备分析、评价技术理论方面和人力资源管理方面的能力
	（2）指导	4	根据下属业务能力状况，把复杂的任务转化为可理解的指令和要求
	（3）沟通	6	具备广泛的沟通能力，能使用简练的语言或术语交流技术和思想，维护本部门和其他部门以及硬件销售单位所建立的联系

续表

因素	细分因素	等级	限定条件
3. 决策能力	（1）人际关系	5 -	能经常运用正式或非正式的方法，指导、辅导、劝说和培养下属，紧密结合下属工作和其他管理人员的活动
	（2）管理方面	4	接受一般监督，在复杂的环境中指导下属履行信息处理系统的技术职能
	（3）财务方面	4	有50 000元以下的财产处理权和15 000元以下的现金处理权，并在此范围内参与计划和控制

其他责任：
成功地完成所分配的任务，增加信息使用者的理解和满意度，提高工作效率。

表4–12 某出版社某部门职务说明书

职务名称：国际合作室主任　　所属部门：国际合作室
直接上级：主管行政副社长　　在岗人数：1人

工作概要：

负责出版社版权（输出和输入）贸易、对外交流、国际书展以及有关选题的策划，督促国际合作室科员的日常工作。

工作任务：

1. 负责出版社版权输入和输出贸易：
（1）负责与国外出版社联系，进行版权合同洽谈，监督合同履行以及付款结算、版税支付。
（2）向策划编辑推荐国外的优秀选题信息。
（3）督促本室人员向海外出版社索要最新书目、样书和寄送本社最新书目、样书。
（4）督促本室人员协助发行科做好本社图书的海外发行工作。

2. 负责本社的对外交流：
（1）接待外宾并负责翻译。
（2）与海外合作伙伴联系、制定海外合作伙伴条款，同海外出版社建立稳固的合作关系。
（3）安排办理本社因公出国人员的手续。
（4）起草有关国际合作报告，参加有关国际书展和国际合作会议，负责翻译并做记录。
（5）走访国内有关办事处。

3. 与其他部门一起负责本社的国际书展：
（1）与国外有关机构联系，做会谈安排，准备谈判方案和有关材料，配合谈判。
（2）为社领导的国外访问做行程安排，安排社领导参加书展活动。
（3）负责编排书展中英文书目，与其他部门一起组织相关活动。

4. 督促本室科员的日常工作：
（1）确保本室人员考勤真实。
（2）建立本室工作日志。
（3）监督本室科员的其他工作。

5. 参与有关选题的策划工作。

工作责任：
（1）监督本室科员的日常工作，确保工作及时高效。
（2）负责出版社版权的输入输出贸易，确保任务的完成，监督合同的有效履行，维护本社利益。
（3）安排国际书展，负责书展的各项活动顺利开展，展示本社形象，促进合作。
（4）确保版权联系及时，不因本方原因延误版权输入输出工作。

任职条件：

1. 基本条件：
（1）性别：不限。
（2）年龄：23岁以上。
（3）受教育程度：双学士、硕士以上（含双学士、硕士）。
（4）专业：复合型的专业背景，外语专业的背景。
（5）上岗适应期：3个月。
（6）培训需求：一周的出版业务和外事工作培训。

续表

2. 专业知识：外语为基础，具有综合知识。 3. 基本技能与能力： （1）熟练的外语听、说、读、写、译能力。 （2）熟练运用计算机网络。 （3）国际人际交往能力。 （4）知识产权等方面的法律知识和其他学科的综合知识。 4. 工作态度和品性： （1）责任心强。 （2）开拓创新思维强。 （3）耐心细致。 5. 身心条件：健康的体魄、积极的心态。

五、四种工作分析结果的关系

在上述四种工作分析结果形式中，工作描述是最直接、最原始、最基础的形式，其他三种形式都是在工作描述的基础上再生和开发出来的。

工作说明书是人力资源对工作描述中有关岗位工作的规范化说明。它以“事”为中心，对岗位进行全面、详细与深入的说明，为人力资源及其他管理工作提供基础，把组织的总任务与总目标落实到每个具体的岗位和人员。因此，它是目标管理的基础。

资格说明书是在工作描述基础上对任职资格条件的界定与说明。以“人”为中心，主要说明什么样的人能胜任某项工作的问题。它可以为人员招聘、培训、考评、甄选与任用提供依据。

职务说明书涉及的范围最为全面，是全面反映与利用工作描述信息的形式。一般来说，工作说明书与资格说明书的内容都比较简单，而职务说明书既包括对“事”的说明，又包括对做事的“人”的说明，相对而言比较复杂。

本章小结

本章较系统地介绍了工作分析的概念、性质、作用和结果形式，使读者对工作分析活动有一个理性与感性的认识。

首先，阐述工作分析是什么，主要从工作分析活动的产生、工作分析内涵的科学分析、工作分析外延的类型和流程三个方面做出回答。工作分析的活动产生于人力资源管理的内在需要与人力资源协调平衡的实际需要。工作分析是管理者了解工作、认识工作的一种科学方法，是现代组织中的一种重要管理手段。工作分析有广义与狭义、单一目的型与多重目的型之分。工作分析包括计划、设计、信息分析、结果表述与运用指导五个环节。另外，对狭义工作分析中的相关术语做了具体解释。

其次，揭示了工作分析的性质与作用，认为工作分析属于方法论的学科范畴，主要有以下六方面的作用与意义：① 工作分析是整个人力资源开发与管理科学化的基础；② 工作分析是提高现代社会生产力的需要；③ 工作分析是组织现代化管理的客观需要；④ 工作分析有助于实行量化管理；⑤ 工作分析有助于人员测评、工作评价、定员、定额、人员招聘、职业发展设计与指导、薪酬管理及人员培训的科学化、规范化和标准化；⑥ 工作分析对于人力资源管理研究者也是不可缺少的。

最后，本章较全面与直观地展现了工作分析结果的各种形式，认为工作描述是最基本的表现形式，在此基础上还有资格说明书、工作说明书和职务说明书等表现形式。

即测即评

扫描右侧的二维码图标（内含若干判断题、单选题和多选题），您可在线自测并查看答案。

思考题

1. 工作分析对于一个组织的管理有什么作用?
2. 目前你了解的组织中的工作分析存在哪些问题？应如何解决?
3. 了解工作分析结果的四种表述形式，试比较它们有何异同之处。

实例经验与启发

1. 编写洗衣店管理人员的职务说明书应该采用什么样的格式?

编写洗衣店管理人员的职务说明书，应该具备以下一组基本信息：岗位名称、所属部门、上级主管等，有时也会包括职工编号、职组职系等信息。除基本信息外，主体部分应当分栏说明该岗位的具体职责，包括工作内容、工作要求、工作标准、工作条件等，最后还应当说明该职务的组织关系，向谁汇报和对谁负责与对谁监督和管理的问题。

2. 应当将工作标准和程序写进工作说明书，还是应当将它们单独分列出来?

应当将工作标准和程序单独分列出来。因为工作说明书主要的任务是在目标计划管理下在直接主管和下属间达成基本协议，其重点在于说明工作岗位的职责，应当在此领域清晰明确，至于工作标准和程序属于工作过程中另外的重点部分，也应该单独列示，以图表或文字的形式呈现。

3. 詹妮弗如何才能收集到编写工作标准、工作程序以及职务说明书所需要的信息？

詹妮弗可以采取主管人员分析法，根据上级主管的经验进行数据收集，采取访谈法对该职务岗位的相关人员进行调查，并收集、整理自己的所需信息。詹妮弗还可以使用二手数据，采取标杆管理的方法，借鉴现有的学术文本成果和行业内其他领先公司的管理标准。

本章实训

实训目的

掌握职务说明书的设计方法。

实训内容

（1）以某企业为例，通过访谈、问卷等方式确定该企业若干关键职位的主要职责。

（2）对职位职责进行梳理和整合，形成系统的职务说明书。

实训组织与步骤

（1）教师讲解职务说明书的设计要点和要求。

（2）学生分组调查不同职位的职责情况，并各自编写提交职务说明书。

（3）教师点评职务说明书完成情况，指出编写过程中产生的误区。

延伸阅读

[1] 萧鸣政.工作分析的方法与技术［M］.北京：中国人民大学出版社，2018.

[2] 孙宗虎，郭蓉.岗位分析评价与职位说明书编写实务手册［M］.北京：人民邮电出版社，2017.

[3] 肖鸣政.工作分析及其作用［J］.中国人才，2007（15）：30-32.

第五章

工作分析的基本方法与工具

学习目标

1. 掌握观察分析法、工作日志法、工作者自我记录分析法、主管人员分析法、访谈分析法、问卷调查分析法等工作分析基本方法的内容、适用范围以及特点

2. 掌握工作分析各种基本方法的应用技巧

3. 了解工作分析方法的最新发展及其内容

关键术语

观察分析法　访谈分析法　问卷调查分析法

情境实例

什么方法最合适

小陈是某通信公司的人力资源部经理。为了更好地实现人岗匹配，小陈决定加强公司的工作分析工作，为其他人力资源管理活动提供基础。此前，为了更好地通过交流沟通达成组织认同，小陈召集了一些人力资源的组员和来自各个部门的成员开了一次组会。但会上就工作分析方法的选择和使用，他们发生了激烈的争执。谈话内容如下：

“我建议针对所有的不同的职位发放差异性问卷，这样比较客观和科学，我们最终可以拿到不同职位分类的分析结果。”

“我不同意，咱们公司的规模太大了，有一两千人，要完成这么多份问卷的分析工作，任务量实在太重，而我们这一阶段的工作时间很紧张，这样成本也比较大。”

小陈听完大家的发言，进行了总结：“这样吧，我们还是以访谈法为主，同时辅以问卷分析法和工作日志法，重点访谈加上分层抽样，根据访谈结果再有针对性地发放一些问卷，这样可能合理一些。”

工作分析内容确定之后，应该选择适当的分析方法与工具。

依照不同的标准，工作分析方法的分类有不同的方式。依照功用划分，有基本方法与非基本方法；依照分析内容划分，有结构性分析方法与非结构性分析方法；依照对象划分，有任务分析、人员分析与方法分析；依照基本方式划分，有观察法、写实法与调查法等。

本章主要介绍观察分析法、主管人员分析法、访谈分析法和问卷调查分析法。

第一节　观察分析法

观察分析法，一般是由有经验的人通过直接观察的方法，记录某一时期内工作的内容、形式和方法，并在此基础上分析有关的工作要素，达到分析目的的一种活动。观察有公开性观察与隐蔽性观察、他人观察与自我观察等不同形式。为了提高观察分析的效率，所有重要的工作内容与形式都要记录下来，而且应选择不同的工作者在不同的时间内进行观察。因为面对同样的工作任务，不同的工作者会表现出不同的行为方式，相互对比权衡后，有助于消除分析者对不同工作者行为方式的偏见。对于同一工作者在不同时间与空间的观察分析，也有助于消除工作情景与时间上的偏差。

一般来说，观察分析法比较适用于短时期的外显行为特征的分析，适用于比较简单、不断重复又容易观察的工作分析，而不适用于隐蔽的心理素质的分析以及没有时间规律与表现规律的工作分析。

在进行观察分析时，一般以标准格式记录观察到的结果。表5-1是一个观察记录表的示例。

表5-1 观察记录表

序号	工作任务	工作操作程序与方法	权限	结果		备注
1	起草公文	领会领导意图→撰写→修改	需审核	1份	2小时	
2	开介绍信	领导签字→开介绍信→登记	执行	1份	10分钟	
⋮	⋮	⋮	⋮	⋮	⋮	

当观察者与被观察者合二为一时，观察分析法就成了工作者自我记录法。这种方法一般由工作者本人按标准格式，例如工作日志（见表5-2）的形式，及时详细地记录自己的工作内容与感受，然后在此基础上进行综合分析，实现工作分析的目的。

表5-2 工作日志

工作日志（封面）

姓　　名：
年　　龄：
岗位名称：
所属部门：
直接上级：
从事本业务工龄：
填写日期：自_______月_______日
　　　　　至_______月_______日

工作日志填写说明（封二）

1. 请您在每天工作开始前将工作日志放在手边，按工作活动发生的顺序及时填写，切勿在一天工作结束后一并填写。
2. 要严格按照表格要求进行填写，不要遗漏细小的工作活动，以保证信息的完整性。
3. 请您提供真实的信息，以免损害您的利益。
4. 请您注意保存，防止遗失。感谢您的真诚合作！

工作日志（正文）

5月29日 工作开始时间：8∶30 工作结束时间：17∶30

序号	工作活动名称	工作活动内容	工作活动结果	所耗时间（分钟）	备注
1	复印	协议文件	4页	6	存档
2	起草公文	贸易代理委托书	800字	75	报上级审批
3	贸易洽谈	玩具出口	1次	240	承办
4	布置工作	对日出口业务	1次	20	指示

续表

序号	工作活动名称	工作活动内容	工作活动结果	所耗时间（分钟）	备注
5	会议	讨论东欧贸易	1次	90	参与
⋮	⋮	⋮	⋮	⋮	⋮
16	请示	贷款数额	1次	20	报批
17	计算机录入	经营数据	2屏	60	承办
18	接待	参观	3人	35	承办

这种形式要求工作者每天按时间顺序记录自己所进行的工作任务、工作程序、工作方法、工作职责、工作权限以及各项工作所花费的时间等，一般要连续记录10天以上。这种方法提供的信息完整、详细且客观性强，适用于管理或其他随意性大、内容复杂的岗位工作分析。

这种方法的基本依据是：从事某一工作的人对这一工作的情况和要求最清楚，因此，由工作者本人记录最为经济与方便。但是这种方法可能存在一定的记录误差，记录者或多或少会带有自己的主观色彩，因此要求事后对记录分析结果进行必要的检查矫正，可以由工作者的直接上级来实施。

当观察的对象与内容为某个片断时，常采用写实法。这是通过对工作内容与过程的如实记录，达到工作分析目的的一种方法，如表5-3所示。

表5-3　写实性工作分析表

机构名称：办公室
职位：办公室主任
编制：3人，主任1人、打字员1人、办事员1人

花费时间（分）		工作活动内容	任务完成量	备注
开始	延续			
8:00	5	打电话到销售科	1次	
8:05	2	接电话	1次	
8:07	4	帮办事员登记材料	2份	
8:11	4	帮办事员校对	5页	
8:15	4	准备广告材料	1页	
8:19	1	接张厂长电话	1次	
8:20	1	接李厂长电话，要一信件	1次	
8:21	6	与办事员商议工作	1次	
8:27	5	找李厂长要的信	1次	
8:32	5	安排当天的工作	1次	

续表

花费时间（分）		工作活动内容	任务完成量	备注
开始	延续			
8:37	3	找王科长	1次	
8:40	4	找肖工程师	1次	
8:44	1	送李厂长要的信	1次	
8:45	2	为张厂长打文件	1次	
8:47	13	同张厂长商量，布置简报	1次	
9:00	2	开始复印李厂长的材料	1次	
9:02	10	把张厂长的材料归档	3次	
9:12	4	继续复印材料	1次	
9:16	5	与李厂长商议工作	1次	
9:21	2	向办事员布置复印任务	1次	
9:23	9	继续复印	2次	
9:32	8	分发信件	5次	
9:40	15	继续复印	2次	
9:55	10	整理档案材料	4次	
10:05	11	复印完材料	200份	
10:16	2	将复印材料交办事员装订	1次	
10:18	9	打电话与协作厂联系	1次	
10:27	2	接张厂长电话	1次	
10:29	3	迎接参观者，并将其送到张厂长处	2人	
10:32	2	打电话到车间	1次	
10:34		略		

说明：这是一个小厂办公室主任的工作写实片断。

当大量的事情记录下来之后，按照它们所描述的内容进行归类，如表5-4所示，最后就会对实际工作的要求有一个非常清楚的了解，有助于对工作及其任职者的全面了解。

表5-4 纪实分析汇总表

事件类别	花费时间（分）	发生次数
打字、复印、装订等	41	5
电话	22	8

续表

事件类别	花费时间（分）	发生次数
寻找档案等	28	5
接受指令等	18	2
发出指令和计划	13	4
处理来信、文件	8	1
帮办事员工作	8	2
找人	7	2
写材料	4	1
迎接参观者	3	1
总计	152	31

第二节　主管人员分析法

这种方法是由主管人员通过日常的管理权力来记录与分析所管辖人员的工作任务、责任与要求等因素。

该方法的理论依据是：主管人员对这些工作有相当深刻的了解。许多主管人员以前也曾做过这些工作，因此他们对被分析的工作有双重的理解，对职位所要求的工作技能的鉴别与确定非常内行。但主管人员的分析也许会存在一些偏见，尤其是那些只做过其中部分工作而不了解所有情况的人。一般来说，主管此时偏重于他曾做过的那部分工作。如果采取与工作者自我记录法相结合的方法，则这种偏差可以得到有效的消除。

表5-5、表5-6是主管人员分析法中可以采用的一些表格。

表5-5　工作调查分析表

职位名称:________________　　　　职位编号:________________

部门:________________　　　　有效日期:________________

工作地点:________________　　　　职等:________________

主管:________________　　　　工资单编号:________________

职位设置目的:

____

主要职责:

____

所管人数:

续表

1. 直接管理人数__________ 2. 间接管理人数__________

制表：

姓名：__________职务：__________签字：__________日期：__________

审核：

姓名：__________职务：__________签字：__________日期：__________

工资主管审批：

姓名：__________ 日期：__________

终审：

姓名：__________ 日期：__________

复查：

第一次日期：__________第二次日期：__________第三次日期：__________

组织结构：（以方框图描述）

____

直接主管：职位名称__________ 职等__________

本 职 位：职位名称__________ 职等__________

直属职位：职位名称__________ 职等__________

职位名称__________ 职等__________

职位名称__________ 职等__________

任职要求：

____

受教育程度方面：

____

经验方面：

____

表5-6 职位工作分析表

一、职位名称：__________

部 门：__________ 工作地点：__________

任职者姓名：__________ 日 期：__________

主管人姓名：__________ 签 字：__________

二、基本职责

____

续表

三、能够用于确定本职位工作范围的各种指示，包括定性的角度与定量的数据

四、填写下面的图表，以表明各职位间的工作关系

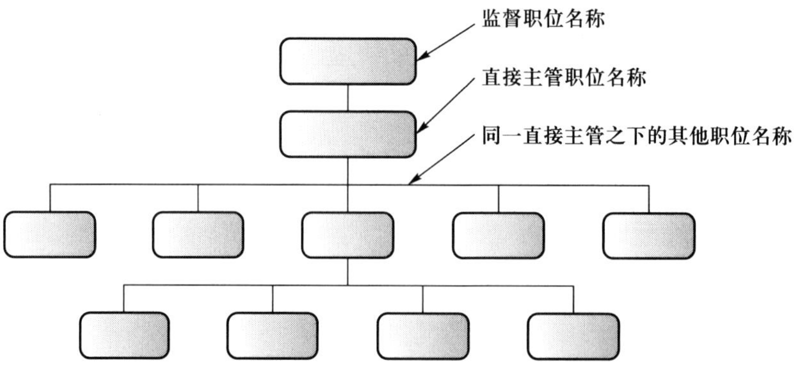

简要说明下属的主要职能：

五、列举主要职责活动与代表性的工作项目

六、如上述栏目无法说明，请在此列举几个典型的事例或任职所遇到的工作任务与情况

七、说明本职位工作的权限与自主性

第三节 访谈分析法

对于许多工作，分析者不可能实际去做（如飞行员的工作），或者不可能去现场观察，或难以观察到（如建筑师的工作）。在这种情况下，必须访问工作者，了解他们的工作内容，以及为什么这样做和怎样做，由此获得工作分析的资料。访谈的对象可以是工作者，也可以是主管人员或者工作者的同级与下级。

访谈分析法既适用于短时间可以把握的生理特征的分析，又适用于长时间才能把握的心理特征的分析。访谈分析法的形式主要有个别访谈和集体访谈两种。集体访谈的对象一般是做相同工作或相近工作的员工。访谈中涉及的问题较多，为了避免遗漏，保证质量，最好事先拟订一份详细的访谈问卷或访谈提纲。一般来说，记录应采取标准的形式

（见表5-7），这样便于记录、归纳与比较，并有助于将访谈限制在与工作有关的范围内。

表5-7 工作分析访谈表

职位名称：	主管部门：
所属部门：	工作地点：
间接主管：	监 督 者：
直接主管：	

一、职位设置的目的

____

____

二、职责

按顺序列举说明本职位的工作责任及其重要性，或按发生频率高低列举所担负的工作任务（责任分为每日、一定时期内和偶尔担负三种类型）。

1. 每日必做的工作	完成该任务所费时间的百分比
（1） （2） （3） （4） （5） （6） （7）	
2. 一定时期内必做的工作（周、月、季度）	**完成该任务所费时间的百分比**
（1）________	________
（2）________	________
（3）________	________
（4）________	________
（5）________	________
3. 偶尔要做的工作	**完成该任务所费时间的百分比**
（1）________	________
（2）________	________
（3）________	________
（4）________	________
（5）________	________

三、教育要求

对于本职位的工作来说，一些教育与知识可以从学校获得，也可以通过自学、在职培训或工作实践获得。请确定下列教育或知识中哪些是必要的，并在每条前面 的横线上打“√”标记。

________任职者能够读写并理解基本的口头或书面的指令。

________任职者能够理解并执行工作程序以及理解上下级的隶属关系，能够进行简单的数学运算和办公室设备的操作。

________任职者能够理解并完成交给的任务，具备每分钟至少录入50个汉字的能力。

________具备本职位工作需要的专业知识。

________具备相近专业领域的一般知识。

________具备企业管理与财务等方面的基础知识与技能。

________具备企业管理与财务等方面的高级知识与技能。

________其他方面的要求：

____

四、经验

本职位要求任职者具备哪些经验？请确定下列哪些经验是必需的。

__________需要1个月的工作实习期或在职培训期。

__________需要1 ~ 3个月的工作实习期或在职培训期。

__________需要4 ~ 6个月的工作实习期或在职培训期。

__________需要7 ~ 12个月的工作实习期或在职培训期。

__________需要1 ~ 3年的工作实习期或在职培训期。

__________需要3 ~ 5年的工作实习期或在职培训期。

__________需要5 ~ 8年的工作实习期或在职培训期。

__________需要8年以上的工作实习期或在职培训期。

__________其他方面的要求：

____

五、担负的管理职责

任职者担负的管理责任	完成每项工作所费时间的百分比
1. 工作指导______	______
2. 布置工作______	______
3. 检查工作______	______
4. 制订计划______	______
5. 目标管理______	______
6. 协调活动______	______
7. 解决员工问题___	______
8. 评价下属______	______
______	______
______	______
______	______
______	______
任职者直接管理的职工人数：______	______

六、工作关系

本职位的工作者有哪些联系？在描述这些联系时，要考虑：这些联系是怎样建立的？在部门内部还是部门外部？联系是否频繁？联系中包括信息收集与判断，还是仅仅作为一种服务形式？哪些联系对部门有用？这里的联系对象包括本部门与外部的所有人员。

七、本职位所受到的监督与管理

本职位需要接受哪些监督和管理？接受的程度如何？请对下列情况加以确认并在每条前面的横线上打“√”标记。

__________直接性。任职者的工作简单重复进行，工作处于明确、具体的指导下，基本上每天都接受指导。

__________严密性。任职者要求按程序工作，接受上级部门任务安排。

__________一般性。任职者可以有计划地安排自己的工作，但需要不定期地与上级商讨例外的、复杂的问题。

__________有限性。任职者在一定目标与指导下计划自己一定时期（每月）内的工作。

__________宏观指导。任职者可以独立地计划和实施自己的主要工作，只需要在目标方向上与主管者要求保持一致。

__________自主性。任职者可以自主地确定工作目标，绩效标准只需与他人协商即可，不需要征得上级同意。

八、决策责任

任职者独立决策的权限与范围有多大？他做出的决定是否要由他人审核？如果要，应由谁审核？

____

____

____

九、错误分析
（1）最易犯的错误有哪些？举例说明，并指出是操作上的还是观念上的，或两者皆有。
____
____
（2）这些错误多长时间才能被发现？谁能发现？常在哪些工作环节上被发现？
____
____
（3）纠正这些错误存在哪些障碍？在纠正错误过程中可能出现什么枝节问题？
____
____

十、数据保密
任职者是否要对一些数据加以保密？保密的程度如何？保密对公司的利益有无影响？请对下列情况予以确定，并在每条前面的横线上以“√”标记。
__________不保密。工作中没有任何数据需要保密。
__________有一点保密。偶尔有些数据需要保密。
__________一般保密。一般情况下需要保密，泄密将对公司有影响。
__________绝大部分保密。绝大部分工作都需要保密，泄密将对公司有重大影响。
__________完全保密。稍有泄露，便会有损公司的名声和地位。

十一、工作条件
描述工作顺利进行所必需的生理条件、物理条件，如任职者在工作期间站、走、负重的时间各是多少等。
____
____

十二、心理要求
为了使工作顺利进行，说明对任职者在心理方面有哪些要求。
____
____
____

十三、列出工作中所使用的机器或设备

设备名称	一直使用	经常使用	偶尔使用
________	________	________	________
________	________	________	________
________	________	________	________

十四、附加说明
本职位还有哪些方面需要补充说明？请列出。
____

在访谈过程中，访谈者必须掌握两种基本技能，即问题设计与访谈技巧。

1. 问题设计

工作分析中的许多资料收集工作是通过对工作者或其他人员的提问来完成的。观察、访谈和问卷这三种最基本的资料收集方法都或多或少地依赖于调查问题的设计。因此，问题设计便成为一个工作分析者必须具备的一项重要技能。下面是有关问题设计的一些建议：

（1）保持设计问题的热情，直到你认为问题已经足够。不妨自我提问：我想知道的是什么？为什么？哪些东西适合要调查和访谈的问题？

（2）根据有关的资料和先前的经验检测所设计的问题。这里主要指的是可以得到的现有问卷和调查表、先前的工作分析计划以及发表的统计资料。

（3）只选择那些与所调查资料直接相关的问题。

（4）把问题按一定的逻辑顺序排列，把那些浅显的、没有挑战性但又必要的问题排在前面。

（5）构造一种粗略的工具，对少量的被访者进行先导性的试验访谈。

（6）检查结果，修改或删除问题。

（7）修改不清楚的问题，包括：

① 删除重复的问题，除非有检查被访者的诚实性的需要。

② 把有双重含义的问题分成两个问题，如果无法分开就删掉。

③ 删除那些属被访者能力范围之外的问题。

④ 把放在一起的容易使被访者有偏向的问题分开。

（8）在做了上述修改后，构建一个问题清单。

（9）通过整理资料的方式来使问题的回答选择化。对定性资料，只要是或否两种回答形式就可以了。对于更高水平的资料，可以考虑选择性回答。

（10）进行第二次试验访谈，这次的重点是检查问题和回答项是否足够。

（11）通过检查第二次试验访谈的结果来构建最终的访谈提纲。

2. 访谈技巧

访谈是工作分析中资料收集的基本方法之一，它在资料收集和分析的所有阶段都有一定的地位。在问卷形成阶段，在确定研究的目的和范围，设计问卷、清单和分析的其他工具等方面，访谈都是必需的。访谈还可以用于收集资料的最后阶段。所以，了解怎样进行访谈是工作分析取得成功的要素之一。

实践中已经形成了以下访谈的准则和规则：

（1）事先清晰地说明访谈的目标和方法。访谈是一个与目的相联系的交谈。工作分析的目的是收集有关工作的有用信息。在访谈前，分析者应该对访谈什么、为什么要访谈和怎样访谈有一个很明晰的计划。

（2）在访谈前，确认访谈是不是得到所要信息的合适工具。为达到既定目的，访谈者应检查问题计划并自我回答下列问题：这些问题中是不是有让回答者难堪的问题？哪个问题会让回答者感到有威胁？有没有会使回答者感到不舒服或给出虚拟答案的题目？访谈要得到的信息能通过更廉价的观察、公司记录或其他手段获得吗？如果对这些问题有任何肯定的回答，分析者应重新考虑是否采用访谈的形式，观察、无记名问卷和其他方法可能成为更合适的选择。如果没有其他更好的选择，那么分析者在提出那些敏感的问题时，必须具备专门的知识和能力，因此，在进行访谈前应该接受专业技能方面的培训。

（3）选择适当的回答者以满足所寻求信息的性质、资料收集的方式和研究的其他要求。如果是做观点、价值观、态度和其他情感变量的调查，则需要大量的回答者；如果是做理解工作方法、过程和工作环境的其他客观特征的调查，那么只需少数有相关知识的人就足够了。在所有情况下，回答者的理解水平与所问的问题要求之间应该能相互适应。

（4）为达到访谈的目的需要取得回答者的支持。这是特别重要的，因为访谈结果可能受到回答者态度的影响。一种取得回答者支持的方法是主动向回答者和工作群体解释访谈的目的和相关的好处。

（5）控制访谈，使访谈指向一定的目标。下面是一些使访谈定向的准则：

① 帮助回答者根据问题的逻辑顺序去思考和交谈。

② 给回答者足够的时间回答问题。

③ 从一个问题转向另一个问题前，使回答者注意具体而又全面的信息。如果离题了，必须及时回到还没有完全涵盖的问题。

④ 提供已经完成的阶段性总结，这样的总结有利于保持谈话主题，即使回答者离题了也能使其返回主题。

（6）控制个人举止、行为等其他会影响结果的因素。下面是与此有关的一些准则：

① 用清楚易懂的语言进行访谈。

② 不要与回答者发生争辩。

③ 在所讨论的问题上不要表现出任何偏好。

④ 在整个访谈过程中要有礼貌和谦恭。

⑤ 不要以高人一等的态度对待回答者。

⑥ 访谈时不受个人影响而又不失对话题的兴趣。

⑦ 不要让你自己受个人爱好和观点的影响。

（7）记下意外的重要信息，尤其是正式访谈计划中没有想到的或新的信息。

第四节　问卷调查分析法

工作分析中最通用的一种方法，就是采用问卷来获取工作分析的信息，达到工作分析的目的。运用这种方法收集到的工作信息，其质量取决于问卷本身的设计是否科学合理，受到被调查者文化水平的高低，填写时的诚意、兴趣、态度如何等因素的影响。为此最好请有关专家设计与编制问卷，并在发放问卷、填写时，做出具体的说明与指导，附上范例。问卷可分为通信问卷与非通信的集体问卷、检核表问卷（见表5-8）与非检核表问卷、标准化问卷与非标准化问卷（见表5-9）、封闭式问卷（见表5-10）与开放式问卷（见表5-11）等。问卷调查法多用于规模大、职位设置繁杂的组织。

表5-8 用于民警工作分析的检核表

逐步核对，在符合本职任务的项目上画√，并标明其对工作的重要性。

代号	重要性
1	很低
2	较低
3	一般
4	高
5	很高

1. 保护交通事故现场证据_________
2. 在经常发生事故的地段注意防止新事故_________
3. 使用闪光信号灯指挥交通_________
4. 使用交通灯指挥交通_________
5. 发现违章驾驶员并填写情况表_________
6. 估计驾驶员的驾驶能力_________
7. 向违反交通规则的人解释交通规则和法律知识_________
8. 跟踪可疑车辆，观察违章情况_________
9. 签发交通传票_________
10. 向违反交通规则的人发出警告_________
11. 监视交通情况，搜寻违章车辆或人员_________
12. 检查驾驶证或通行证_________
13. 参加在职培训_________
14. 参加射击训练_________
15. 操作电话交换机_________
16. 擦洗和检验工作装备_________
17. 维修本部门的交通工具_________

表5-9 某部门的工作分析描述表格

1. 职员姓名___________ 2. 职位编号___________ 3. 现行工资水平___________

4. 职位描述的原因 □新职位 □例行公事 □现职位发生变化 □检查

5. 工作地点___________ 6. 部门名称___________

7. 从何部门、接受谁的指导?

姓名___________ 部门___________

8. 具体描述本岗位的工作有哪些，按所费时间的多少进行排列。要说明做什么、怎么做、使用哪些设备。用百分比说明每项任务花费的时间。如果本岗位的工作发生了变化，要注明何时、如何变化

时间	任务

续表

9. 上述各项任务持续的时间

10. 列出所使用的机器和设备以及工作环境

11. 进行管理（培训雇员、分配和检查工作）所费时间的百分比（%）

12. 标明下级人员数目

13. 保证上述岗位描述是本人所写，并尽可能地详尽和准确

签名______________ 日期______________

（下列各项由直接上级填写）

14. 指出上述各项中哪些不够详尽和准确

职员姓名 职位编号

职位描述 现行工资水平

15. 接受监督和管理：描述员工接受指令的频率、性质，包括如何对员工的工作进行分配和检查

16. 要求：标明本职位工作需要的最起码素质

（1）教育（包括专业知识）:

（2）经验（类型和程度）:

（3）体力:

17. 责任

（1）政策和方法：包括改进政策和方法的责任以及所需的上级部门的支持。

（2）材料或产品：通过计划、改进工艺过程来节约材料，防止利润减少。

（3）机器和设备：对设备进行使用、修理、维护；所需设备的尺寸和型号；维护设备的措施。

（4）资金：谁筹措资金，通过何种渠道，数量是多少。

（5）人际交往：进行人际交往的目的，包括组织内外的交往；人际交往的类型和意义。

（6）记录和汇报：谁记录和汇报，记录和汇报的类型和意义。

直接上级签名____________________ 日期______________

直接上级的领导签名______________ 日期______________

表5–10　封闭式工作分析调查表

<table>
<tr><td>姓名</td><td></td><td>职称</td><td></td><td>现任职务（工作）</td><td></td><td>工龄</td><td></td></tr>
<tr><td>性别</td><td></td><td>部门</td><td></td><td>直接上级</td><td></td><td>进入公司时间</td><td></td></tr>
<tr><td>年龄</td><td></td><td>学历</td><td></td><td>月平均收入</td><td></td><td>从事本工作时间</td><td></td></tr>
<tr><td>工作的时间要求</td><td colspan="7">1. 正常的工作时间每日自（　　　　）时开始至（　　　　）时结束。
2. 每日午休时间为（　　　　）小时，（　　　　%）可以保证。
3. 每周平均加班时间为（　　　　）小时。
4. 实际上下班时间是否随业务情况经常变化？（总是，有时是，偶尔是，否）
5. 所从事的工作是否忙闲不均？（是，否）
6. 若工作忙闲不均，最忙的情况通常发生在哪段时间？（　　　　）
7. 每周外出时间占正常工作时间的（　　　　%）。
8. 外地出差情况每月平均（　　　　）次，每次平均需要（　　　　）天。
9. 本地外出情况平均每周（　　　　）次，每次平均需要（　　　　）天。
10. 到外地出差时所使用的交通工具按使用频率排序：
11. 本地外出时所使用的交通工具按使用频率排序：
12. 其他需要补充的问题：</td></tr>
<tr><td>工作目标</td><td colspan="3">主要目标：
1.
2.
3.</td><td colspan="4">其他目标：
1.
2.
3.</td></tr>
<tr><td>工作概要</td><td colspan="7">用简练的语言描述您所从事的工作：</td></tr>
<tr><td rowspan="2">工作活动和程序</td><td colspan="2">名称</td><td colspan="2">程序</td><td colspan="3">依据</td></tr>
<tr><td colspan="2"></td><td colspan="2"></td><td colspan="3"></td></tr>
<tr><td rowspan="2">工作活动内容</td><td rowspan="2">名称</td><td rowspan="2">结果</td><td rowspan="2">占全部工作时间的百分比（%）</td><td colspan="4">权限</td></tr>
<tr><td>承办</td><td>需报审</td><td colspan="2">全权负责</td></tr>
<tr><td rowspan="4">失误的影响</td><td>经济损失</td><td colspan="2">1.
2.
3.</td><td colspan="2"></td><td colspan="2" rowspan="4">说明
1　2　3　4　5
轻　较轻　一般　较重　重</td></tr>
<tr><td>公司形象损害</td><td colspan="2">1.
2.
3.</td><td colspan="2"></td></tr>
<tr><td>经营管理损害</td><td colspan="2">1.
2.
3.</td><td colspan="2"></td></tr>
<tr><td>其他损害（请注明）</td><td colspan="2">1.
2.
3.</td><td colspan="2"></td></tr>
</table>

续表

失误的影响	若您的工作出现失误，会发生下列哪种情况? 1. 不影响其他人工作的正常进行。 2. 只影响本部门内少数人。 3. 影响整个部门。 4. 影响其他几个部门。 5. 影响整个公司。	说明: 如出现多种情况，请按影响程度由高到低依次把编号填写在下面的括号中。 (　　　　　　)
内部接触	1. 在工作中不与其他人接触。(　　　　) 2. 只与本部门内几个同事接触。(　　　　) 3. 需要与其他部门的人员接触。(　　　　) 4. 需要与其他部门的部分领导接触。(　　　　) 5. 需要与所有部门的领导接触。(　　　　)	将频繁程度等级填入左边的括号中。 1　2　3　4　5 偶尔　　经常　　非常频繁
外部接触	1. 不与本公司以外的人员接触。(　　　　) 2. 与其他公司的人员接触。(　　　　) 3. 与其他公司的人员和政府机构接触。(　　　　) 4. 与其他公司、政府机构、外商接触。(　　　　)	将频繁程度等级填入左边的括号中。 1　2　3　4　5 偶尔　　经常　　非常频繁
监督	1. 直接和间接监督的人员数量。(　　　　) 2. 被监督的管理人员数量。(　　　　) 3. 直接监督人员的层次：一般职工、基层领导、中层领导、高层领导。(　　　　)	
	1. 只对自己负责。 2. 对职工有监督指导的责任。 3. 对职工有分配工作、监督指导的责任。 4. 对职工有分配工作、监督指导和考评的责任。	
工作的基本特征	1. 无须对自己的工作结果负责。 2. 仅对自己的工作结果负责。 3. 对整个部门负责。 4. 对自己的部门和相关部门负责。 5. 对整个公司负责。	
	1. 在工作中时常做些小的决定，一般不影响其他人。 2. 在工作中时常做一些决定，对有关人员有些影响。 3. 在工作中时常做一些决定，对整个部门有影响，但一般不影响其他部门。 4. 在工作中时常做一些大的决定，对自己部门和相关部门有影响。 5. 在工作中要做重大决定，对整个公司有重大影响。	
	1. 有关工作的程序和方法均由上级详细规定，遇到问题时可随时请示上级解决，工作结果须报上级审核。 2. 分配工作时上级仅指示要点，工作中上级并不时常指导，但遇到困难时仍可直接或间接请示上级，工作结果仅由上级大概审核。 3. 分配任务时上级只说明要达成的任务或目标，工作的方法和程序均由自己决定，工作结果仅受上级原则审核。	
	1. 完成本职工作的方法和步骤完全相同。 2. 完成本职工作的方法和步骤大部分相同。 3. 完成本职工作的方法和步骤有一半相同。 4. 完成本职工作的方法和步骤大部分不同。 5. 完成本职工作的方法和步骤完全不同。	
	在工作中您所接触到的信息经常是: 1. 原始的、未经加工处理的信息。 2. 经过初步加工的信息。 3. 经过高度综合的信息。	说明: 如出现多种情况，请按“经常”的程度由高到低依次填写在下面的括号中。 (　　　　　　)

续表

工作的基本特征	在您做决定时一般依据以下哪种资料： 1. 事实资料。 2. 事实资料和背景资料。 3. 事实资料、背景资料和模糊的相关资料。 4. 事实资料、背景资料、模糊的相关资料和难以确定是否相关的资料。	说明： 如出现多种情况，请按“依据”的程度由高到低依次填写在下面的括号中。 （　　　　）
	在工作中，您需要做计划的程度： 1. 在工作中无须做计划。 2. 在工作中需要做一些小的计划。 3. 在工作中需要做部门计划。 4. 在工作中需要做公司整体计划。	说明： 如出现多种情况，请按“做计划”的程度由高到低依次填写在下面的括号中。 （　　　　）
	在您的工作中接触资料的公开性程度： 1. 在工作中所接触的资料均属公开性资料。 2. 在工作中所接触的资料属于不可向外公开的资料。 3. 在工作中所接触的资料属于机密资料，仅对中层以上领导公开。 4. 在工作中所接触的资料属于公司高度机密，仅对少数高层领导公开。	说明： 如出现多种情况，请按“公开性”的程度由高到低依次填写在下面的括号中。 （　　　　）
	您在工作中所使用的资料属于哪几种，使用的比例约为多少？ 1. 语言的　　（　%） 2. 符号的　　（　%） 3. 文字的　　（　%） 4. 形象的　　（　%） 5. 行为的　　（　%）	
工作压力	1. 在每天工作中是否经常要迅速做出决定？ 没有　很少　偶尔　许多　非常频繁	
	2. 您手头的工作是否经常被打断？ 没有　很少　偶尔　许多　非常频繁	
	3. 您的工作是否经常需要注意细节？ 没有　很少　偶尔　许多　非常频繁	
	4. 您所处理的各项任务彼此是否相关？ 完全不相关　大部分不相关　一半相关 大部分相关　完全相关	
	5. 您在工作中是否要求高度的精力集中？如果是，占工作总时间的比重大约是多少？ 20%　40%　60%　80%　100%	
	6. 在您的工作中是否需要运用不同方面的专业知识和技能？ 否　很少　有一些　较多　非常多	
	7. 在工作中是否存在一些令人不愉快、不舒服的感觉（非人为因素造成的）？ 没有　有一点　能明显感觉到　较多　非常多	
	8. 在工作中是否需要灵活地处理问题？ 不需要　很少　有时　较多　非常多	
	9. 您的工作是否需要创造性？ 不需要　很少　有时　较需要　很需要	
	10. 您在履行工作职责时是否有与职工发生冲突的可能？ 否　很可能	

续表

<table>
<tr><td rowspan="19">任职资格要求</td><td>1. 您常起草或撰写的文件资料有哪些?</td><td>等级</td><td>频率</td></tr>
<tr><td>（1）通知、便条、备忘录
（2）简报
（3）信函
（4）汇报文件或报告
（5）总结
（6）公司文件
（7）研究报告
（8）合同或法律文件
（9）其他</td><td></td><td>说明：
1　2　3　4　5
极少　偶尔　不太经常　经常　非常频繁</td></tr>
<tr><td>2. 您常用到的数学知识</td><td>等级</td><td>频率</td></tr>
<tr><td>（1）整数加减
（2）四则运算
（3）乘方、开方、指数运算
（4）计算机程序语言
（5）其他</td><td></td><td>说明：
1　2　3　4　5
极少　偶尔　不太经常　经常　非常频繁</td></tr>
<tr><td colspan="3">3. 学历要求</td></tr>
<tr><td colspan="3">初中　高中　职业高中　大学专科　大学本科　硕士　博士</td></tr>
<tr><td colspan="3">4. 为顺利履行工作职责，应进行哪些方面的培训？需要多少时间？</td></tr>
<tr><td>培训科目</td><td>培训内容</td><td>最短培训时间（月）</td></tr>
<tr><td></td><td></td><td></td></tr>
<tr><td colspan="3">5. 一个新人要多长时间才能基本胜任您所从事的工作?</td></tr>
<tr><td colspan="3">6. 为了顺利履行您所从事的工作，需具备哪些方面的工作经历？约多少年?</td></tr>
<tr><td>工作经历要求</td><td colspan="2">最低时间要求</td></tr>
<tr><td></td><td colspan="2"></td></tr>
<tr><td colspan="3">7. 在工作中您觉得最困难的事情是什么？您通常是怎样处理的?</td></tr>
<tr><td>困难的事情</td><td colspan="2">处理方法</td></tr>
<tr><td></td><td colspan="2"></td></tr>
<tr><td colspan="3">8. 您所从事的工作有否体力方面的要求?
1　2　3　4　5
轻　较轻　一般　较重　重</td></tr>
<tr><td>9. 其他能力要求</td><td>等级</td><td>需求程度</td></tr>
<tr><td>（1）领导能力
（2）指导能力
（3）激励能力
（4）授权能力
（5）创新能力
（6）计划能力
（7）资源分配能力</td><td></td><td>说明：
1　2　3　4　5
低　较低　一般　较高　高</td></tr>
</table>

续表

<table>
<tr><td rowspan="4">任职资格要求</td><td colspan="2">（8）管理技能
（9）组织人事能力
（10）时间管理能力
（11）人际关系能力
（12）协调能力
（13）群体技能
（14）谈判能力
（15）冲突管理能力
（16）说服能力
（17）公关能力
（18）表达能力
（19）公文写作能力
（20）倾听能力
（21）信息管理能力
（22）分析能力
（23）判断、决策能力
（24）实施能力
（25）其他</td><td colspan="2"></td><td colspan="2"></td></tr>
<tr><td colspan="6">10. 请您详细填写从事工作所需的各种知识和要求程度：</td></tr>
<tr><td colspan="2">知识内容</td><td colspan="2">等级</td><td colspan="2">需要程度</td></tr>
<tr><td colspan="2">如计算机知识</td><td colspan="2">4</td><td colspan="2">说明：
1　2　3　4　5
低 较低 一般 较高 高</td></tr>
<tr><td rowspan="3">考评</td><td colspan="6">对于您所从事的工作，您认为应从哪些角度进行考评？基本标准是什么？</td></tr>
<tr><td colspan="3">考评角度</td><td colspan="3">考评基本标准</td></tr>
<tr><td colspan="3"></td><td colspan="3"></td></tr>
<tr><td rowspan="3">建议</td><td colspan="6">您认为您从事的工作有哪些不合理的地方？应如何改善？</td></tr>
<tr><td colspan="3">不合理之处</td><td colspan="3">改进建议</td></tr>
<tr><td colspan="3"></td><td colspan="3"></td></tr>
<tr><td rowspan="2">备注</td><td colspan="6">您还有哪些需要说明的问题？</td></tr>
<tr><td colspan="6">直接上级确认符合事实后，签字：
（如不符合，请说明并更正）</td></tr>
<tr><td colspan="7">谢谢您的合作！</td></tr>
</table>

表5-11　开放式工作分析调查表

填表日期：　　　年　　月　　日

<table>
<tr><td>工作部门</td><td></td><td>职位名称</td><td></td></tr>
<tr><td colspan="4">一、职责内容：
1. 概述：
2. 所任工作：</td></tr>
</table>

续表

工作项目	处理方式及程序	所占每日工作时数
二、职责程序： 1. 工作复杂性： 2. 所受监督： 3. 所循规章： 4. 对工作结果的负责程度： 5. 所需创造力： 6. 影响范围： 7. 监督对象与范围：		
对上述内容的确认	填表人	（签名盖章）
检查以上所填内容是否正确，如有问题请直接指正。		

所属部门上一级主管	（签名盖章）	所属部门直接主管	（签名盖章）

除本章前面所介绍的基本方法外，工作分析的方法还有工作实践分析法、文献资料分析法等。

1. 工作实践分析法

（1）概念。即通过工作分析人员亲自参加、从事被分析工作来实现工作分析目的的方法。

（2）适用范围。这是一种不太常用的方法，适用于比较简单但又独特的工作（如手工艺品制作者的工作等）。

2. 文献资料分析法

（1）概念。通过查阅、分析相关的文献资料来达到工作分析目的的一种工作分析方法。

（2）适用范围。这是一种工作量较小但又经济有效的方法，适用于那些比较常见而又非常正规、有一定历史的工作。

（3）操作举例。通过查阅《职业岗位分类词典》对工作进行分析。

本章小结

本章对目前国内外企事业组织中常用的工作分析方法做了一个基本的分析与归类。把基本方法归结为观察分析法、主管人员分析法、访谈分析法与问卷调查分析法四个主要类别，对这些基本方法与工具的优缺点和适用范围分别做了具体分析。

观察分析法一般适用于短时期可以把握的外显行为特征的分析，而不适用于长时间才能把握的心理素质的分析，且很容易忽略偶然发生的工作行为。观察分析法一般是以标准格式记录观察到的结果。如果观察分析法的观察者与被观察者合二为一则称为工作者自我记录法，一般采用工作日志的形式。这种方法适用于那些复杂和高水平的工作分析，但可能存在误差，因此要求事后对记录的结果进行必要的检查，一般由直接上级来完成。

主管人员分析法特别适用于主管人员也曾做过的那些工作。但主管人员的分析中也可能存在一些偏见，尤其是那些只做过其中部分工作而不了解全部情况的人。一般与工作者自我记录法结合使用，这样可以有效地消除由主管人员偏见造成的偏差。

访谈分析法适用于短时间或长时间的心理特征的分析，因此运用较广泛，包括对个人的访谈、对做同种工作的群体访谈和对主管人员的访谈。访谈分析法最大的优点在于其对被分析工作任务和责任的详细掌握，并且可以发现一些在其他情况下不可能了解到的工作活动和行为。但信息有可能被扭曲，所以最富成效的访谈是依据一张结构合理或可加以检核、对比的问卷来进行。

问卷调查分析法可快速地从许多员工那里获取信息，但设计问卷并进行计算则可能需要花较多时间，所以是否采用问卷调查分析法取决于问卷调查分析法的潜在使用成本与所能节约的时间和费用的对比。问卷调查分析法是一种最通用的、形式多样的方法。

工作实践分析法适用于简单但又独特的工作；文献资料分析法适用于那些比较常见但又非常正规、已有一定历史的工作。

即测即评

扫描右侧的二维码图标（内含若干判断题、单选题和多选题），您可在线自测并查看答案。

思考题

1. 工作分析各种基本方法的优缺点是什么？
2. 工作分析各种基本方法的适用范围分别是什么？
3. 工作分析方法的发展趋势如何？

实例经验与启发

1. 你认为小陈的意见合理吗？为什么？

小陈的意见具有一定的合理性。因为受限于时间、物力、财力等客观因素，发放问卷等方式相对而言效率较低。在时间紧、任务重的情况之下，想要在短时间迅速把握工作内容及工作特点，访谈分析法不失为一种较理想的选择。但这一方法，对于访谈对象的选择以及访谈提纲的设计、访谈技巧的运用要求较高，需要访谈者自身反复练习。

2. 针对该公司的具体情况，你认为应该选择什么方法分析更为有效?

除了访谈分析法，该公司的部分职位也可以采取观察分析法，该方法适用于短时期的外显行为特征和比较简单、不断重复又容易观察的工作分析，通过直接观察，记录某一时期内的工作内容、形式和方法，并在此基础上分析有关的工作要素，达到分析目的。也可以通过分析工作人员工作日志的方式进行工作分析，因为工作日志详细记录了工作人员自身的工作内容和工作感受，包含了大量的职位信息，在此基础上进行综合分析，有助于达成工作分析的目的。

本章实训

实训目的

掌握工作分析的基本方法和工具——观察分析法、访谈分析法、问卷调查分析法等。

实训内容

（1）以某企业为例，针对某一职务，自行设计访谈提纲，展开访谈，形成工作分析访谈表，获取进行工作分析的信息。

（2）以某企业为例，针对某一职务，自行设计调查问卷，发放问卷，获取进行工作分析的信息。

实训组织与步骤

（1）教师讲解工作分析的基本方法和工具。

（2）教师将学生分成4 ~ 6人一组，明确实训任务和实训内容，并协助联系合作企业，学生分组完成实训任务。

（3）学生分组对实训成果进行展示。

（4）教师对学生的任务完成情况进行总结和指导。

延伸阅读

[1] 萧鸣政.工作分析的方法与技术[M].4版.北京：中国人民大学出版社，2014.

[2] 杨杰，方俐洛.工作分析的定义、理论和工具探析[J].自然辩证法通讯，2003，25（3）：50-59.

[3] 赫伯特·J.鲁宾，艾琳·S.鲁宾（Herbert J. Rubin, Irene S. Rubin）.质性访谈方法：聆听与提问的艺术[M].卢晖临，等，译.重庆：重庆大学出版社，2010.

[4] 肖鸣政.不同视角下的工作分析方法[J].中国人才，2007（21）：29-32.

第六章

工作分析的综合方法

学习目标

1. 掌握任务分析的方法与步骤
2. 掌握人员分析的方法与步骤
3. 掌握方法分析的基本内容

关键术语

任务分析　人员分析　方法分析

情境实例

同工同酬，同在何处?

C公司是国内知名的制造业企业，在制造岗位上拥有员工8 000余人。近期受出口环境影响，公司成本大幅度上升。C公司高层决定开源节流，降低成本，提高企业的劳动生产率。于是公司开始对制造工人进行薪酬体系改革，将车间的全体员工纳入任职资格评价系统，再培训或开除不符合任职要求的员工，采用弹性工作制激励满足产量指标的员工。

在C公司大刀阔斧进行薪酬改革的同时，一些问题也在困扰着政策的实际执行者：如何合理界定员工的素质和水平？对于员工实际能力与任职资格之间的差距，采用激励还是惩罚机制进行修正？又应当采取多大的力度？同工同酬是企业激励员工的基本原则，获取多大的绩效就支付多少工资，但是怎样去确认不同职位相同的工作量，这个难题也摆在了人力资源部门面前。

本书前一章介绍了工作分析中常用的基本方法与基本工具，从本章开始将介绍工作分析的综合方法。工作分析的综合方法是指建立在工作分析基本方法基础之上的较复杂的方法。

工作分析中的“工作”是综合的、复杂的。它可以通过三个侧面来揭示，这就是“工作任务”“完成任务的工作者行为”及“工作者与工作任务匹配后的运作方式”。前两者主要是对工作结构要素与要求的静态分析，而后者则主要是对工作活动的动态分析。分析的途径不同，目的就有所不同。从任务分析入手的工作分析侧重于对工作内容结构的揭示，从人员分析入手的工作分析侧重于对工作要求的揭示，而从运作方式入手的工作分析侧重于对工作方法的揭示。因此从上述“工作”三个侧面的分析，形成了本章所介绍的任务分析、人员分析与方法分析。

第一节　任务分析

本节主要介绍一些与任务分析有关的基本概念，并说明任务分析的步骤。

一、基本概念

与其他专业化技术一样，任务分析也有自己的专业术语。要想正确运用任务分析的方法，首先需对这些术语的含义有所了解。

（一）任务

任务是工作活动中一组具有特定目标的行为组合。如穿衣服、发动汽车、写作、发射火箭等行为，都可以称为任务。任务可能涉及对一些复杂的工具和设备的使用，也可能涉及对一些较简单的书面材料的使用。本章以涉及复杂的技术系统的任务及其分析为重点。

任何一项任务一般都具有以下几个特点：

（1）具备执行任务所需的条件。

（2）有特定的目标。

（3）有明确的起始和终端。

（4）发生在一定的时间内。

（5）可能被另一项任务打断。

（6）可能涉及多人。

任务可能是脑力的，也可能是体力的，更多的是两者的结合。任务中较显著的体力活动是可以直接观察到的（如移动某个物体），而较细微的体力活动（如肌肉收缩或眼球的转动）却要通过仪器来观察和测量。任务中的脑力或认知活动根本无法观察，只能通过专家或专门技术进行推断来了解。

（二）子任务

进行一项任务分析，仅仅确定任务的名称是远远不够的，而是要把一项任务细分成不同的子任务，这样才能有效地评价完成任务所要求的不同程度的信息（如工作负荷、人员的效率或所需的技能）。有时候出于进一步分析的需要，还要对这些子任务进行进一步细分。例如：

任务：驾驶汽车沿车道中线行驶。

子任务1：检查汽车是否偏离中线。

子任务2：确定偏离的程度和方向。

子任务3：转动方向盘尽量减少偏差。

值得注意的是，这些不同的非连续性任务和连续性任务一般都是固定的，而子任务则是按逻辑顺序从任务中分解出来的。在任务分析中，不必对每一项子任务都做描述，除非这些子任务的完成是任务分析所必需的。

此外，在非连续性任务中，子任务前后相互独立，操作可以前后颠倒，而连续性任务却不然，子任务的操作不能前后颠倒。

（三）任务分析

任务分析就是通过目标分解、调查、观察等工作分析的基本方法，对构成岗位职责的各项任务逐一归纳与整理，使之清晰化、系统化与模块化的过程。

二、描述性信息和分析性信息

描述性信息说明的是在完成任务过程中，实际出现的人与设备、人与人之间物理上的相互联系和作用。描述性信息仅限于那些凭经验就能观察、转述、计算或测量的信息。主要包括：

（1）一个人的行为或活动，如打开电闸或观察仪表。

（2）这类行为或活动导致的变化，如某个仪表上的指示灯发光或某个参数发生变化。

（3）某一活动发生的频率和其他一些凭经验获得的信息。

分析性信息则是从描述性信息、履行任务能力的信息与影响任务完成情况的信息中推断并分析得出的。多数情况下，分析性信息都是由任务分析专家提供的。例如，对任务重要性程度的估计、完成任务所需的体力、完成任务当中可能存在的错误、完成任务所需的知识和技能等，都是分析性信息。

分析性信息与描述性信息还可以参考表6-4，其中只有“HED编号”这一栏是分析性信息，其余均是描述性信息。

三、任务分析的步骤

任务分析属于工业工程、工业心理和人力资源管理中的交叉研究对象，是一种说明个人与系统之间所有行为作用与关系的系统方法。正如计算机流程图描述的是程序与计算机之间的联系一样，任务分析描述的是人与机器间的联系，可应用于系统设计和系统评价。

在一个人机系统中，任务分析是自上而下进行的，往往作为系统设计的基础阶段，或是为了对运行中的系统进行评价而进行。自上而下，是指任务分析的过程是从一般到具体，即从工作系统目标、工作系统职能和工作系统运行，到已分配给系统内人员的任务与子任务。分析的最终结果是产生一个能完整地描述实现工作系统目标所需的人员、设备及其相互之间联系的信息库。这种自上而下的任务分析步骤可概括如下：

（一）制定任务分析方案，确定执行这一方案所要求的人员条件，明晰其责，并对相关人员进行培训

为了保证任务分析的结果满足工作设计与工作评价的需要，分析小组必须由下列人员构成：

（1）在任务分析上有实践经验且接受过培训的专家。

（2）实际操作或从事过所分析的工作且接受过任务分析培训的专家。

（3）如果要对管理设计的合理程度进行评价，还需要那些了解工作系统及其子系统

的管理设计人员参加。

任务分析的专家通常是来自人力资源管理、工业心理或工业工程学方面的研究人员与教授。在进行任务分析之前，任务分析专家应预先对分析小组的其他成员进行培训，向他们阐述任务分析的目的和方法，说明任务分析的程序及其逻辑关系，通过模拟训练教导他们如何进行任务分析。

（二）进行工作系统职能和工作系统运行分析

工作系统职能，是工作系统必须完成的所有操作，如将水加热、把热水输送到涡轮机、配电并控制进程，以符合系统所规定的条件、技术要求、安全标准和其他一些限制标准。工作系统运行分析，是确定执行工作系统运行中各个阶段所需要完成的任务，并按顺序进行描述。确定任务的次序以后，就可以对任务进行说明和分析。在工作系统运行的每一阶段，都应把所列出的主要任务转化成任务分析工作表，一项任务可包含若干个工作表。

下面以一个核电站的例子来说明工作系统职能和系统运行分析。核电站的一个重要职能是提供冷却剂以使放射性物质维持在适当的温度。如果由于某一原因（如泵出了毛病），不能维持冷却职能了，就必须让整个工作系统处于“冷关闭”状态。而要使核电站处于这一状态，就需要进行一系列的任务操作。我们可以把这一系列操作称为一个操作系统。表6-1所示的例子描述了某一事件发生前核电站的初始状态和操作完成后的最终状态，并且列出了操作的次序。整个系统包括12项操作。其中一些是自动进行的，另一些则是人工操作的。

表6-1　某核电站操作系统概要（操作系统：恢复供水量）

初始状态：	系统正常，装置电力完全充足。
系统起因：	由于供水不足和供水不足预感器失灵，反应堆在高压力下不能正常运转，紧急供水装置无法启动。
系统概要：	1. 主供水泵失灵；
	2. 紧急供水泵无法启动；
	3. 反应堆在高RCS压力下不能正常运转；
	4. 1号组控制杆不能回落；
	5. P. O. R. V无法打开；
	6. 操作人员关闭RC-4泵；
	7. 由于没有足够的低温冷却余地，操作人员打开所有的RC泵；
	8. 操作人员启动HPI；
	9. 增压器压力增加；
	10. 建成另一套供水系统；
	11. RC-4泵完全与电流断路器切断；
	12. 固体设备继续冷却。
最终状态：	系统处于“冷关闭”状态。

表6-2确定了操作系统中的各项任务。第一列是操作系统，第三列是与各项操作系统相关的任务，第二列则是每项任务的编号。

表6-2 某核电站操作性任务工作表

核电站×××装置井1

序列号：1　　系统名称：恢复供水　　Rev.#0

系统概要	任务	
	编号	名称
1. 主供水泵失灵		
2. 紧急供水泵无法启动		
3. 反应堆在高RCS压力下不能正常运转	I.1.a	人工操作反应堆
	I.1.b	人工操作涡轮机
4. 1号组控制杆不能回落	II.1.0	查实反应堆电力正在减少
	II.1.a	以BWST启动HPI
	II.2.0	查实所有控制杆都在底部
	II.2.a	启动应急钻孔机
	II.3.0	查实所有主涡轮断流阀都已关闭
	II.4.0	核实下降器是否仅通过气阀
	II.5.0	查实供水是否恢复正常
	II.6.0	查实ICSNNI电力是否开启
	II.7.0	查实启动变压器是否开着
	II.8.0	查实是否有足够的低温冷却余地
	II.9.0	测定热量损失量
5. P. O. R. V无法打开	Ⅲ.B.1.0	测定足够的低温冷却余地
6. 操作人员关闭RC-4泵	Ⅲ.B.1.1	测定P.O.R.V的状态
	Ⅲ.B.1.2	关闭RC-4泵的阀门
7. 由于没有足够的低温冷却余地，操作人员打开所有RC泵	Ⅲ.B.2.0	操作所有的反应堆冷却泵
8. 操作人员启动HPI	Ⅲ.B.3.0	启动HPI
9. 增压器压力增加	Ⅲ.B.4.0	检查是否存在低温冷却条件
10. 建成另一套供水系统	Ⅲ.B.5.0	测定供水装置是否可用
	Ⅲ.B.6.0	如可用，启动紧急供水或主要供水装置
	Ⅲ.B.7.0	检查供水系统是否完全建成
	Ⅲ.B.8.0	保持适当的OTSG水平

续表

系统概要	任务	
	编号	名称
10. 建成另一套供水系统	Ⅲ.B.9.0	检查中心水槽是否有水
	Ⅲ.B.10.0	降低OTSG压力以引起热量转移
	Ⅲ.B.11.0	确定热量转移装置是否建成
	Ⅲ.B.12.0	测定RC泵能否进水
	Ⅲ.B.13.0	往冷却泵灌水以引起热量转移
	Ⅲ.B.14.0	进一步降低压力以引起热量转移
	Ⅲ.B.15.0	启动一个RC泵以引起热量转移
	Ⅲ.B.15.1	检查热量转移装置是否建成
11. RC-4泵完全与电流断路器切断	Ⅲ.B.15.2	把RC-4泵与电流断路器切断
	Ⅲ.B.16.0	HPI重新冷却
	Ⅲ.B.17.0	控制热量转移率
	Ⅲ.B.18.0	测定有足够的低温冷却余地
12. 固体设备继续冷却	Ⅳ.1	控制HPI流动
	Ⅳ.2	在增压器内增加泡沫
	Ⅳ.3	每一个回路启动冷却泵
	Ⅳ.4	开路关闭装置

表6-1和表6-2的编制就是一种工作系统职能和运行分析。

职能和运行分析的例子阐明了操作人员的任务是如何按操作系统依次更替和产生的。操作系统作为任务分析的起始，其结果是产生一个任务清单，从而为进行任务分析提供了基础。在这种情况下，由人来完成的任务受到某种动力的驱使，且与设备操作的进度高度相关。

（三）形成任务分析的结果描述

任务分析小组按照分析表中的纵向标题来分析并描述任务及其子任务，而这些标题的编号和内容则因任务分析信息不同而各不相同。任务分析的结果可用一个或几个有序的任务分析记录表来表示，这些记录表描述的是完成任务过程中所采取的动作、使用的物体、任务特点、所需条件及其他信息。任务分析中所分析的信息的种类取决于所提供的资料。任务分析记录表是设计者和评价者做进一步分析和决策的依据。作为一个系统，它包括分析的硬件、人员、工作程序及所需的培训。

在任务分析记录表的完成过程中，任务分析小组应遵循预先准备的书面程序，以确保在整个过程中采用同一方法。为了保证任务分析记录表的质量，对于已完成的任务分析记录表，还应重新检验其精确性、连贯性和完整性。

如果所分析的工作系统比较复杂，包含许多子工作系统和组成成分，那么为了减少工作量，加快任务分类的速度，常常需要把任务分析记录表中的有关信息输入计算机数据管理系统。例如，可以按照一定的分类标准，通过数据管理系统对任务和子任务进行分类，明确完成任务所要求的技术和知识、任务发生的频率、任务的重要程度等。

以上简略地介绍了任务分析的一般过程。在实际操作中，应根据所分析系统的不同特点和分析目的，选择相应的任务分析方法。

表6-3与表6-4所示就是从核电站中选取的任务分析记录表。之所以从核电站中选取任务分析记录表进行说明，是因为核电站控制系统是当今最复杂的系统之一，从核电站控制系统中开发出来的且成功使用的任务分析方法可适用于其他许多系统的任务分析。

表6-3 任务分析记录表（一）

工作室：12
操作系统名称：恢复反应堆正常运转
任务名称：检查原子核的平均温度　　序号：1
任务目标：确保足够的衰变热量转移
注释：__________________
子任务描述：
非沟通活动：
（1）主语——执行任务的人员。
（2）地点状语——在（仪器板或其他位置）。
（3）谓语——行为（动词）。
（4）直接宾语——活动的直接对象。
（5）间接宾语——活动的间接对象。
沟通活动：
（1）主语——实施沟通的人员。
（2）地点状语——在（仪器板或其他位置）。
（3）谓语——沟通行为（动词）。
（4）宾语——所使用的部件。
（5）宾语——和（其他人员）地点状语。

“活动的直接对象”是一个大列，包含几个小列：对象的名称、活动对象的显示装置（如记录器、信号灯或开关）、此对象的识别号（ID）及其仪器板号。

“活动的间接对象”这一列则通过系统的组成部件对系统进行描述。这一列给出了各部件的名称（如泵、阀、传感器），列明了需监控的参数及各参数所应达到的状态和数值水平。

某些任务要素还包括各参与人员之间的沟通。表中的“沟通”这一列用来列明传递或接收语言信息和确定接收者或传递者方位的参与人员。

最后一列称为“人员管理偏差”（HED），用于人员管理偏差的识别。HED是工作系统某方面的设计特点与人员管理标准或准则的出入。例如，某一记录器未按照人员

表6-4 任务分析记录表（二）

主体（工种）							
位置		MC-1	MC-1	MC-1	MC-1	MC-1	MC-1
行为（动词）		观察	观察	观察	观察	观察	观察
活动的直接对象（控制室设备）	名称	Auct T-AVg	SLG A FDW Ctrl CF-28（关闭）	SLG A FDW Ctrl CF-27（关闭）	SLG B FDW Ctrl CF-37（关闭）	SLG A FDW Ctrl CF-46（关闭）	SLG A FDW Ctrl CF-55（关闭）
	显示装置	记录器	状态板（开）	状态板（开）	状态板（开）	状态板（开）	状态板（开）
	识别号	IR-9	MD-4	MD-4	MD-4	MD-4	MD-4
	仪器板号	MC-1	MC-14	MC-14	MC-14	MC-14	MC-14
活动的间接对象	系统	NC	IPE	IPE	IPE	IPE	IPE
	部件						
	部件状态						
	参数	温度	温度	温度	温度	温度	温度
	参数状态	557℃	553℃	553℃	553℃	553℃	553℃
沟通	其他人员及位置						
		C	0		0	0	0
HED编号		C-1-0035	C-1-0035		C-1-0035	C-1-0035	C-1-0035

管理标准设计，因此其显示的参数不精确，就要编制一份报告说明这一偏差，并把此报告的编号写入HED这一列。表6-4所示的任务分析记录表，除了HED这一列是分析性信息外，其余都是描述性信息。HED列明了为某一特定应用所作的分析结果，该特定应用就是根据某一设计与任务要求以及人员管理的标准进行对比，来识别设计中的缺陷。

第二节 人员分析

本节主要介绍人员分析的基本概念、基本内容及其操作程序。下面首先介绍人员分析常用的几个基本概念。

一、基本概念

（1）素质特征。指与人员分析有关的能力、技能、知识、品性及其他个人属性。

（2）特质。一般是指个性的维度与范围，具体表现为个体稳定的行为特征。在对人员进行描述时，还可以泛指身体和其他属性。

（3）KSAO。指知识、技能、能力和其他个性特征的英文缩写。它是指与工作有关的个人素质特征。

（4）人员分析。指对与工作有关的工作人员的素质特征进行分析和描述。一般来说，这种描述也是对工作的描述。但由于描述的对象是工作者，说成“工作描述”可能引起混淆，故仍称为人员分析。素质模型与胜任力模型可以看作基于人员分析的结果，这种结果是基于人员分析直接结果再提取与概括的一种结果。因此，素质模型与胜任力模型属于工作分析或者说人员分析的范畴。

（5）测验。是根据特定的个性特征区分个体时所采用的工具、过程或方法，如量表、试卷、访谈、面试、求职登记表等。

（6）工作分析者。指了解工作者和工作情景要素的专家。这些专家可以是高级人员，也可以是工作人员等。

以上是人员分析中最基本的概念，是进一步阐述人员分析的基础。值得注意的是，人员分析不同于人员测验。人员分析的对象是不同等级、类型的工作与个人特征之间的关系；人员测验则仅仅是一种工具，用于判定某一特定个体是否具有或在什么程度上具有某种特征。例如，人员分析的结果可能指出从事某项工作需要微积分的知识，但某一个体是否具备所需知识则要通过测验来判断。测验可以采用各种形式来进行，如考试、工作样本、工作经历的考察、面谈等。人员分析在人力资源管理中占有重要地位。招聘员工、人才选拔和其他人力资源管理工作都离不开人员分析。下面介绍人员分析的内容及其在人力资源管理中的应用。

二、人员分析的内容

人员分析就是寻找成功地从事某项工作的个人特征。假如我们手里已经有了一份个人能力的清单，那么就能圆满地完成人员分析工作。

图6-1显示了两个系列的个人特征与潜在的工作绩效之间的联系。此图在一定程度上显示了与工作绩效有关的个人特征，这些特征之间是相互依赖的关系。

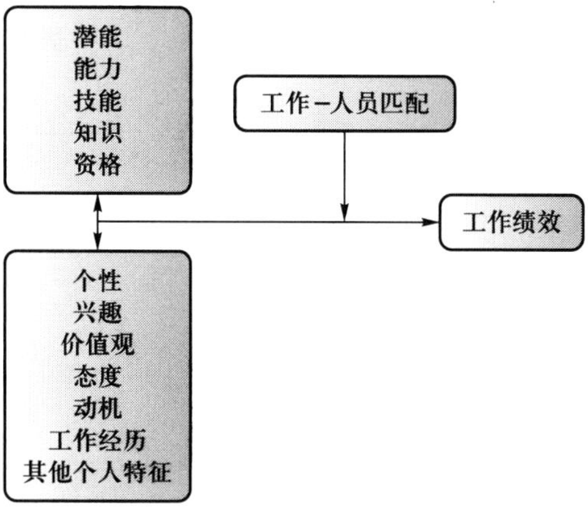

图6-1　个人特征的两个系列与工作绩效的关系示意图

潜能与能力是描述个人才能的基本概念，是理解其他个人特征的基本依据。潜能是做某件事或学习某项工作的潜在能力，可以是智力上的，也可以是体能上的。考察潜能就是探究做某项或某几项工作的可能性。

但是，具有某种潜能并不意味着一定能胜任与此种潜能相关的活动。此时涉及能力这一概念。与潜能相反，本书中的“能力”一词是指通过训练或具备某种经历而产生的从事某项工作的已具备的水准，亦即现实能力，如说话、唱歌、跳高等能力通过训练是可以提高的。

技能，是体力上或运动上的潜能或能力，或做某件事时表现出的纯熟技艺。

知识，是个体所具有的可直接应用于完成某项工作任务的信息体系。

资格，是指知识、技能、能力，或者三者相对某一特定职位工作要求的组合的个人条件及相关特征。

前面讨论的特征仅仅反映了个体工作或学习的现有能力和潜在能力。从应用的角度来看，单凭这些来了解和预测特定个体的行为是不够的，还必须考虑到图6-1列出的另一系列的个人特征。

总的来说，对潜能和能力的测评可以确定一个人在特定领域所能达到的专业水平，对个性和相关特征的分析则用来解释一个人是怎样达到目前的专业水平的，并在多大程度上可以成功地在组织中发挥这些能力。

个性，有广义和狭义之分。广义的个性是指社会魅力、个人行为特征、个人能力等；狭义的个性是指个体身上相对牢固和稳定的对他人、客体、环境做出的有别于其他人的反应倾向。个性与个人才能或能力无关。个性的不同可以通过个体的特质反应量表测评出来。表6-5提供了一些用于区分个体的个性特质的维度。

表6-5　16组基本个性特质

1. 内向的	外露的
2. 乏智的	智慧的
3. 冲动的	情绪稳定的
4. 顺从的	支配的
5. 焦虑的	欢快的
6. 随便的	谨慎的
7. 胆怯的	冒险的
8. 理性的	感性的
9. 坦率的	多疑的
10. 务实的	幻想的
11. 直率的	掩饰的
12. 自信的	忧郁的
13. 保守的	开放的
14. 依赖性的	自强的
15. 纵容的	自律的
16. 轻松的	紧张的

兴趣，指特殊的活动意向，如个人爱好、消遣方式、休闲内容等。

价值观，指生活方式和目标，即期望什么和不期望什么。

态度，指对人、社会团体、社会组织、社会习俗和其他环境因素的倾向和感情。表6-6列出了兴趣、价值观和态度这三个概念的区别。

表6-6　兴趣、价值观和态度

兴趣是特定的活动意向。下面是与兴趣有关的一些表述： 1. 我与其写封信，不如去修块表。 2. 我更愿意指导其他人工作。 3. 我喜欢集邮。 4. 我更喜欢在户外工作，而不是待在办公室里。
价值观反映的是生活目标和生活方式的倾向，也是进行价值比较时的倾向性。下面是与价值观有关的一些表述： 1. 我认为赢得人们的尊敬比让人们喜欢更为重要。 2. 一个人的家庭责任要先于社会责任。 3. 我认为某些人的财富大大地多于其他人是不公平的。 4. 对我来说，为他人服务要比谋取个人利益重要。

态度是对诸如自然现象及政治、经济、文化、习俗等社会现象的感受与倾向。下面是与态度有关的一些表述： 1. 现在，联合国已经成为世界的主导力量。 2. 加入WTO对我国经济影响很大。 3. 大学里面社团组织的存在利大于弊。 4. 中国足球必将冲出亚洲，走向世界。

动机，指在所期望的活动或目标上倾注精力和发挥能力的意愿。动机强的工作者在履行所负责的工作时会投入更多的努力。动机和工作活动的关系如图6-2所示。

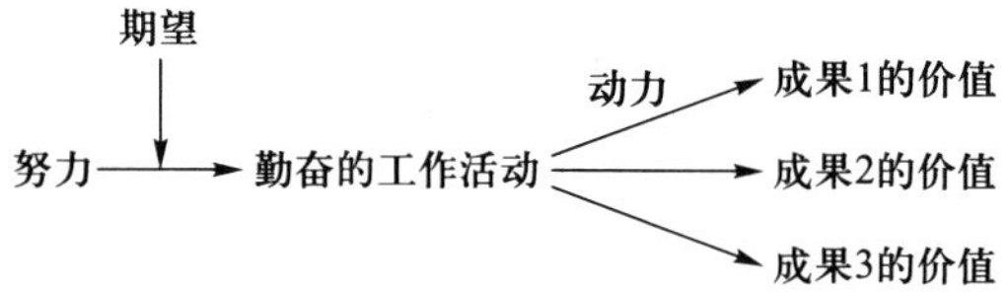

图6-2　动机与工作活动的关系分析示意图

说明：努力——工作的动机；

价值——回报或工作成果的吸引力；

动力——关注工作成果的感受；

期望——对努力程度在工作成果中得以体现的可能性的估价。

工作经历，指个体获得的工作经验，包括工作熟练程度、工作项目、工作方法和工作水平。

其他个人特征，指上述工作相关特征所未涵盖的其他特征，如身高、体重、性别、年龄等身体特征。

以上解释了人员分析中要考虑的个体特征。在实际的人员分析中，所涉及的内容更广泛、更具体，可以具体到我们前面简单提及的KSAO的水平和等级，我们在图中只定义了有效的工作所需要的知识、技能和能力。上述图表可以进一步扩展成包含各项特征所要求达到的水平和等级的综合图表。

三、人员分析的步骤

现有的人员分析技术和方法多种多样。一般来讲，所有的人员分析方法可按分析的出发点分为两类，即职位定位与工作者定位。

这两类出发点都基于这样一个假定，即人员分析是一个推断过程，而且这个推断是由职位分析者来做的。但是，这两种方法在从何处着手、对职位分析者的要求、推断中所采用的技术手段等方面，都有着显著的不同。这种差异如图6-3所示。

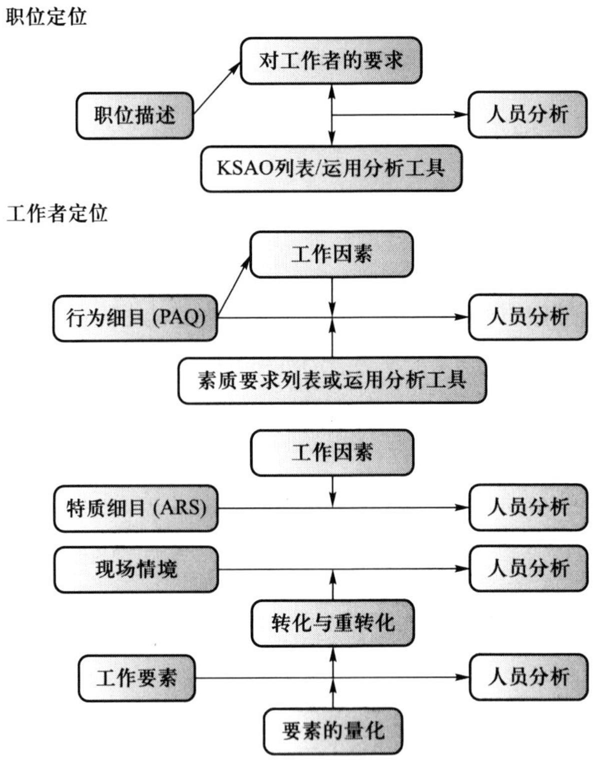

图6-3　人员分析的步骤

（一）职位定位步骤

人员分析中的职位定位是对工作者特征的辨别，它依赖于对所要完成的工作的明确描述。这种描述是职位对工作者所提要求的本质理解。对这些要求与KSAO列表加以对照和比较，由职位分析者来担任权威，最后做出推断。

采用这种方法还要考虑到所运用的工具的构成及范围、信息采集量、数据分析的方法和模式。

（二）工作者定位步骤

这种方法的操作依据是与工作相关的行为KSAO或者现场情境中的事件和要素的明细表。这些明细表既可以使用现有的，也可以根据要求重新编制。工作者描述是通过把明细表中的项目与其他分析方法、管理者描述，甚至某个特定职位的描述进行比较得到的。这种方法的中介因素很多，要充分考虑到它们是否基于行为或特质项目。使用此法时，要做出职位描述以便鉴别和交叉验证。与职位定位不同的是，此处的职位描述并不作为分析的起始点。

第三节 方法分析

方法分析的目的是寻找一种能够实现任职者、工作手段、工作场地与工作任务的最佳结合方式，以较少的人力、物力、财力与时间消耗，获得尽可能好的工作效果。因此，方法分析的结果常常应用于人员培训与人员考评，以所找到的最佳方式方法，去开发员工和引导员工的工作行为。

一、方法分析的特点

与任务分析和人员分析相比，方法分析有它自己的特点。方法分析的思路一般是从宏观到微观，从整体到局部，由大的方面到小的细节，逐步深入地分析整个工作活动，而任务分析与人员分析却是从局部分析到整体分析，从微观调整到整体把握，从具体观察到综合归纳。

二、方法分析的内容

（一）分析内容

方法分析一般是通过系统地观察、记录和分析现有的工作过程，发现存在的问题并提出最优的运作方式。一般来说，方法分析的内容主要包括以下几方面：

（1）工作过程中有没有不合理、不经济的行为与环节？

（2）工作过程中有没有不合理、不经济的分工与协作？

（3）工作过程中人、事、物三者之间有没有不合理、不经济与不均匀的现象？

（4）工作过程中的人是否充分发挥了主动性与创造性？在哪些环节上没有发挥？

（二）分析对象

在分析实践过程中，上述分析内容具体为以下分析对象。

1. 流程

流程即工作的思路与步骤，它是对工作分析客体与对象逻辑特点和顺序特点的揭示与反映。流程分析的操作过程是：首先对整个工作现场进行考察或资料分析；其次用流程图示的方式，再现整个工作过程与工作思路；最后根据有关理论方法与实际情况，对原有流程图进行删减、合并、重排、简化等工作，寻求最短工作路线、最佳操作或运作思想，达到不断改进现有的工作方式方法，使其更为规范化、合理化与科学化，不断提高工作效率与效果的目的。

2. 方案方式

方案方式在这里是指对工作过程中不同程序及同一程序中的工作要素，包括人、财、物与工作任务等进行不同组合与配置的形式。它所揭示与反映的是工作要素的分布及组合方式、运筹方式，是工作分析客体与对象的时空组合方式。对工作方案方式的分析，一般是通过比较分析，充分利用现代化工具设备及相关手段，利用现代组织设计与结构理论，力求找出节省人力、节约资金和减少工时消耗的最佳工作方案方式。

3. 动作

动作在这里是指在一定的工作程序中或一定的工作方案方式下工作者的作业行为。对动作的分析一般是通过分析者的现场观察、影片录像记录或动作分析图像，找到那些不必要的动作与不合理的操作方式，力求设计出最有效的操作方式与方法。

从上述流程、方案方式和动作的比较中不难发现，流程是从宏观与抽象层面对工作方法的一种揭示与分析，方案方式是从中观与实践层面对工作方法的一种揭示与分析，而动作是从微观与具体的角度对工作方法的一种揭示与分析。

三、方法分析的步骤

方法分析的步骤一般有以下五个。

（一）选择重点

发掘组织内存在的各种方法问题，确定分析的重点。一般来说，可能选择的重点如下：

（1）薄弱的环节、岗位和部门。

（2）占用人力、物力多和成本高的环节、岗位和部门。

（3）工作路线长、周期长、运作方式复杂的环节、岗位和部门。

（4）质量不稳定或低劣的环节、岗位和部门。

（5）体力消耗大、精神高度紧张的环节、岗位和部门。

（6）易出事故、危害性大的环节、岗位和部门。

（7）新增加、新投入运转的环节、岗位和部门。

（8）其他有特殊要求的环节、岗位和部门。

（二）现场观察与记录

如果有录像记录，则可以不进行现场观察。记录中必须包括工作过程中的全部程序环节、方式方法、要求和动作的信息。

（三）分析

运用有关分析方法，发现问题与原因。

（四）研究优化

针对分析中所发现的问题和原因，设计与开发新的改进措施，对新的程序、方案与操作进行再分析与评估，形成最佳的工作方法。

（五）试验

根据新方法建立相关标准与要求，并组织有关人员实施。根据实施中出现的问题，进行必要的改进，进一步完善所优化的新方法。

四、方法分析的技术

在方法分析中，常见的技术包括问题回答分析技术、有效工时利用率分析技术、鱼刺图分析技术、路径分析技术、网络分析技术、程序优化技术等。

（一）问题回答分析技术

问题回答分析技术，即通过回答工作目的、工作内容、工作地点、工作时间、工作者和工作方式六个方面的问题，达到现有工作方法的改进与优化的一种分析技术。

问题回答分析技术有以下五个操作步骤。

1. 目的分析

这一步要消除工作中不必要的环节，需要分析的问题是：

（1）实际做了什么？

（2）为什么要做？

（3）该环节是否真的必要？

（4）应该做什么？

2. 地点分析

这一步要尽可能合并相关的工作活动，需要分析的问题是：

（1）在什么地方做这项活动？

（2）为何在该处做？

（3）可否在别处做？

（4）应当在何处做？

3. 顺序分析

这一步的目的是尽可能使工作活动的顺序更加合理有效，需要分析的问题是：

（1）何时做？

（2）为何在此时做？

（3）可否在其他时间做？

（4）应当在何时做？

4. 人员分析

这一步的目的是分析人员配置的合理性，需要分析的问题是：

（1）谁做？

（2）为何由此人做？

（3）可否让其他人做？

（4）应当由谁来做？

5. 方法分析

这一步的目的在于简化操作，需要分析的问题是：

（1）现在如何做？

（2）为何这样做？

（3）可否用其他方法做？

（4）应当用什么方法来做？

一般来说，通过上述五个方面的分析，可以消除工作过程中多余的工作环节，合并同类活动，使工作流程更加经济、合理和简捷，从而提高工作效率。

（二）有效工时利用率分析技术

有效工时利用率分析技术，是指通过工作过程中各种工作行为实际所花费的时间分析，来揭示现有工作方法中存在的问题，进而达到提出改进措施和优化方法的目的。

有效工时利用率是指在工作日内，完全用于生产劳动并能创造劳动价值的工时与制度工时之比，或指工作日内净工作时间与制度工作日时间之比，以百分率表示。其计算公式为：

$$\text{有效工时利用率}=\frac{\text{工作时间}+\text{必要工作时间}+\text{准备结束工作时间}-\text{损失时间}-\text{非工作时间}-\text{休息及生理需要时间}}{\text{制度工时}}\times 100\%$$

式中：工作时间指直接用于完成工作的时间；

必要工作时间指布置与维护岗位工作地的时间；

准备结束工作时间指为完成工作任务而事前进行准备和事后扫尾工作中所消耗的时间；

休息及生理需要时间指午休、工间休、喝水、吃饭、上厕所等时间；

非工作时间指工作者用于做那些非工作任务以外工作所消耗的时间；

损失时间指由于自己行为不当、管理者管理不善或工作因故而停顿造成的时间消耗。

上述时间中，工作时间、必要工作时间与准备结束工作时间均为净劳动时间，而休息及生理需要时间、非工作时间与损失时间均为无效劳动时间。

对上述公式中各种工时的测定方法，一般有工作日写实法和推算工时法两种。通常，流动性较大的工作根据月、季、年总工作量来推算，而稳定岗位则采用工作日写实法测定。

通过对有效工时利用率的分析，可以揭示整个工作过程组织的合理性与有效性，由此发现并明确哪些工时消耗是必需的、有效的，哪些工时消耗是不合理与无效的，从而更加充分合理地利用工作时间，克服浪费时间的现象，挖掘工作潜力，改进工作方法，提高工作效率。

（三）鱼刺图分析技术

1. 鱼刺图分析技术概述

为了寻找某一方法中的问题原因，采取发散性思维的方法，把所有可能对问题产生影响的因素通过线条连接，反映在一个形如鱼刺的图中，如图6-4所示。我们把这样的图称为鱼刺图。我们通过鱼刺图可以找到问题的原因所在，进而提出改进措施和优化现有方法的方案。这一做法叫鱼刺图分析技术。具体操作步骤如下：

（1）明确现有方法的问题所在。

（2）画出现有方法所有影响因素与问题的关系图。

（3）从所画出的鱼刺图中找出产生问题的原因。

（4）根据所确定的原因，提出改进措施。

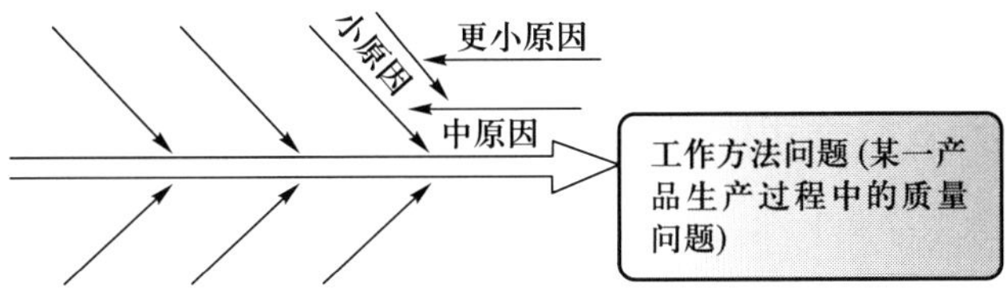

图6-4　鱼刺图的分析结构示意图

对问题产生的原因，要从大到小，从粗到细，寻根问底，直至能找到具体措施为止。

2. 作图注意事项

（1）分析问题产生的原因。例如，影响工作产品质量问题的大原因通常有五个方面，即人、机器、材料、方法、环境。当然也不限于此，可以适当增减或另立名目。

（2）充分发扬民主，把各种意见记录下来。

（3）原因分析应当细到便于采取具体措施为止。

（4）大原因未必是主要原因。主要原因可用排列表、投票或其他方法来确定，然后加以标记。

（5）画出因果分析图，确定主要原因后，还应到现场去落实主要原因的解决对策。

（6）措施实施后，还应再用排列表等检查其效果。例如，某电瓷厂在火花塞生产时出现了“壳体开裂”的异常现象，通过分析，提出了问题产生原因及解决措施（见表6-7）。依据表6-7，做出因果图（见图6-5）。

表6-7 因素与措施排列分析表

序号	影响因素	措施
1	模头温度高	采取冷却模具方法
		改进上模R的尺寸
2	加压时间过长	统一操作方法控制稳压时间
3	材料本身具有热脆性	进行各种不同工艺方法的对比
4	铁壳边缘薄	试验，找出合适的工艺方法，修改铁壳边口尺寸

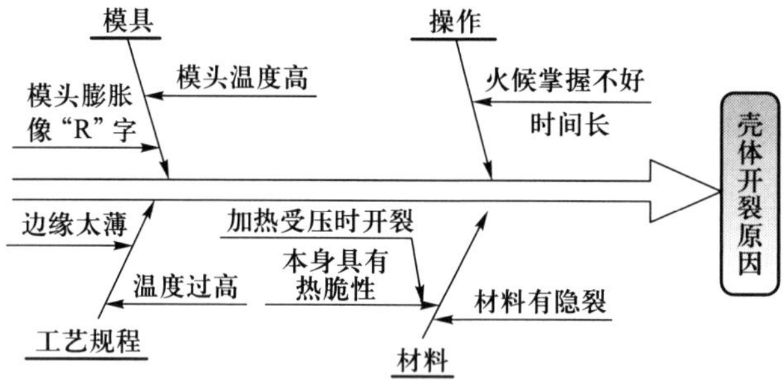

图6-5 生产过程中模具开裂原因分析示意图

从图6-5中可看出，模头温度高、材料本身具有热脆性、加压时间过长和铁壳边缘薄是导致壳体开裂的主要原因。事实也是如此，因为在实施了表6-7中的改进措施后，火花塞的废品率大大降低了。

（四）路径分析技术

路径分析技术是一种对影响工作方法的各种因素及其关系的分析技术，包括对影响方向与程度的分析。其操作步骤举例如图6-6所示。

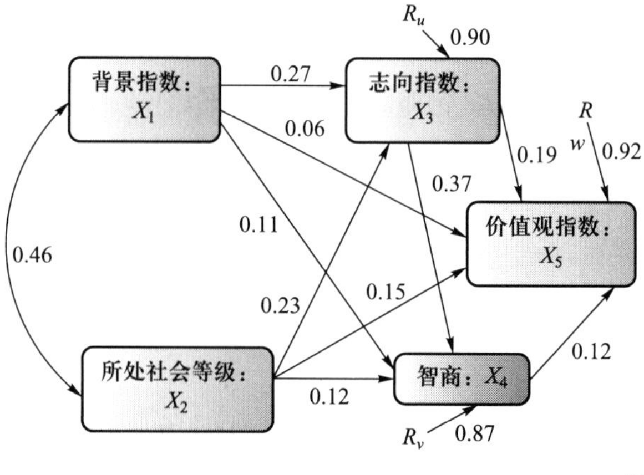

图6-6 路径分析示意图

路径分析技术操作步骤为：

（1）明确方法的问题所在。

（2）通过发散性思维或会议形式找出影响工作方法的所有因素，并适当分开列在图纸上。

（3）通过定性分析，确定所有因素之间的影响方向是双向还是单向。

（4）通过定量方法，确定所有因素在各影响方向上的大小。

（5）通过定性和定量方法确定实质影响因素，并提出有针对性的解决方案和改进措施。

与鱼刺图分析技术相比，路径分析技术适用于较复杂的工作方法的分析。

（五）网络分析技术

网络分析技术，是指通过网络图的形式和数学计算，对现有工作方法进行逻辑分析的一种技术。其操作步骤如下：

（1）利用网络分析技术，根据现有工作目标、任务与条件重新拟订工作方法，并确定最优方案。

（2）以网络图的方式再现现行方法过程及操作方式。

（3）对比以上两个网络图，找到现行方法中存在的问题与差距。

（4）根据现实条件与最优方案中的标准要求提出改进措施。

目前，广泛采用的网络分析技术有关键路线法、计划评审法。

1. 关键路线法

1956年，美国杜邦公司与兰德公司合作，着手研究一种制定规划的方法，以协调组织内部众多不同业务部门的工作，得到了关键路线法（CPM）。这种方法的特点是可以在繁杂的平行、交错的系统活动流程中找出关键路线，作为主要矛盾加以协调和控制。

关键路线法的一般工作步骤是：

（1）任务分解。关键路线法的核心是通过网络图来规划和安排系统的活动，而编制网络图的关键工作是任务分解。任何系统的工作都有一个总目标、总任务。为了实现这一预期目标，需要进行很多具体作业。而任务分解就是把总的任务分解为若干作业，并确定它们的衔接顺序和相互关系。

（2）绘制网络草图。网络草图是用代号代表组成系统的各项作业，然后依照各项作业的实际衔接关系连接而成。它由节点“●”和箭线“→”两个基本要素构成。节点表示某项作业开始或结束的瞬间；箭线则表示一项作业所需要消耗的人力、物力和时间。

（3）计算网络时间。做出网络草图后，下一步就是计算实现网络计划各阶段所需时间，以确定整个任务的完工期和有关作业的时差。

① 节点的时间参数。节点的时间参数有两个：最早开始时间和最迟结束时间。

② 作业时间参数有四个：作业的最早开始时间（ES）、最早结束时间（EF）、最迟开始时间（LS）和最迟结束时间（LF）。

③ 作业的总时差。总时差是指某项作业的时间宽裕度，即在不影响整个任务完工期的前提下，该作业从最早开始时间到最迟开始时间这个时间段内可以机动的时间。

（4）确定关键路线。在网络图中，总时差等于零的作业为关键作业，从网络始点到终点由各关键作业连接起来的路线就是关键路线。关键路线决定任务的完工期，关键路线上任何一项作业时间的缩短或延长都会影响整个活动的进度。因此，掌握和控制关键路线是关键路线法的关键所在。

（5）网络图的优化。这是指通过利用时差，不断调整和改善网络计划的最初方案，使之实现最优的工期、最少的费用和对资源最有效的利用。其主要着眼点是向关键路线要时间，向非关键路线要资源。即在关键路线上通过合理配置人力、物力、财力使工期缩短，同时充分挖掘非关键作业的潜力，将其剩余资源用于支援关键作业或其他工作。

（6）进度控制。网络图正式确立以后，就要开始实施。在实施过程中，还要利用网络图对各作业进度特别是关键作业的进度进行控制。

2. 计划评审法

计划评审法（PERT）是由美国海军武器规划局的专家在洛克希德公司导弹系统部等机构的专家的帮助下，于1958年研究而成的。

计划评审法适用于各种研制性、开发性的系统活动。对构成网络图的各个作业时间，由于不可能给出确切的数值，只能凭经验或试验研究结果估计出以下三种可能的时间：

（1）乐观估计时间（a），指在最顺利条件下完成某项作业所需的时间。

（2）最可能的估计时间（m），指在正常条件下完成某项作业的时间。

（3）悲观估计时间（b），指在最不利条件下完成某项作业的时间。

有了三个时间（a，b，m），可按下列公式计算某项作业的期望（平均）时间T_e：

$$T_e=\frac{a+4m+b}{6}$$

T_e求出后，就可按这个时间去绘制网络图，从而把一个非肯定型网络问题转化为一个肯定型网络问题进行分析处理，所以说计划评审法和关键路线法没有本质上的区别。

应该指出的是，这样得出的完工日期只是一个可能完成的日期。到底有多大的可能性，可以将关键路线上各项作业的T_e加总，得出总完工日期$T_{e总}$。再按下式求出关键路线上各项作业时间的方差：

$$\sigma^2=\left(\frac{b-a}{6}\right)^2$$

然后，就可根据下式得出按所规定完工日期完成任务的可能性：

$$\lambda=\frac{T_s-T_{e总}}{\sqrt{\Sigma\sigma^2}}$$

式中：λ为任务按规定日期完成的概率；

T_s为任务按规定完成的日期；

$\Sigma\sigma^2$为关键路线上各作业时间的方差之和。

关键路线法和计划评审法的原理比较简单，便于推广使用，但也存在不够完善的地方：

（1）网络图中各项作业都是确定的，无法处理不确定性问题。

（2）网络图中不能出现网络环路，每项作业只能进行一次。

（3）整个过程只能有一个终点。

（六）程序优化技术

程序优化技术，是通过对各项工作任务做不同的排列组合，寻找最佳操作方式，节约时间，提高效率的一种分析技术。其操作步骤如下：

（1）做好第一个流向图。

（2）检查所做的流向图是否最优。

（3）把流向图调整为最优。

下面举例说明如何运用这一方法修正现有的物流管理的安排与流程。根据市场测算，济南、天津、郑州等化肥的产销地及年产销量如表6-8所示。

表6-8 产销数据表

产地	产量（万吨）	销地	销量（万吨）
天津	6	石家庄	3
丰台	5	德州	5
郑州	8	邯郸	5
徐州	2	济南	3
		青岛	5

某运输公司按照下述方案调运（见表6-9），试问这种方案是否最优，如何改进？

表6-9 产销运量数据表

发货点	收货点	运量（万吨）	运输距离（千米）	吨千米数（万吨·千米）
丰台	石家庄	3	266	798
丰台	邯郸	2	431	862
天津	德州	5	239	1 195
天津	济南	1	357	357
郑州	邯郸	3	252	756
郑州	青岛	5	1 059	5 295
徐州	济南	2	317	634
		总计		9 897

分析：方案最优的标准是吨千米数最小。

以上方案是否最优难以靠直观判断，而借助流向图则可以解决。具体步骤如下：

1. 用流向图描述待分析的工作过程

如果A是发货点，B是收货点，收发量都是10吨，要表示把A点的10吨物资运到B点，只要从A点出发向B点画一个箭头，箭头放在图线下方位置，并且在它的旁边注上10就可以了（见图6-7）。

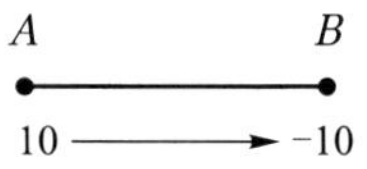

图6-7 调运流向图

依照以上规定则可以把上述调运方案绘制成图6-8。

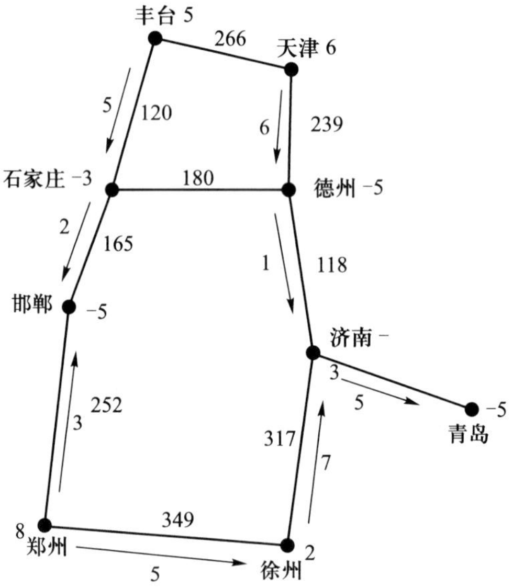

图6-8 调运方案

2. 检查现有工作方案的流向图

检查标准是：在一个没有对流（方向相对）的流向图上，如果每一个圈上的内圈流向和外圈流向的总长度都不超过全圈长的一半，这个流向图就是最优的；如果图上没有圈，这个流向图只要没有对流，就一定是最优的。反之，在一个没有对流的流向图上，只要有一个圈上的内圈流向或者外圈流向的总长度超过了圈长的一半，这个流向图就一定不是最优的。

按照上述规则，我们对图6-8进行检查，先检查上面的那个小圈，这个圈的长度是：

$$120+180+239+266=805（千米）$$

内圈流向只有一个，长度是239千米，没有超过圈长的一半；外圈流向也只有一个，长度也没有超过圈长的一半，所以这上半个圈是合格的。

下半个圈的长度是：

$$180+118+317+349+252+165=1\ 381（千米）$$

其中的两个内圈流向总长为118+252=370（千米），没有超过圈长的一半，但三个外圈流向和为165+349+317=831（千米），超过了圈长的一半690.5千米，因此这个圈是不合格的，这时我们就不必再检查包含上面两个半圈的那个大圈是否合格了。因为只要有一个圈不合格，包含它的大圈肯定不是最优的。

3. 调整现有工作方案的流向图

调整方法有内调整法与外调整法两种。内调整法的步骤如下：

（1）取定一个圈。

（2）在这个圈的所有弧上都画一个内圈流向，它们的流量都等于这个圈的所有外圈流向中的最小流量。

（3）消灭对流。消灭对流的方法是把同一弧上两个相反的流向中流量较小的那个流向划去，而把流量较大的那个流向的流量改为原来两个流向的流量差。如果两个相反流向的流量大小相等，就都划去。

外调整法与上述步骤相同，只是第（2）步正好相反。当$L_{外}>\frac{1}{2}L$时，用内调整法；当$L_{内}>\frac{1}{2}L$时，用外调整法。因为图6−8中的下半个圈有$L_{外}>\frac{1}{2}L$因此下面即按照内调整法来调整图6−8。调整后发现上半个圈由合格转变为不合格了，因此再用内调整法调整上半个圈；调整后再检查时又发现，虽然两个半圈合格了，但整个大圈却不合格。因为大圈长为120+165+252+349+317+118+239+266=1 826（千米），而三个外圈流向的总长是120+165+349+317=951（千米），超过了圈长的一半（913千米），因此再次在大圈内用内调整法，直至最后三个圈都合格，形成了图6−9。

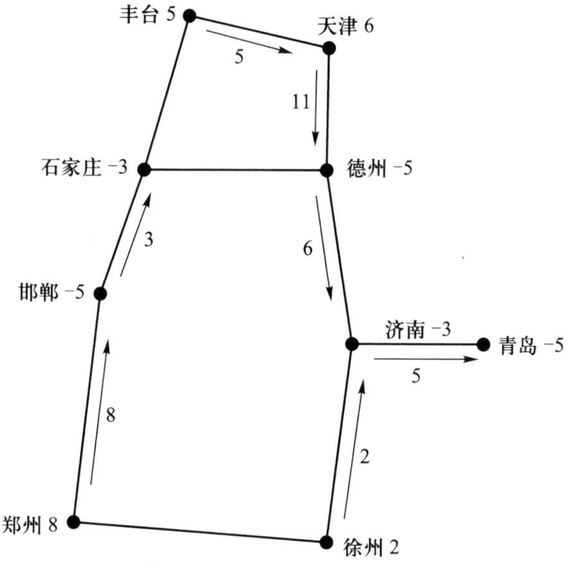

图6−9　调运方案

说明：以外向流量5为基数加到图6-8各个内流上得到此图。

4. 还原检验

把图6-9还原为下述调运方案（见表6-10）并检验，发现比原来方案（见表6-3）少了850万吨·千米，即9 047-9 897=-850（万吨·千米）。

表6-10 产销运量数据表

发货点	收货点	运量（万吨）	距离（千米）	吨千米数（万吨，千米）
丰台	德州	5	359	1 795
天津	青岛	5	750	3 750
天津	济南	1	357	357
徐州	济南	2	317	634
郑州	石家庄	3	417	1 251
郑州	邯郸	5	252	1 260
		总计		9 047

本章小结

本章主要介绍了工作分析的综合方法，以及各种分析方法中需要遵循的注意事项。根据分析对象、分析目的和分析途径的差异，工作分析可以分为任务分析、人员分析和方法分析三类。

任务分析，就是通过目标分解、调查、观察等工作分析的基本方法，对构成岗位职责的各项任务逐一归纳与整理，寻找构成整个职位工作的各种要素及其关系，并使之清晰化、系统化与模块化的过程。人员分析，即任职资格分析，是对与工作有关的工作人员的素质特征进行分析和描述，这些特征包括知识、能力、技能等。方法分析的目的是寻找一种能够实现任职者、工作手段、工作场地与工作任务的最佳结合方式，以较少的人力、物力、财力与时间消耗，获得尽可能好的工作效果。

通过工作分析方法，分析者能对不同职务职位的要素特点、性质与要求，获取更明晰的认知，为组织管理和人力资源配置提供依据。

即测即评

扫描右侧的二维码图标（内含若干判断题、单选题和多选题），您可在线自测并查看答案。

思考题

1. 什么是人员分析？它和任务分析各自有什么特征？
2. 有人说，方法分析就是对工作分析的各种方法进行评述，这种说法有道理吗？
3. 试对你所熟悉的岗位进行任务分析。

实例经验与启发

1. C企业可以采取哪些方式进行人员的任职资格分析？

C企业可以采取任务分析、人员分析及方法分析的方式。任务分析就是通过目标分解、调查、观察等工作分析的基本方法，对构成岗位职责的各项任务逐一归纳与整理，使之清晰化、系统化与模块化的过程；人员分析就是寻找成功地从事某项工作的个人特征；方法分析的目的是寻找一种能够实现任职者、工作手段、工作场地与工作任务的最佳结合方式，以较少的人力、物力、财力与时间消耗，获得尽可能好的工作效果。因此，C企业可以通过任务分析确定岗位职责；通过人员分析确定员工任职的知识、技能、能力和其他素质；通过方法分析进一步改进工作方法，提高工作效率，最终确定人员的任职资格。

2. 你认为应该如何衡量不同职位间工作量的大小？

可以通过任务分析的方法。首先，将任务分解为不同的子任务制定任务分析方案，确定执行这一方案所要求的人员条件，明晰其责，并对相关人员进行培训；其次，对工作系统和工作职能进行分析；最后，对构成岗位职责的各项任务逐一归纳与整理，明确各职位的岗位职责，从而为衡量不同职位间的工作量提供依据。

本章实训

实训目的

掌握综合的工作分析方法技术，包括任务分析、人员分析、方法分析。

实训内容

（1）以某企业为例，对该企业某一职位进行任务分析，形成任务分析表。

（2）运用人员分析的方法，对这一职位所需要的人员知识、技能、能力和其他素质进行总结分析。

（3）多重运用问题回答分析技术、路径分析技术、鱼刺图分析技术等，对这一职位的工作方法进行分析，并提出该职位工作方法的优化方案。

实训的组织与步骤

（1）教师讲解工作分析的综合方法，尤其是任务分析、人员分析和方法分析。

（2）教师将学生分成6 ~ 10人一组，并明确实训任务和实训内容，学生分组完成。

（3）学生分组做成PPT在课堂上演示或讲演。

（4）教师分组对学生演示的内容进行点评和指导。

延伸阅读

[1] 萧鸣政.工作分析与评价［M］.北京：北京大学出版社，2011.

[2] 李永杰.工作分析理论与应用［M］.北京：中国劳动社会保障出版社，2005.

[3] 杨杰，方俐洛.工作分析的定义、理论和工具探析［J］.自然辩证法通讯，2003，25（3）：50-59.

第三篇

实际应用篇

第七章

工作分析的实施与操作

学习目标

1. 掌握工作分析实施的完整流程
2. 掌握工作分析每一阶段的具体操作步骤
3. 比较与把握工作分析不同阶段的地位和作用

关键术语

前期评估　分析准备　方案规划　组织实施　结果输出　结果运用

情境实例

陈经理工作分析实施中的问题

陈某担任A公司的人力资源部经理。在工作中他发现，不同部门之间存在很强的推诿、扯皮现象，工作流程也很不合理。因而，陈某准备上报总经理，希望进行工作分析，重新制定岗位说明书，并更新组织的架构。

公司批准陈某的方案后，陈某建立了工作分析专案组，他带领小组成员开始了资料收集工作，并深入一线对员工进行访谈，但一路下来收到的反馈非常不理想。很多员工开始抱怨工作分析给自己安排了不合理的任务，错误地判断了自己的工作数量和工作质量，工作分析就是吃饱了没事干，非但不能有效地优化组织架构、增加企业效益，反而劳民伤财，付出了成本，又干扰了员工正常的工作秩序。陈某的工作分析刚开始就遇到了很大的阻力，并不得不终止。

第六章介绍了工作分析的综合方法，而这些方法的运用必须结合具体的实施过程。工作分析的开展遵循的是一个系统的、有序的流程，它主要包含以下六个阶段，即前期评估阶段、准备阶段、方案规划阶段、实施阶段、结果输出阶段和应用与评估阶段。前期评估阶段需要评估组织进行工作分析的能力和决心，预测进行工作分析的可行性。准备阶段主要是对工作分析的重要性达到统一认识，并推动建立工作分析组织。方案规划阶段着重拟订进行工作分析的目的、组织、计划、程序等具体事项，形成工作分析的计划安排。实施阶段规定了工作分析的具体步骤，对工作分析行为做出了详细的要求。结果输出阶段主要指工作分析的成果——工作说明书的编写。应用与评估阶段则集中体现了工作分析的价值。这六个阶段相互联系、依序递进，共同构成了工作分析的整体流程，本章也将从工作分析分解出的这些阶段入手，来介绍工作分析实施过程的相关知识。

第一节　前期评估阶段

组织在进行工作分析之前，一定要对组织本身进行评估。

一、组织体系中人力资源部门的地位

在组织中进行工作分析一般由人力资源部门主导，若人力资源部门在整个企业组织体系中只是作为职能部门，一个执行机构，甚至处于从属地位，则在推动工作分析时，

其他部门认为这是人力资源部门的事情而应付了事。特别是人力资源部门制定的各项政策、制度、作业流程都是秉承上级旨意，从控制、防范的目的出发，各级主管和员工亦会时刻防范人力资源部门，在这样的管理氛围中推动工作分析会困难重重。

二、组织对工作分析推动基础性、长期性和系统性的思想准备

组织在推动工作分析时，都希望取得立竿见影的成效，而工作分析是一项基础性、长期性、系统性的工程，只有经过点滴积累、坚持不懈的持续改进，才能取得效果。很多企业推动工作分析一旦效果不理想，则会选择放弃。

三、组织对工作分析成果的坚持应用

很多企业在经过轰轰烈烈的工作分析后，得到一张张格式漂亮、内容完善的岗位说明书，但在人力资源实际管理流程中，又不能充分坚持应用，甚至选择性忘记。在人力招募、培训、绩效考评时，还是凭借经验或主管指示行事，只有在面对客户稽核时，才将岗位说明书拿出来充门面。

总之，在进行工作分析之前，一定要对组织的人力资源管理现状进行分析评估，特别要考虑进行工作分析取得成果后的坚持应用，甚至于要改变目前的人力资源管理习惯，建构新的、革命式的人力资源管理体系。若没有做好准备，在进行工作分析时建议先选择一些岗位或部门进行试点，取得成效后，再进行推广。

第二节　准备阶段

一、确定工作分析解决的问题及达成效果

通过工作分析解决组织中的哪些问题和达成效果是工作分析准备阶段首先考虑的两个问题。

组织运营管理过程中有许多问题，工作分析要解决最急迫、最重要的问题，并且为其他非急迫但影响长远的问题的解决奠定基础。

组织中遇到的具体问题一般有：

（1）组织结构臃肿，反应迟缓。

（2）组织官僚化，部门本位主义严重。

（3）组织结构固化，年轻优秀人才上升空间有限。

（4）组织运作不畅，部门之间配合度差，效率低。

（5）组织人力招募与配置缺乏科学依据，凭经验行事，合理与否无法评估。

（6）组织员工培训形式化，且员工不愿参加公司组织的培训。

（7）组织员工工作积极性差，工作效率低。

（8）组织中层技术管理干部容易流失。

（9）组织团队向心力弱，新人难融入。

（10）组织变动频繁，员工岗位不稳定。

在众多组织问题中，影响组织运作稳定的问题是首先要解决的问题，如（1）、（4）、（7）、（8）等。

通过工作分析期望达到组织精干、目标一致、运作效率高、员工工作积极性高、留住关键人才的效果。

二、建立工作分析推动组织

组织开展工作分析，一般的观点是人力资源部门负责的事情，但若仅有人力资源部门推动是不可能达成预期效果的，必须组织从上到下、从左到右都参与其中。一般工作分析推动组织进行工作分析的小组的构成及其职责如表7-1所示。

表7-1　工作分析推动组织进行工作分析的小组的构成及其职责一览表

工作分析小组构成	职责
外部人力资源专家	1. 工作分析理论和方法的解析传授 2. 工作分析过程指导 3. 工作分析结果的分析评估 4. 工作分析结果应用的指导及效果评估
组织经营层主管	1. 工作分析推动方向和目标的核定 2. 工作分析推动过程中困难的解决支持 3. 工作分析成果的应用推广核定 4. 工作分析所需经费的审批核准
组织人力资源部门	1. 外部人力资源专家的遴选和聘请 2. 工作分析的组织推动、过程管控、结果整理分析汇总 3. 工作分析成果应用推广 4. 工作分析纳入人力资源管理作业流程及持续改进推动
各部门主管	1. 部门组织架构、业务/管理流程、部门职能、职务说明书等资料提供 2. 工作分析问卷调查填写、访谈配合 3. 工作分析岗位说明书的审核及应用
岗位从业人员	1. 岗位工作流程/工作技能/工作标准等资料提供 2. 工作分析推动配合，如岗位说明书问卷调查、访谈配合等 3. 工作分析结果确认，效果评估等

三、组织现有资料收集及初步调查访谈

组织若初次进行或组织较大规模工作分析推动，可以先选两个部门进行试点，对试点结果进行评估，再进行组织整体的工作分析。在正式进行工作分析之前，需要对组织现有资料进行收集汇整，所需收集的资料如表7–2所示。

表7–2　工作分析所需收集资料一览表

类别	内容
经营类	经营愿景、战略、目标
组织类	组织架构、组织分工、组织职能等
流程类	业务流程和管理流程
规章制度类	业务和管理规章制度
岗位类	岗位分类、岗位职责、岗位要求标准等
其他	员工手册、招募信息、员工教材等

利用收集资料的机会，可与组织各部门主管、岗位从业人员进行初步访谈，了解他们对公司经营管理、组织管理、人力资源管理及各种政策规章制度的看法，并向各级主管和员工说明进行工作分析的目的及给管理工作带来的益处。

第三节　方案规划阶段

组织有进行工作分析的迫切需要，且确定了工作分析的目标及建立了推动组织后，因为工作分析活动需要组织投入成本和各部门的支持配合，所以需要制定工作分析的推动方案，以便工作分析能够有计划地进行。一个可执行、可操作的推动方案主要包括：

一、工作分析背景说明

主要对组织当前状况与主要问题，以及工作分析对于组织改善的正面推动作用及意义进行说明。例如，某企业进行工作分析的背景说明：① 企业发展简述；② 企业经营管理和组织管理存在的主要问题；③ 希冀通过工作分析为企业人力资源规范管理奠定基础。

二、工作分析的目的/目标

工作分析的目的/目标要具体化，以便对工作分析的成果进行评估，可用SMART原则制定工作分析的目的/目标。例如，某企业为研发人员规划奖金分配方案，通过工作分析制定相应方案，达成的目的是激发员工积极性，打破“大锅饭”，提升效率，降低成本。具体目标是：

（1）在研发部门产品开发施行专案责任制，取消加班制度。

（2）在产品开发中，依据贡献度、承接专案数量、专案开发成本节省等指标，决定奖金分配，以调动员工积极性。

（3）研发部门产品开发专案奖金方案施行后一年进行评估，若有效则推广至其他部门（具体指标依据各部门实际情况具体制定）。

三、工作分析组织成员构成及责任分工

正如上文所述，工作分析组织成员一般由外部工作分析专家、人力资源部门人员、经营层主管、各部门主管、岗位从业人员构成。依据实际经验，聘请外部工作分析专家1 ~ 2位即可，或者从高校，或者从管理咨询公司聘请，若有企业工作经验最佳。因为工作分析推动的持续性，如企业经费允许，可长期聘请外部专家为工作分析推动顾问。人力资源部门可安排规划人员、教育训练人员、招募人员进入工作分析组织，因为规划人员熟悉组织整体运作，熟悉各种政策规章制度，教育训练人员开发岗位课程，并了解各岗位从业人员的能力，而招募人员对于各岗位的职责、规范要求比较清楚。经营层主管一般为总管理处主管（总经理幕僚），可以统筹协调工作分析所需资源支持。各部门主管一般由副职担任，岗位从业人员要求工作经验一年及以上，相同岗位选择三位从业人员即可。

四、工作分析推动作业程序

某企业对市场岗位进行工作分析的作业程序如表7-3所示：

表7-3 某企业对市场岗位进行工作分析的作业程序

作业程序	作业内容	作业表单/要素	期程	责任单位
确定工作的岗位	主要对市场部主管、项目管理师、报价管理师、客服管理师四种岗位进行工作分析	市场部岗位分布图	一天	外部专家/人力资源部/市场部
召开工作分析启动说明会	1. 工作分析必要性：公司客户生态发生变化，必须调整市场部职能和各岗位职责 2. 工作分析推动计划说明 3. 通过此次工作分析为市场部人员能力提升之培训课程需求规划奠定基础	1. 公司客户生态变化说明 2. 市场部岗位盘点规划案报告	一天	外部专家/人力资源部
已有岗位资料收集分析	1. 公司组织架构图 2. 市场部业务流程资料/管理流程资料 3. 市场部职能、产品开发部职能 4. 市场部岗位说明书资料 5. 新客户产品报价流程/交货流程/服务流程资料 6. 新客户产品市场、销售资料等收集	—	三天	人力资源部/市场部
设计工作分析问卷及访谈提纲	根据现有岗位资料及客户新生态设计问卷及访谈提纲	1. 市场部工作分析问卷调查表 2.市场部工作分析访谈提纲	三天	外部专家/人力资源部
市场部主管/岗位从业人员访谈、问卷调查填写	1. 外部专家、人力资源部主管联合对市场部主管、骨干员工进行访谈 2. 每个岗位挑选三位员工填写调查问卷	1. 市场部员工通讯录 2. 市场部主管访谈及岗位问卷调查记录表	一周	外部专家、人力资源部
资料汇总分析	1. 对访谈结果进行汇总分析 2. 对问卷调查按照岗位进行整理分析	—	一周	外部专家、人力资源部
制作市场岗位说明书	按照岗位基本信息、工作职责信息、工作任务信息、工作评价信息、工作任职资格信息、工作环境信息等撰写市场各岗位说明书	主要新客户要求及与老客户要求的区分	一周	外部专家主导，人力资源部配合
岗位说明书确认、试用、改善、检讨、修订	1. 将新岗位说明书的内容同市场部主管、各岗位从业人员进行确认，并依据反馈意见进行修订 2. 对岗位说明书进行试用，可选择对市场人员的能力要求、规划课程进行培训，并评估培训效果，再对岗位说明书进行修订	双方要达成一致	一个月	外部专家、人力资源部、市场部
岗位说明书定稿应用	1. 岗位说明书定稿 2. 将岗位说明书应用纳入人力资源管理体系	取得经营层主管支持	持续	公司经营层主管、人力资源部、市场部

第四节 实施阶段

一、培训工作分析人员

在正式启动工作分析之前，需要对工作分析人员进行培训。

通过培训，首先是统一工作分析人员的思想，因为工作分析人员对工作分析的看法角度不同。专家侧重理论，如何结合企业实际是一个挑战；经营层对于工作分析能达成的效果存疑；人力资源部门比较尴尬，工作分析是人力资源部门的事情，却要请外来的和尚念经；各部门主管会认为工作分析多此一举，凭借经验管理挺好；岗位从业人员对工作分析更是一头雾水。所以，通过培训，协调各方立场、统一思想，对推动工作分析顺利开展意义重大。

其次，使工作分析人员对工作分析作业流程、内容及结果达成共识。

最后，各方要共同承诺坚持工作分析成果的应用并持续改善。

二、收集、整理组织现有资料

收集工作分析资料时，有近80%的时间用于访谈、观察和记录资料，而组织现有资料可以为工作分析的问卷调查、访谈提纲的设计等提供非常有价值的信息。这些资料一般有：

（一）组织结构图

现在大多企业的组织管理实施e化管理，可以从组织管理系统中导出组织结构关系。例如，某企业的组织管理系统中导出的某事业群的组织结构栏位如表7-4所示：

表7-4 某事业群的组织结构栏位

部门代码	部门名称	部门层级	部门性质	主管姓名	主管工号	管理职位	资位	任职资格	任职属性	部门所在地	主管编制人数	主管现有人数	部门现有人数	部门编制人数	所属厂部	所属制造处	所属事业群

从表7-4组织结构栏位可以看出，该事业群组织层级为事业群—制造处—厂部—课，课级以下组织未有体现。

（二）工作流程图

按照性质划分为业务流程和管理流程，可进一步拆解为制造处、厂部、课业务流程和管理流程，从工作流程的拆解中可以看出组织业务的分工合作、组织管理的层级和幅度。

（三）部门职能说明书

组织的愿景/目标/任务可层层拆解为各级部门的主要职能和配合职能，如依据表7-4，事业群的目标任务可以拆解为制造处、厂部、课三级职能。

（四）职务说明书

即岗位说明书，即将厂部或课的职能进一步拆解落实到各岗位上。

以上资料若组织中没有具体资料，那么可能需要从各部门零散的资料中择取，或对访谈中的信息进行总结。

三、收集外部资料

外部资料是指国家职业类标准或国际职业分类标准，如1999年5月正式颁布的《中华人民共和国职业分类大典》，2010年国家又逐步启动各行业的修订工作。2015年7月29日，国家职业分类大典修订工作委员会召开全体会议审议、表决通过并颁布了新修订的2015年版《中华人民共和国职业分类大典》。修订后的职业分类为：

（1）党的机关、国家机关、群众团体和社会组织、企事业负责人，包括6个种类、15个小类，23个职业。

（2）专业技术人员，包括11个种类、120个小类，451个职业。

（3）办事人员和有关人员，包括3个种类、9个小类，25个职业。

（4）社会生产服务和生活服务人员，包括15个种类、93个小类，278个职业。

（5）农、林、牧、渔业生产及辅助人员，包括6个种类、24个小类，52个职业。

（6）生产制造及有关人员，包括32个种类、171个小类，650个职业。

（7）第七、八大类不变。

外部资料还包括行业的职业分类，因为国家职业分类大典中很多职业不在其中，收集以上资料主要是进行参考，在实际工作分析中，对于组织约定俗成的岗位分类，建议还是按照组织目前做法，除非有重大错误。还有，因为“大众创业、万众创新”的影响，各种新行业、新职业层出不穷，要参考同行业的各岗位分类习惯。

四、工作分析实施过程的管控

工作分析过程中使用的管控工具很多，有效且成本低。例如，设计三张表格，一张管控工作分析整体推动进度，一张管控工作分析人员的信息及职责分工，一张管控工作分析各岗位完成状况。工具很简单且重要，但工作分析人员的互相沟通、互相配合、互相支持、共同参与更重要，在工作分析过程中必须建立这种机制。

（一）对工作分析理论与方法的深度理解与落实执行

这主要针对组织内部工作分析人员而言。因为组织内部人员对于工作描述等有熟悉、认可的方式习惯，对于严格按照工作分析的理论和方法作业需要导正期和适应期。例如，对于岗位职责、任务、完成标准等描述，组织内部人员认为一句话描述就可以，“负责人力资源教育训练工作”“负责新人培训工作”“完成工作任务”，这与工作描述要求的5W1H原则相差甚远。所以，在实际操作中，一定要将工作分析的理论与方法吃透，改变以前的习惯，严格按照工作分析作业程序来进行，统一标准，以达到事半功倍的效果。

（二）与岗位任职者上级主管的定期沟通

工作分析的主旨是科学高效地获取组织内各种工作信息，建立人力资源管理规范，保证人力资源管理决策正确有效，保证组织业务管理目标的实现。但在实际的工作分析中，因为有些部门主管会认为通过工作分析，人力资源部门、经营层主管对其部门工作了解得一清二楚，将会使其丧失部分权力，管理受到制约。所以，有些部门主管对于工作分析口头表示支持，实际按兵不动，或者应付了事，甚至于会抵制。在工作分析过程中，与部门主管的定期沟通，就是要消除部门主管的疑虑，不仅要使其了解工作分析的进度、遇到的困难，更重要的是使其了解工作分析成果将给部门带来的益处，如管理效率提升、团队建设、部属培育、激发员工积极性等。

（三）与岗位任职者的沟通

工作分析人员对岗位任职者进行观察、访谈或问卷调查，岗位任职者往往会产生不安或抵触的情绪。这需要工作分析人员与岗位任职者进行良好沟通，取得其信任，将其不安或抵触的情绪消除，以获取真实、可靠的岗位工作信息。有时仅仅消除不安或抵触情绪还不够，因为岗位任职者很多是受命行事，是执行者，突然让他将本身的工作非常有条理地讲出或写出，是一件困难的事情。所以工作分析人员遇到这种情况，在访谈时要善于引导并善于捕捉有用的信息，并且要多访谈几位相同岗位任职者，以对工作信息相互验证。在问卷调查时更需要注意，问卷的设计一定要考虑岗位任职者的实际情况，而不是生搬硬套各种工作分析方法的问卷内容，并且在此过程中，问卷填写最好由工作分析人员和岗位任职者共同完成，遇到问题及时解决，而不是将问卷发下去，规定日期收集问卷。

（四）工作分析人员的定期沟通

在工作分析过程中，工作分析人员应该每天召开工作分析进度状况沟通会，时间与方式都可以灵活。主要是及时发现工作分析遇到的问题，及时分析，及时解决，以利于工作分析协调顺利进行。特别是外部工作分析专家和人力资源部门成员必须每天碰面沟通。

（五）工作信息的确认

将外部工作分析专家和人力资源部门共同整理确认的各岗位工作信息，发给岗位任职者及其上级主管（至少上两级主管）进行确认，并了解是否准确、详细反映了岗位的实际工作情况，具体包括岗位基本信息、岗位职责、任务、衡量标准、工作关系、任职资格、工作环境描述定义是否完整、是否符合行业规范、是否容易理解。依据反馈意见和建议进一步修改、补充和完善信息，反复几次最终定稿后，需请岗位任职者和其上级主管签字确认。

第五节　结果输出阶段

将经过岗位任职者和其上级主管签字确认的工作信息进行规范整合后，就形成工作分析结果——岗位说明书。其主要内容包括：

一、岗位基本信息

包括岗位名称、岗位性质、职系、职位、职级、职等，岗位编码、发行版本、生效日期等。主要反映该岗位在组织中的地位和作用。

二、工作职责信息

工作职责是指该岗位主要负责的工作项目活动，以达成岗位设置的目的。包括岗位工作项目、具体任务（工作项目拆解）、所需专业知识和技能，以及对从业人员职级职等的要求等。

三、工作考评指标

主要对岗位工作任务的完成状况进行评价，一般根据岗位的主要工作任务设定3 ~ 5项，且能够量化。

四、工作任职资格

对各岗位的从业人员的任职资格条件进行约定，包括年龄、性别、专业学历、工作经验、外语能力、通用知识和技能等。

五、工作环境

（1）工作时间，如班别、加班、出差状况。

（2）安全状况，如是否污染、是否有有害物质、是否有职业危害。

六、工作关系

包括上下级关系，与哪些岗位发生业务关系等。特别是后一点，关系到工作的横向协调配合，一定要规定清楚相互的责任和义务，在工作考评指标中也要对互相配合的程度进行考评。

七、岗位说明书举例（见表7-5）

表7-5　成型自动化设备开发工程师

一、岗位基本信息						20160823A版	
岗位名称	成型自动化设备开发工程师	岗位编码	FA0101	所属部门	设备开发部	岗位性质	间接人力
所属职系	自动化设备开发	岗位应设资位范围	工程师三级及以上	职等	A类	管制系统	工程管制
二、岗位工作信息							
NO.	工作项目	工作内容		所需专业知识及技能			
1	负责设备工程规划/开发设计	1. 依据生产需求，进行设备工程规划和开发设计 2. 绘制设备机构部分3D/2D图，制作BOM表 3. 绘制设备电控原理图、线路图，制作BOM表 4. 组织生产、设备制造人员详细研讨设备设计方案及结构 5. 跟踪设备制造进度，负责安装调试		1. 熟悉气动、液压传动等机械原理 2. 掌握机加工、公差、热处理、材料等相关专业知识 3. 熟练操作相关绘图软件（如AutoCAD，Pro/E，SolidWorks等软件） 4. 有较丰富的PLC或伺服或机器人机械手应用经验 5. 精通热流及机械结构分析原理 6. 能独立做好相关开发导入的验证及相关重要参数的设定			

续表

二、岗位工作信息			
2	负责设备优化和生产制程合理化	1. 从效率、品质、成本、安全角度，对设备进行标准化、模组化、小型化 2. 结合生产要求，对生产制程进行合理化改善	7. 能独立制作相关规范或标准供参考 8. 熟悉目前常用的机械材料性质 9. 有新工艺开发导入验证经验 10. 有新技术及设备导入及开发相关经验 11. 英语阅读能力强
3	负责导入/应用/开发新设备	1.追踪业界新设备的开发应用 2.导入与应用开发新设备 3.申请自我开发新设备专利	

三、工作评价		
NO.	评价指标	目标值
1	年度开发设备产值	450万元
2	热流及结构分析合格率	100%
3	设备事故率	无事故率

四、工作时间
常白班，偶尔加班、出差

五、工作环境
办公室，需要至成型生产现场

六、任职资格		
1	基本资格	学历：大学本科；专业：电子类/机械类
2	工作经历	相类似工作经验3年及以上
3	外语要求	国家4级及以上，读、写娴熟，具备一般性听、说能力
4	通用技能	常用办公软件操作熟练，动手能力强，能够操作电子类物料常用检测、分析仪器

八、岗位说明书的发行

需要权责部门的审核和批准。

第六节　应用与评估阶段

工作分析的目的就是将结果——岗位说明书应用于实际人力资源管理中，即为了解决实际问题，否则没必要进行费时费力的工作分析。

一、工作分析结果应用的指导和培训

有些组织结束工作分析后就如完成了一项任务，欢庆胜利后，将工作分析的结果岗位说明书束之高阁，组织人力资源工作一切照旧。因为人们都喜欢做确定的事情，对于新的、不确定的、要改变旧行为的事情天生有抵触。

为了推行来之不易的成果，并扩大应用，在初期，需要进行应用的指导和培训，纠正人力资源部门、各部门主管以前的思维，人力资源管理要用岗位说明书说话，而不是依赖以前的经验或习惯。例如，各部门的人力新增需求，必须按照岗位设置和人员编制等规定进行新增原因说明，并评估增补新人增加的效益或效率；教育训练课程规划必须对照岗位说明书的技能要求进行“课程对不对、讲师对不对、效果好不好”的评估；绩效考评方案要严格按照岗位工作评价指标进行规划及执行。

很多组织的人力资源管理已经实现e化、系统化，但若人力资源管理系统不是以工作分析/岗位说明书为基础进行电子化、系统化，那么这样的管理系统是不完善的，仅仅是记录和统计的系统。

二、工作分析结果应用的效果评价

对推行6个月以上的工作分析结果应用，必须进行效果评价。我们再回到本章开头，在应用工作分析的结果后，组织中的问题是否有改善：

（1）组织结构精干，反应迅速，运作高效。

（2）组织部门横向协调顺畅。

（3）组织富有活力，年轻优秀人才工作热情高涨。

（4）组织各部门形成为解决问题而互相支持的工作氛围。

（5）组织人力编制结构合理。

（6）组织员工职业生涯成长路径清晰，积极参加公司组织的培训。

（7）组织员工工作积极主动。

（8）组织中层技术管理干部横向和纵向能够合理流动，能积极为公司经营成长献计献策。

（9）组织团队合作战力强，新人融入快。

（10）组织稳定，员工工作情绪稳定。

总之，工作分析是人力资源管理一项持续性的工作，在应用中发现问题，就要进行检讨改善。另外，组织外部环境日新月异，组织部门职能、岗位工作内容亦会发生改变，所以岗位说明书必须及时修订更新。例如，人力资源管理，从仅从事人事行政，到人力资源管理，再到战略人力资源管理，人力资源部门在组织中扮演的角色越来越重要，人力资源各部门及各岗位工作的职责内容发生变化。

除了坚持工作分析结果应用和持续检讨改善外，对于工作分析的流程要进行标准化，纳入组织人力资源管理流程中进行推广应用。

本章小结

本章系统地归纳和总结了工作分析实施过程中存在哪些流程，并对实施过程中的注意事项和分析方法进行了一定的介绍。工作分析一般可分解为以下六个阶段：前期评估阶段、准备阶段、方案规划阶段、实施阶段、结果输出阶段和应用与评估阶段。

在前期评估阶段，组织需要仔细评估组织体系中人力资源部门的地位，充分做好对工作分析任务基础性、长期性和系统性的思想准备，并着重把握工作分析取得成果后的坚持应用，审慎进行工作分析。在工作分析的准备阶段，组织要树立问题意识，确立组织面对的现实问题和想要追求的工作效果，进而推动建立工作分析组织和进行前期的资料信息收集工作。在方案规划阶段，需要确立一些工作分析的总体规划和安排，包括工作分析背景说明、工作分析目标、工作分析组织成员构成及责任分工、工作分析推动作业程序等。实施阶段，是将工作分析的计划安排进行落实的过程，包括员工培训、资料收集、过程管控等方面。经规划和实施，工作分析的结果是岗位说明书。应用与评估阶段则是要将岗位说明书应用于实际人力资源管理中，同时评估工作分析的效果，在多大程度上改善了组织的问题。

即测即评

扫描右侧的二维码图标（内含若干判断题、单选题和多选题），您可在线自测并查看答案。

思考题

1. 工作分析具体包含了哪些步骤？又主要针对什么内容？
2. 为什么工作分析的前期和后期都要进行评估？二者有什么区别和联系？
3. 如何对工作分析的流程进行优化？

实例经验与启发

1. 您认为陈某在工作分析的过程中是否采取了合理有效的措施？工作分析开展受阻，问题究竟出在了什么地方？

陈某在工作分析的过程中并没有采取合理有效的措施。工作分析的开展遵循的是一个系统的、有序的流程，它主要包含以下六个阶段，即前期评估阶段、准备阶段、方案规划阶段、实施阶段、结果输出阶段和应用与评估阶段。陈某虽然建立了工作分析的专案组，但并没有进行前期评估、充分准备和方案规划，最终导致在工作分析的实施过程中遭遇了很大阻力。

2. 除了标准化的工作分析流程，还存在其他因素影响工作分析任务的开展吗？

除了标准化的工作分析流程以外，还存在许多其他因素影响工作分析任务的开展。如工作分析的实施主体，如果仅由组织内部的人力资源部门推动，而没有其他部门的支持配合，工作分析任务将难以开展。除此之外，部分客观因素如时间、成本、人力等因素也会影响工作分析任务的开展。

本章实训

实训目的

熟练掌握工作分析的流程。

实训内容

（1）以某企业的某岗位为例，按照工作分析的六个步骤实施开展工作分析。

（2）形成该岗位的岗位说明书。

实训的组织与步骤

（1）教师讲解工作分析的一般流程。

（2）教师将学生8 ~ 10人分成一组，并明确实训任务和实训内容，学生分组完成。

（3）学生分组做成PPT在课堂上演示或讲演。

（4）教师分组对学生演示的内容进行点评和指导。

延伸阅读

[1] 萧鸣政.工作分析的理论与方法[M].北京：兵器工业出版社，1997.

[2] 杨明海，薛靖，孙亚男.工作分析与岗位评价[M].北京：电子工业出版社，2010.

[3] 刘鹏.工作分析理论与实践研究——以PK公司为例[D].北京：北京交通大学，2010.

第八章

工作分析在组织中的应用

学习目标

1. 理解工作分析在整个人力资源管理中的地位和作用
2. 理解工作分析对于组织的重要性和意义
3. 掌握工作分析与人力资源管理其他环节间的关系

关键术语

人力资源规划　人员招聘　培训与开发　绩效管理　薪酬管理

情境实例

工作分析在员工考核中的应用问题

卫达股份有限公司成立于2008年，主营食品制造。近年来公司不断发展壮大，下属员工从十几人增长到了几百人。卫达人力资源部门为了充分激励员工的工作积极性，同时为了实现组织目标和工作计划安排，开展了工作分析工作，并在岗位说明书中为销售部员工制定了销售上限和下限。比如，销售经理每个月的上限为100万元，下限为20万元；销售业务员每个月的上限为60万元，下限为10万元。达到了上限后，公司将额外给予包括奖金、休假、实物在内的奖励；若没完成下限，则需要罚扣当月奖金，并将任务顺延至下个月，三个月未能完成计划任务的将被辞退。但是，由于经济不稳定造成消费市场颓靡，加上互联网对线下销售的冲击，使得在线下零售的卫达公司的销售员工，最终都难以完成计划任务，公司面临着管理上的巨大困境。管理层思考是否要按照原本的规定解聘大量未达标的员工呢?

工作分析，不仅是人力资源管理的一种基本方法和技术，更是人力资源管理的奠基工程。工作分析与人力资源其他环节相联系，为人力资源规划提供科学依据，为组织人员招募提供规格，并且关乎组织培训效果和绩效管理。本章主要介绍工作分析与人力资源管理其他关键环节和操作实践之间的联系，以便大家更好地把握工作分析在组织中的作用和具体应用。

第一节　在人力资源规划中的应用

本节主要通过理论分析与实际案例，介绍工作分析在人力资源规划中的应用。人力资源规划就是依据组织的经营战略目标，对未来一年、三年、五年内的人力供给和人力需求进行科学预测，并依此规划的结果制定组织人力资源管理相应的政策、制度和措施，以保证组织在实现经营战略目标过程中获得各种必需的人力资源。

一、人力资源规划的内容

（一）人力资源整体规划

它是根据组织在一定时期的经营战略目标而对组织目前人力资源的评估（数量/质

量）、未来的人力资源需求的总体描述。2008年以后，中国的人口红利已经到达拐点，人力资源市场进入需大于供的时代，所以组织只有对人力资源做出科学的规划，才可能满足组织发展的需求。人力资源规划分为直接人力和间接人力两种类别，特别是直接人力资源规划，越来越受到制造业的重视，因为直接人力的需求满足与否，直接影响企业经营目标的实现。

在间接人力资源规划中，需要特别指出的是关键人才的规划。目前，中国的制造业正在进入转型升级的关键阶段，其成功与否的关键在于人才。如传统行业借助互联网升级，必须引进网络营销人才；为实现自动化，必须引进自动化人才；走向国际化，必须引进国际化经营和管理人才；代工业转型品牌，必须引进设计、市场、营销人才。所以，企业进行转型升级，必须对需要的关键人才的自有、外部供应等进行预测规划，否则企业的转型升级可能沦为口号。

（二）人力资源规划的具体项目

人力资源规划的具体项目见表8-1。

表8-1　人力资源规划具体项目表

规划项目	规划内容	依据/标准	预算
人力需求计划	1. 间接人力需求 2. 关键人才需求 3. 直接人力需求	1. 组织经营目标 2. 组织业务增长目标 3. 组织转型升级目标	组织人力成本预算
人力招募计划（选）	1. 招募数量、时间 2. 招募渠道：学校、社会招募、网络招募、猎头等	1. 部门人力编制与组织架构图 2. 人力增补原因及效益评估 3. 人力需求规格标准 4. 招募作业流程、薪酬待遇政策 5. 外部人力市场的供应状况	招募所需费用：招募资料制作费、广告费、招募网站费用、猎头费等
人力培训计划（育）	1. 培训目标、对象、内容、讲师来源、培训效果评估等 2. 培训方式：脱产、委培、在职培训等	1. 岗位能力需求标准 2. 员工能力盘点结果 3. 培训政策（如培训结果应用等）	培训费用：讲师费、教材费、实训费用等
晋升/调薪激励计划（用）	1. 目的：提升效率、改善绩效、提振士气 2. 晋升原则、条件、作业流程 3. 调薪原则、适用对象、调薪作业规定	1. 公司员工晋升降级相关规定 2. 公司员工薪资政策 3. 公司人力结构分析 4. 公司员工薪酬竞争力/激励性分析等	调薪总预算、年度成本增加分析
员工关系计划（留）	公司规章制度/团队关系/工作生活环境等改善计划	1. 年度员工满意度调查分析结果 2. 员工提案改善建议等	改善员工关系、工作生活环境等费用支出
解聘计划（汰）	1. 公司经营环境、客户订单、产能计划、人力成本等分析 2. 解聘原则、对象、作业流程等	1. 年度绩效考评结果 2. 劳动法、劳动合同法等规定 3. 公司相关人事政策规定等	补偿、赔偿相关费用等

二、人力资源规划流程

人力资源规划流程如图8-1所示。

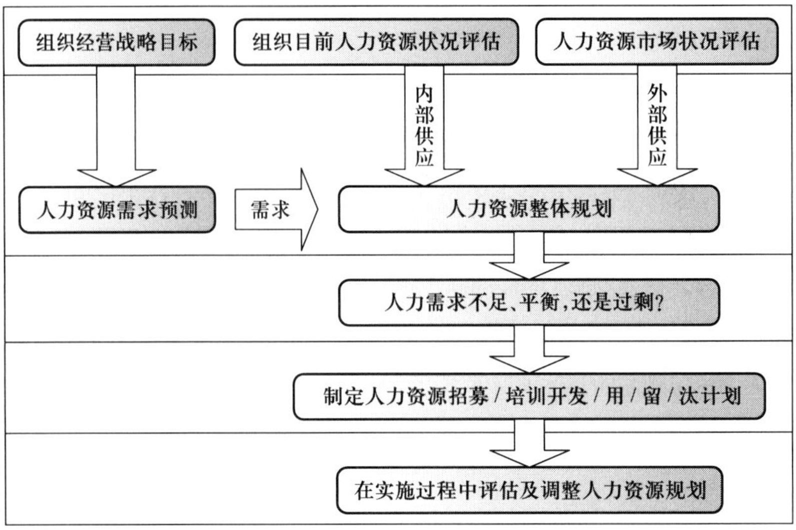

图8-1　人力资源规划流程图

三、工作分析与人力资源规划

在组织扩大经营、组织变革、转型升级的过程中，人才是关键因素，因此组织的人力资源规划的有效性、科学性、可操作性至关重要，而工作分析的结果可以为人力资源的规划提供坚实的科学依据。

（一）工作分析与人力资源需求预测分析

针对组织未来一定时期的组织经营战略目标，依据经营策略，建立执行组织，并明确为实现组织的目标所需要的关键部门、职能和岗位、能力，以预估组织的各职能、各岗位所需求人力，而其中就要用到工作分析。工作分析与人力资源需求预测的关系如表8-2所示。

表8-2　工作分析与人力资源需求预测的关系

项目	分析	作用
工作分析	组织未来发展经营战略、目标、业务增长等	可预测未来所需的人力资源数量、质量、结构的整体状况
工作说明书	组织未来发展所需组织结构、业务管理流程等	可预测比较组织的哪些部门、职能、岗位、能力需要强化
工作规范	组织未来发展需要的人力状况	可预测比较组织目前的人力是否满足组织的发展需求

（二）工作分析与人力资源供给预测分析

人力资源供给预测包括：一是外部人力资源市场供给预测；二是内部人力资源供给预测。

1. 外部人力资源市场供给预测

组织各岗位的工作说明书中的工作描述、工作规范对组织所需人员的规格进行了定义。根据这些定义，可以评估组织外部人力资源市场是否能够提供组织未来发展所需数量和质量的相关人员。例如，中国沿海企业为降低用人成本，纷纷内迁，从直接人力角度出发，内地人力供应相对充足，但中高端人力的数量和沿海城市还有很大差距，这是企业在进行工作分析时特别需要注意的。某科技企业从深圳迁往河北廊坊，虽然靠近京津，但廊坊是人才洼地，导致该企业的研发中心成立后无法正常运作，后来只能改为物流中心。

2. 内部人力资源供给预测

组织内部人力资源供给预测亦需要工作分析提供依据，如组织职位的晋升、调配，员工的培训记录，员工的自然流失等。通过这些信息资料的整理，可以对组织内部人力资源供给进行评估预测。如工作说明书中工作关系的描述就包括工作可晋升、可轮换的职位。在任职资格中，对工作经验进行分析，可以遴选出公司发展业务所需的人才。如某制造企业转型商贸，即从员工的工作经验中挑选出曾经开过店、做过业务的人员，再经过个人意愿调查、强化培训，然后充实到商贸业务中。

（三）工作分析与人力资源策略制定

通过人力需求和人力供给的分析比较，可以进行人力资源策略的制定，如表8-3所示。

表8-3　工作分析与人力资源策略制定

<table>
<tr><th colspan="2">情况</th><th>工作分析的应用</th></tr>
<tr><td colspan="2">内部供应可满足</td><td>根据工作分析的结果，对内部人员进行培养、晋升、轮调或采取支援等方式，以保障组织经营战略目标实现所需人力</td></tr>
<tr><td rowspan="2">内部供给不足</td><td>当地外部招募</td><td>当地招募：根据组织所缺少人员的规格，在当地进行外部招募</td></tr>
<tr><td>当地外部供给不足</td><td>1. 全国或全球招聘
2. 自我培养：根据人力需求规格，遴选优秀人才送至相关企业、研究所、大学进行培训</td></tr>
<tr><td colspan="2">供给过剩</td><td>1. 裁员
2. 工作岗位职责分解，二人干原来一个人的活，并协商降薪或申请补助
3. 减少工作时间，8小时减为6小时，薪水亦相应降低
注：以上均需对工作说明书进行修订；可以降薪但不能低于当地最低薪资标准</td></tr>
</table>

（四）工作分析与人力资源规划的评估

人力资源规划的合理、准确性，需要在执行过程中进行评估，这也需要借助工作分析的力量。

人力资源规划的评估，包括招募的人员是否适应组织要求，在岗人员是否胜任工作，培养、晋升、轮岗人员是否达成岗位要求，这些都必须依据工作分析的岗位职责、任务、绩效要求进行考评评估。对不适应或未达成目标的，在执行人力资源规划过程中要及时进行调整和修订，甚至重新进行人力资源规划。

四、工作分析在NM事业处人力资源规划中的应用

2009年W公司成立了NM（Non Conductive Vacuum Metalization，不导电电镀技术）产品事业处。按照组织建置流程规范，NM建立了组织架构，事业处下设技术研发总处，包括技术应用开发部、工程管理部两个部级单位，主要进行非连续镀膜技术、烤漆技术的研发和新产品开发管理。事业处负责生产的是成型产品处，包括PM课、产品工程部、企划部、生产部、品保部，其他单位由W公司周边进行兼职，如供应链、人资等。

新单位组织人力资源规划过程如下：

（一）组织人力资源需求规划

NM目前人力为研发岗位49人，制造类岗位165人，共计214人。2010年，产能扩充一倍，人力规模相应扩充一倍。NM单位组织岗位设置如下：

1. 技术研发总处（见图8-2）

2. NM成型产品处组织结构及岗位设置（见图8-3）

（二）NM现有岗位工作分析，建立各岗位应知应会（职能）

1. 各处、部、课三级职能工作分析及拆解

（1）技术研发总处（见表8-4，处一部两级，不设课）。

表8-4　技术研发总处职能工作分析及拆解

处级单位	一级职能
技术研发总处	总责技术引进、创新、研发应用，达成客户及生产需求
部级单位	二级职能
技术应用开发部	1. 满足现有项目及TP验证需求，承责产品打样 2. 建立低成本油性涂料最佳制程参数及规格 3. 建立制程参数及规格关系数据库 4. 制定标准校正架枪、UV灯、炉温标准程序 5. 建立产品效果与制程设计关系经验数据库 6. 建立色浆配比及颜色关系数据库 7. 两涂NM制程开发，以建立减少油耗量新制程 8. 特殊涂料应用制程开发 9. 新材料应用镀膜制程技术开发 10. 塑件彩色镀膜技术开发 11. 清洗及附加装饰加工制程技术开发 12. 引进某公司涂料，按不同素材种类切换开发打样、量试中及量产中之各种涂料

部级单位	二级职能
工程管理部	1. 项目开发规划，PDT Team建立与主导运作 2. 项目开发技术/成本评估 3. 主导工管系统运行维护 4. 主导项目开发质量管控与客户承认 5. 标准化参数档案管理 6. 智慧资源安全管理 7. 物料准备与支持 8. 检测支持与数据分析 9. 项目成果管理与汇出 10. 集团资源连接与导入

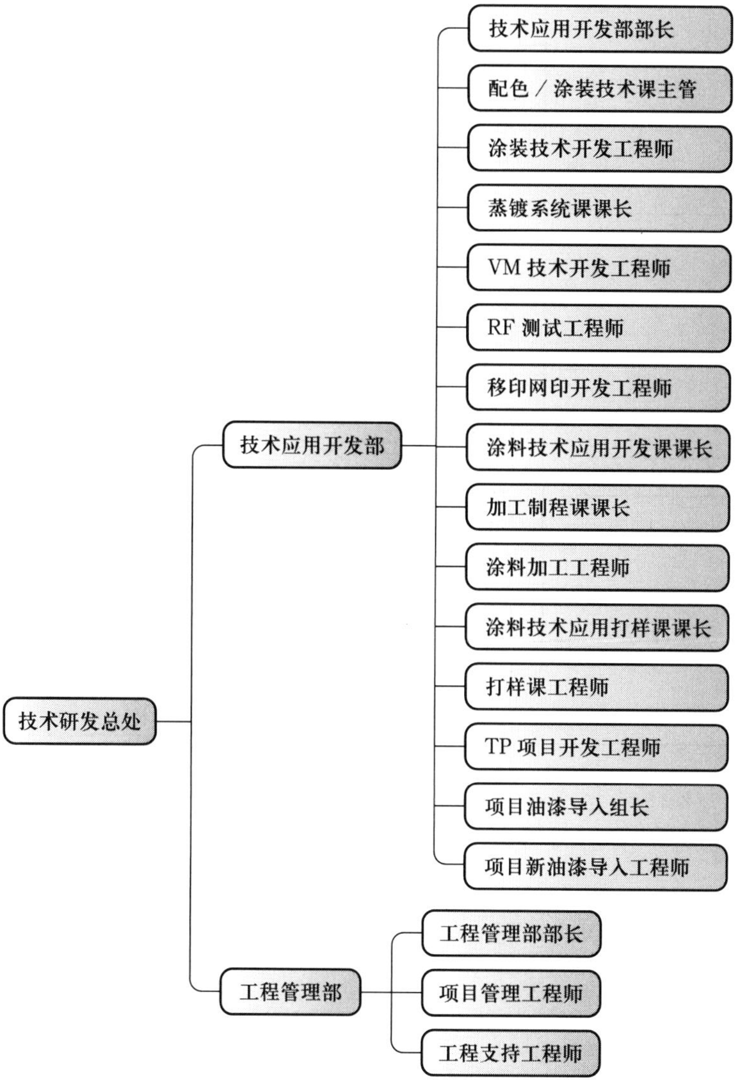

图8-2　NM技术研发总处岗位设置

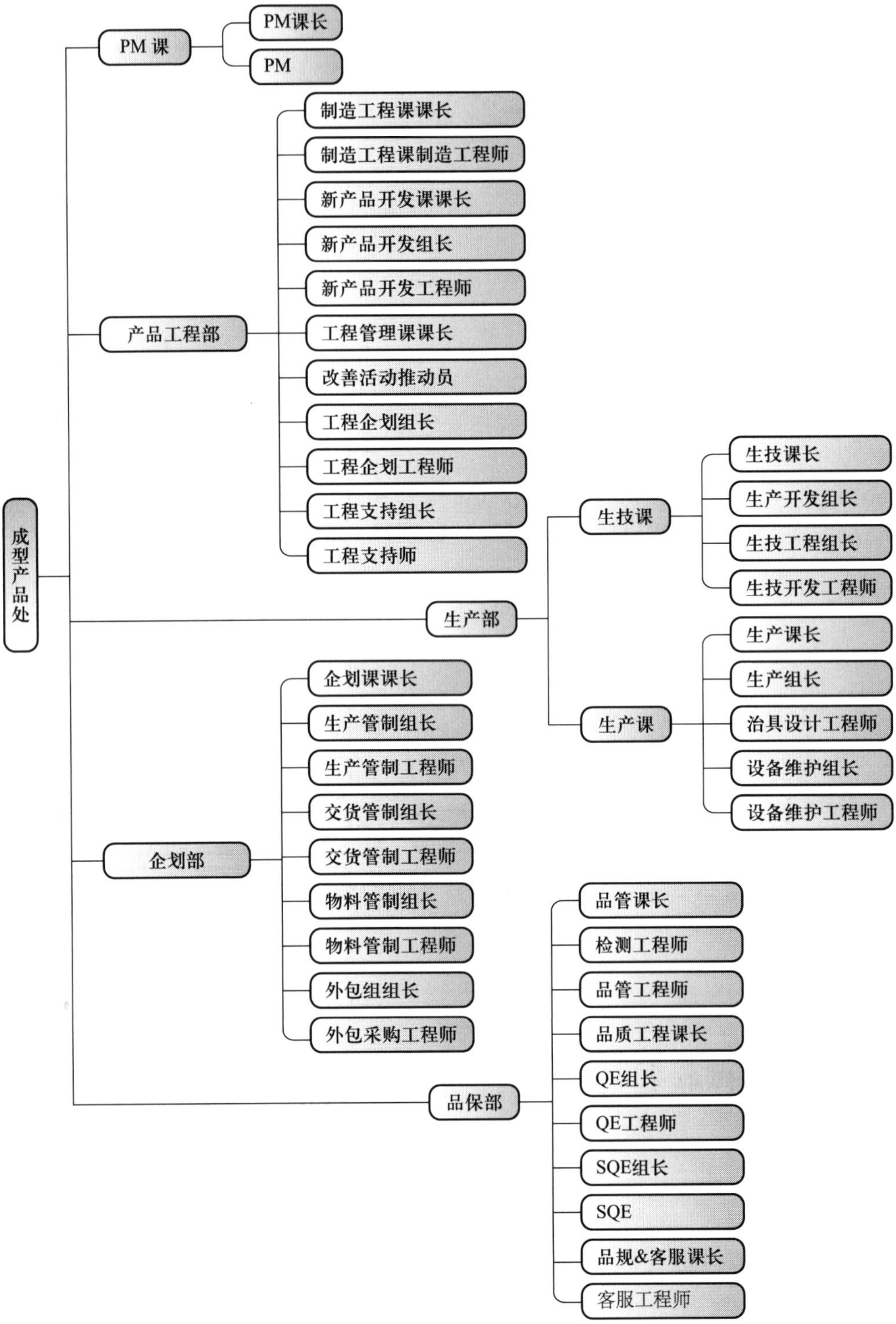

图8-3　NM成型产品处组织结构及岗位设置

（2）成型产品处三级职能拆解（见表8-5，处一部、直属课二级）。

表8-5 成型产品处三级职能拆解

处级单位	一级职能
成型产品处	1. 达成NM成型产品QCDS目标 2. 达成产品处营收及获利目标 3. 达成各项KPI 4. 确保产品处安全生产 5. 各制程技术优化督导执行 6. 各制程改善/IE应用推动 7. 持续成本降低执行督导 8. 产品处所需资源协调整合 9. 产品处员工士气激励及5S推动 10. 新产品无缝隙衔接导入生产 11. 公司政策执行督导 12. 人员培训规划督导执行 13. 产品处每日异常处理
部级/直属课级单位	**二级职能**
PM课（直属课级）	1. 项目承接，产能评估 2. 项目成本分析与报价 3. 项目承认推动 4. 项目转移推动 5. 客户稽核安排与应对 6. 客户投诉处理 7. 供货商稽核管理 8. NM对外统一窗口 9. 项目质量良率跟进，交货进度掌控
产品工程部	1. 参与制造可行性评估（产品设计、工艺流程、模具设计、产能） 2. 参与经济效益评估，提供成本预算依据（产能、良率） 3. 参与打样（小于500PC），检讨，改善追踪及样品准备 4. 参与试作量试（大于500PC）检讨与问题分析记录 5. 工程文件制作发行与维护/升版（FLOWCHART/2D/BOM） 6. 项目爬升计划（产能、良率、质量） 7. 参与供货商稽核管理 8. 制造产品客户承认 9. 经验总结分享及标准推广
企划部	1. 各项KPI、Costdown、改善提案计划的达成 2. 专业知识教育训练 3. 生产人、机、料、法、环管控 4. 生管系统维护 5. 交期确认及出货计划制定和出货安排 6. 生产成本控制及Costdown工作推动 7. 物品采购及进度跟进 8. 供货商管理（变更、新增申请与维护） 9. 系统料号的新增与变更作业 10. RoHS管控

续表

部级/直属课级单位	二级职能
品保部	1. 新产品量试验证 2. 检验规范之制定 3. 产线质量异常处理 4. DFMEA、PFMEA分析评估 5. CQP文件制定 6. VQD和GRR的人员训练 7. 制程之质量改善 8. 客诉事件之工程分析 9. 客户质量报告处理 10. 重大质量异常之跟踪处理及异常单结案监督 11. 确保质量系统之贯彻与落实 12. 前、后工段异常及客户抱怨之跟踪处理 13. 各种质量报表之审核及保存 14. 管理文件规格及图面等受控文件 15. 规划品管人员技能的定期培训 16. 定期召开质量检讨会议协助产线良率提升 17. 规划品管相关活动的组织开展
生产课（直属课）	1. 生产排配和交货100%达成 2. NM量产成型件良率达成98% 3. NM新项目和开发试模与检讨 4. 参与产品开发与产品结构、加工流程及使用原料讨论 5. NM新项目各Build量试总结与检讨 6. 成型新技术、新制程、新材料的引进和应用 7. 推动E化管理，降低成本，提升竞争力 8. 节能减排，环、安、卫推动
生技课（直属课）	1. 量产中NM件自主质量自检保证和追溯系统建立和推动 2. 参与新产品开发项目的讨论 3. 追踪产品在烤漆的质量 4. 各零件量产的Lesson learnt和Data Base建立 5. 培育专才和管理人才 6. 自动化推动，人员合理化 7. 降低成本，提升竞争力

2. 建立各处、部、课应知应会

依据各处、部、课职能，由各主管、美国专家建立研发总处、成型产品处技术应知应会，即职能。

（1）研发总处技术应知应会项目（见表8-6，部分）。

表8-6 研发总处技术应知应会项目表（部分）

技术名称	技术大类	应知应会（技术项目）
VM知识	化工材料	涂料基本知识
	颜色类	色彩基本知识
	真空类	真空溅镀、蒸镀基本原理

续表

技术名称	技术大类	应知应会（技术项目）
VM知识	涂装类	薄膜基础知识及其性能检测
	生产类	烤漆流程简介
VM技术	真空类	镀膜控制技术
	颜色类	调色基本技能
	涂装类	调枪、调漆基本技能
	生产类	烤漆线现场作业
专案管理	工管	PERT

（2）成型产品处技术应知应会项目（见表8-7，部分）。

表8-7 成型产品处技术应知应会项目表（部分）

技术名称	技术大类	应知应会（技术项目）
VM知识	化工材料	设定喷枪参数标准知识
	颜色类	色浆品质管理
	真空类	靶材种类和选择
	涂装类	素材表面处理
	生产类	烤漆流程知识
		烤漆治具知识
		涂装表面缺陷认知与预防
		烤漆线废水处理
VM技术	真空类	除尘基本技能
	颜色类	色差分光仪的使用技能
	涂装类	调枪、调漆基本技能
	生产类	烤漆线现场作业流程
		新产品量试及测试承认流程
		喷涂表面缺陷分析
治具知识	治具设计类	治具2D、3D的设计与制作
		Pro软件应用技能
	治具开发类	制定治具的开模规格
		治具的样品承认流程
设备类	机械类	车间机械种类与应用
	电器类	车间电器种类与应用
专案管理	工管	PERT

3. 确定各岗位应知应会（★表示岗位应知应会技术）

根据部门应知应会，请各部门主管根据岗位职责在部门应知应会中确定岗位应知应会：

（1）研发总处技术应用开发部各岗位应知应会（见表8-8，节选）。

表8-8　研发总处技术应用开发部各岗位应知应会表（节选）

应知应会	岗位					
	技术应用开发部部长	配色/涂装技术课主管	涂装技术开发工程师	蒸镀系统课课长	VM技术开发工程师	RF测试工程师
素材清洗技术	★	★		★	★	★
涂料选择手段与应用	★	★	★	★	★	★
除尘基本技能	★	★				
烘烤操作技能	★	★	★	★		
UV固化技能	★	★	★			
调色基本技能	★	★	★	★		

（2）成型产品处生产部各岗位应知应会（见表8-9，节选）。

表8-9　成型产品处生产部各岗位应知应会表

应知应会	岗位				
	生技课课长	生技工程组长	生技项目开发组长	生技项目开发工程师	治具设计与开发工程师
镀膜控制技术	★	★	★	★	
薄膜基础知识与其性能检测	★	★	★	★	★
机械种类、安全与操作应用	★	★			
机械设备保养与维护	★	★			
调枪、调漆基本技能	★	★	★	★	
调色基本技能	★	★	★	★	
标准色样建立（如何应用色彩分光仪）	★	★	★	★	
喷房安全操作规范	★	★	★	★	
靶材种类与选择	★	★	★	★	★
电气设备种类与应用	★	★			

4. 制作各岗位应知应会说明书（以打样工程师为例）

（1）确认岗位基本信息和工作职责任务（见表8-10，从部、课职能中拆解而来，师2—师3为公司执行层，基层技术管理干部）。

表8-10 确认岗位基本信息和工作职责任务表

部门	研发总处—技术应用开发—打样制程	填写人	侯某某	管理职	副课长
岗位名称	打样开发工程师	所属层级	课级	填写日期	2009/3/9
所属职门	生产管理类—表面处理	职系	涂装技术工程		
任务	NM项目样品制作，加工参数开发	岗位应设资位范围	师2—师3		
岗位职责清单	1. 新油漆需求管理				
	2. 油漆专案验证				
	3. 新油漆打样样品制作				

（2）确定岗位应知应会要求程度（见表8-11）。

表8-11 确定岗位应知应会要求程度表

技术类别	技术项目	应知应会		岗位需求熟练程度
VM技术	化工材料类	1	涂料选择手段与应用	4
		2	涂装设备及工程流程技术	4
	真空（机械类）	1	除尘基本技能	3
	喷涂类	1	调枪、调漆基本技能	3
		2	烘烤操作技能	3
		3	UV固化技能	2
		4	喷房安全操作规范	2
	颜色类	1	调色基本技能	2
		2	基本颜色管理	3
		3	色差分光仪的使用和应用于调色的技能	3
	生产类	1	烤漆线现场作业	2
		2	新产品开发流程	2
		3	量试及测试承认流程	2
		4	涂装表面缺陷认识	2

续表

技术类别	技术项目	应知应会		岗位需求熟练程度
VM知识	涂装类	1	设定喷枪参数标准知识	2
		2	设定UV条件件参数标准知识	3
		3	设定烤炉条件参数标准知识	2
	化工材料知识	1	涂料基本知识	2
		2	素材表面清理	2
		3	薄膜基础知识与其性能检测	2
		4	涂装表面缺陷分学分析	2
		5	烤漆固化原理（UV、PU）	2
	颜色类	1	色彩基本知识	3
		2	色浆质量管理	3
	生产类	1	烤漆流程简介	3

注：岗位需求熟练程度说明：

① 入门：仅了解相关内容；② 基础：在指导下可完成本职工作；③ 熟练：能独立完成本职工作；④ 精通：应用自如，且能有效训练新人；⑤ 专精：可超额完成工作，且能贯通关联技术。

（3）岗位学历经验要求（见表8-12，本岗位所需或关联技术之从业经验，勿以现行人员来设定，学历可参考公司其他事业处相似岗位）。

表8-12　岗位学历经验要求表

学历	大专以上学历	专业	化工类□ 高分子和材料类□机械类□ 其他□ 说明：理工科系均可
技术经验要求	工作3年以上，其中有塑料厂涂装工作经验2年以上		
	熟练的UV涂装加工生产操作经验和调油调色经验		
	了解UV涂料加工原理和NM加工流程及原理		
管理经验	/		

（三）各岗位从业人员能力盘点

1. 各岗位应知应会标准要求与岗位员工实际情况打分对照统计（以打样工程师为例，见表8-13）

表8-13 各岗位应知应会标准要求与岗位员工实际情况打分对照统计

岗位应知应会	得分统计												
	标准分数	小周	小张	小李	小邓	小彭	小吴	小杨	5分	4分	3分	2分	1分
涂料选择手段与应用	3	3	3	3	3	3	3	3	0	0	7	0	0
涂装设备及工程流程技术	2	2	2	2	3	2	2	3	0	0	2	5	0
除尘基本技能	3	4	3	3	3	3	4	2	0	2	4	1	0
调枪、调漆基本技能	3	3	3	3	3	3	3	3	0	0	7	0	0
烘烤操作技能	3	4	3	3	3	3	4	3	0	2	5	0	0
UV固化技能	2	3	3	3	3	3	3	3	0	0	7	0	0
喷房安全操作规范	2	3	3	3	3	3	3	3	0	0	7	0	0
调色基本技能	2	2	2	2	2	2	2	2	0	0	0	7	0
基本颜色管理	3	3	3	3	3	3	3	3	0	0	7	0	0
色差分光仪的使用	3	2	2	2	2	3	2	1	0	0	1	5	1
烤漆线现场作业	2	2	2	2	2	2	2	2	0	0	0	7	0
新产品开发流程	2	2	2	2	2	2	2	2	0	0	0	7	0
量试及测试承认流程	2	2	2	2	2	2	2	2	0	0	0	7	0
涂装表面缺陷认识	2	3	3	3	3	3	3	3	0	0	7	0	0
设定喷枪参数标准知识	3	2	2	2	2	2	2	2	0	0	0	7	0
设定UV条件参数标准知识	3	3	3	3	3	3	3	3	0	0	7	0	0
设定烤炉条件参数标准知识	3	2	2	2	2	2	2	2	0	0	0	7	0
涂料基本知识	3	2	2	2	2	2	2	2	0	0	0	7	0
素材表面清理	3	2	2	2	2	2	2	2	0	0	0	7	0
薄膜基础知识与其性能检测	3	2	2	2	2	2	2	2	0	0	0	7	0
涂装表面缺陷分学分析	3	2	2	2	2	2	2	2	0	0	0	7	0
烤漆固化原理（UV、PU）	3	3	2	2	2	2	2	2	0	0	1	6	0
色彩基本知识	2	2	2	2	2	2	2	2	0	0	0	7	0
色浆质量管理	2	2	2	2	2	2	2	2	0	0	0	7	0
烤漆流程简介	2	2	2	2	2	2	2	2	0	0	0	7	0
烤漆治具简介	2	2	2	2	2	2	2	2	0	0	0	7	0
涂装表面缺陷认识与预防	2	2	2	2	2	2	2	2	0	0	0	7	0
田口实验设计法	2	1	1	1	1	1	1	1	0	0	0	0	7

续表

岗位应知应会	得分统计											
	标准分数	小周	小张	小李	小邓	小彭	小吴	小杨	5分	4分	3分	2分	1分
DOE、MINITAB操作/统计分析	2	1	1	1	1	1	1	1	0	0	0	0	7
成本分析	2	1	1	1	1	1	1	1	0	0	0	0	7
8D手法	2	1	1	1	1	1	1	1	0	0	0	0	7
平均打分	2.5	2.3	2.2	2.2	2.2	2.2	2.2	2.1					

2. NM事业处214位干部应知应会达标情况（见表8-14）

表8-14　NM事业处214位干部应知应会达标情况

部门	人数	应知应会熟练程度得分分布					均分不达标人数
		熟练度均分	2分以下	2～2.5分	2.6～3分	3分以上	
研发总处	33	2.5	3	25	4	1	26
分析实验室	16	3.1	0	8	7	1	14
制造处	165	3	41	70	24	30	143
合计	214人	2.9分	44人	103人	35人	32人	183人

3. 各岗位学历与专业不符人员（见表8-15）

表8-15　各岗位学历与专业不符人员

部门		学历要求	专业符合	专业不符合
R&D	NM研发总处	学历符合	17	1
		学历不符合	9	6
	NM分析实验室	学历符合	9	6
		学历不符合	0	1
制造		学历符合	93	39
		学历不符合	10	23

4. NM员工学历/专业整体性评估（见表8-16）

表8-16 NM员工学历/专业整体性评估

专业		化工、高分子及材料类专业		其他类专业		小计
学历		本科及以上（A类）	大专（B类）	本科及以上（C类）	大专及以下（D类）	
研发总处	涂装技术开发	2	0	0	0	2
	技术应用开发	11	2	0	13	26
	工程管理	2	0	1	2	5
分析实验室		9	0	5	2	16
研发类计分		24（49%）	2（4%）	6（12%）	17（35%）	49
制造	技术类（含PM）	37	21	19	42	119
	非技术类（供应链、QA）	13	4	14	15	46
制造类计分		50（30%）	25（15%）	33（20%）	57（35%）	165
总计		74（35%）	27（12%）	39（18%）	74（35%）	214

注：技术应用开发/工程管理/制造之A&B两类，专业含机械专业。

5. 综合1、2、3项目，对事业处员工进行分级分类

优类：专业学历符合，应知应会3分以上者，20人；专业符合，学历不符合，应知应会3分者，12人。

甲类：专业学历符合，应知应会2.6 ~ 3分者，35人。

乙类：专业学历符合，应知应会2 ~ 2.5分者，64人；专业符合，学历不符，应知应会2 ~ 2.5分者，39人。

丙类：2分以下者，44人。

（四）人力资源规划建议

依据以上岗位盘点结果，人力资源部呈报NM主管后，提出了以下人力资源规划建议：

（1）对于丙类员工分流/调岗/汰劣。

（2）明确甲、乙类人员主要能力落差（见表8-17）。

（3）进行人力资源培训与开发。针对以上内容，人资、研发、生产和供应商联合制定的培训开发规划，具体如表8-18所示。

表8-17 甲、乙类人员主要能力落差

类别	岗位	专业能力落差	通用/管理能力落差
研发人员	涂装技术开发	涂料、调色、色差分析	1. PERT方法 2. 8D/DOE
	蒸镀系统	靶材选择、真空镀膜及分析	
	技术应用开发	涂料涂装、调枪、镀膜技术、UV固化、调色、色差分析	
分析实验	物理化学分析	分析仪器、分析报告、异常处理能力； 高分子材料、涂料缺陷分析；	
制造人员	新产品开发	调枪、调漆、调色技能、镀膜控制、新产品开发流程、颜色管理、项目管理、PERT	
	生产&生技	调枪、调漆、镀膜控制、调色、UV控制、靶材选择、颜色管理	

表8-18 NM培训与开发规划

训练阶段	主要内容	参训对象	培训讲师	培训方式	时间
第一阶段：NM关联单位及理级主管培训	1. NM简介 2. NM技术应用发展前景 3. NM专业知识及应用	1. 周边单位 2. 理级以上主管 3. 市场/设计/产发/品保师三级以上干部	陈博士	堂课+问题解答	3月6日至3月13日
第二阶段：岗位技能训练	1. 调枪、调漆、调色技能 2. 涂装设备、真空镀膜设备、喷枪设备介绍	打样、产线操作人员	内部+供货商	实操+经验交流	4—5月份
第三阶段：NM专业知识及应用	美国博士指定9门课程及供应商建议课程	全员	戴博、邱博	堂课+经验交流	4—5月份
第四阶段：NM专业技术理论及检测仪器原理	1. 高分子材料 2. 薄膜基础知识与性能检测 3. 镀膜控制技术 4. 颜色管理 5. 分析仪器原理	研发/产发/生技	大学、供货商、内部讲师	堂课+经验交流+实操+大学实验室学习	5—6月份
第五阶段：管理手法培训	1. PERT 2. 8D/DOE	1. 市场/研发/产发 2. 全体师级干部	品质委员会	堂课+实际工作案例	4—5月份

（4）优类人员作为NM生力军，是晋升、调薪的主要考虑对象。

（5）考量人力不足，按照业务量进行人力需求申报，通过内部调动（优秀线组长/喷手）、专案猎龙（研发技术人才）、校园招聘（储备技术管理干部）等方式进行补充，针对外招部门，因为公司地处中国经济发达地区，高端研发人才可满足需求。为了培养公司后备军，所以从大学招募部分应届毕业生。

第二节 在人员招聘中的应用

本节主要通过理论分析与实际案例，介绍工作分析在人员招聘中的应用。招聘是指组织为了经营发展的需要，根据工作分析和人力资源规划所需的直接人力、间接人力和关键人力的数量和质量，在外部人力资源市场吸引、选拔及录用合格人员的过程。人员招聘是人力资源部门的重要职责之一，如某世界500强企业CEO给人力资源部门定的KPI中排在第一的就是“招聘到多少有用的人才”。

一、人员招聘的过程

组织人员招聘的一般流程如图8-4所示。

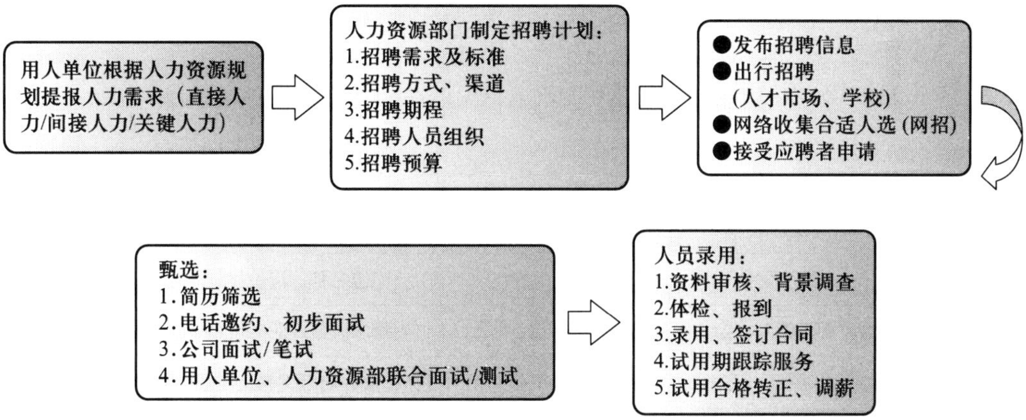

图8-4 组织人员招聘的一般流程

二、工作分析与人员招聘的关系

工作分析与组织人员招聘流程关系分析如表8-19所示。

表8-19 工作分析与组织人员招聘流程关系分析表

流程	工作分析应用
用人单位申报人力需求	1. 根据工作分析，确定用人单位直接人力需求的合理性 2. 招聘间接人力、关键人力的数量与质量和组织编制、岗位职责是否匹配 3. 清楚招聘职位的职责及人力规格
制定招聘计划	1. 根据招聘需求人员类别、数量、规格选择招聘渠道，如储备干部选择学校招聘，有经验的人才选择人才市场、网络招聘，高端人才则需选择猎头 2. 根据不同渠道，测算招聘成本，如差旅费、广告费、摊位费、猎头费等

续表

流程	工作分析应用
发布招聘信息	根据工作说明书，制作招聘广告，并在各渠道投放，使潜在的应聘人选了解岗位需求
应聘者简历筛选	根据招募规格对应聘者简历进行筛选，或从网络上筛选适合的简历
初步面试	向应聘者了解其学历、从事工作岗位、工作历程等信息，初步判断应聘者是否匹配从工作分析中得出的岗位要求
考试	根据工作说明书中学历、工作职责、工作任务、专业要求等制作考试项目和内容及订立合格标准，对应聘者进行考试，以测试其能力是否具备岗位的胜任力
正式面试	通过用人单位主管和人力资源工作者的联合面试，以工作分析得出的规格信息为标准，评估面试者的工作能力是否符合岗位的各项要求，一般用人单位主管负责判断专业能力，人力资源主管负责判断个人特质是否符合公司要求
录用/试用	根据岗位要求，录用、试用合适的应聘者
转正	根据岗位要求，对应聘者的试用结果进行判断，合格则转为正式录用，不合格者则试用期内辞退

（一）工作分析与用人单位需求申报的关系（见表8-20）

表8-20 工作分析与用人单位需求申报的关系

岗位说明书	用人单位人力需求申报
工作识别	岗位名称、岗位类别
工作关系（部门编制、组织架构图）	需求人数、职务位置
工作职责、任务	岗位职责、任务转换为对应聘者工作经验和能力的要求
专业、能力要求	对专业、学历、工作经验、个人特质的要求

（二）工作分析与发布招聘信息的关系（见表8-21）

表8-21 工作分析与发布招聘信息的关系

岗位说明书	招聘广告
工作识别	岗位名称
工作概要	主要工作目标
工作职责	具体工作职责和任务
工作关系	汇报关系
任职资格	招聘条件

（三）工作分析与招聘、甄选、录用的关系（见表8-22）

表8-22 工作分析与招聘、甄选、录用的关系

甄选/录用流程	简历筛选	电话邀约	考试	面试	背景调查	体检/报到	录用/签订合同	试用期	试用期考评
工作分析应用	受教育程度、工作经验、资格证书	受教育程度、工作职责、薪酬等	知识、专业、能力要求	工作职责、任务	受教育程度、工作经历、工作关系	工作条件、工作环境	岗位体系、薪酬体系	岗位职责、任务	岗位绩效考评指标

综合以上，工作分析为组织的人员招聘提供了规格和标准，但必须指出的是，在实际招聘过程中，有经验的招聘人员和面试人员对于招聘到组织合适的人员往往起到决定性作用。很多组织招聘高端关键人才，组织领导会亲自出马面试。

三、工作分析在某单位人员招聘中的应用

（一）招聘广告发布

基本信息：

岗位名称：人力资源总监

类型：全职

薪资：30 000 ~ 50 000元/月

学历：本科

工作经验：10年以上

工作地点：上海

招聘人数：1人

发布日期：2016年10月1日

职位描述：

工作职责：

（1）全面统筹规划公司的人力资源开发及战略管理，拟订人力资源规划方案，并监督各项计划的实施。

（2）负责管理招聘、培训、薪资、员工关系、绩效考评等人力资源日常工作。

（3）向公司决策层提供人力资源、组织架构等方面的建议。

（4）及时处理公司管理过程中的重大人力资源问题，合理控制人力成本。

（5）擅长各类中高级人才的甄别和选拔。

（6）负责公司企业文化的倡导、维护和传播。

任职资格：

（1）人力资源管理、工商管理或相关专业本科以上学历。

（2）十年以上人力资源管理经验，三年以上大型集团人力资源总监工作经验。

（3）有高科技、IT、互联网行业工作经验。

（4）抗压能力强，有较强的团队领导力、战略规划能力、组织能力和解决问题能力。

（5）有华为、联想、美的等企业人力资源管理经验者优先。

工作关系：

（1）所属部门：人力资源部。

（2）汇报对象：总经理。

（3）下属团队：8人。

（二）搜寻适合人选

搜寻适合人选的方式和渠道很多。在此环节，关键是从海量的简历中选出与岗位要求匹配的人选，这需要招聘者对岗位职责/任职资格及其实际工作状况有清晰的了解，并且有能力识别、判断各式各样的简历内容。

首先从招聘岗位任职资格上进行简历筛选。其次是从工作职责上对照应聘者的工作经历。

例如，人力资源总监岗位某位应聘者的简历如下：

求职意向：全职/上海/人力资源总监/互联网、电子商务、计算机等行业

教育背景：本科 工商管理

自我评价：15年大型企业人力资源管理经验，规划能力、团队合作能力、执行能力佳

工作经历（简述）：

2013年10月至今：某集团某分公司人力资源资深经理

2009年10月—2013年10月：某集团某分公司人力资源处招聘/员工关系经理

2003年5月—2009年10月：某集团人力资源总处教育训练部门主管

1998年5月—2003年5月：某集团人力资源总处企业文化推动专员

从应聘者教育背景、工作年限等判断符合人力资源总监的任职资格，从工作经历分析，该应聘者在某集团担任企业文化推动专员、教育训练主管、招聘/员工关系经理，直至分公司人力资源处资深经理，一步一个脚印，工作经验丰富，但工作仅是负责人力资源管理一个或两个模块，最后是分公司人力资源资深经理，与人力资源总监的岗位要求不相符。

（三）邀约面试

遴选出合适的应聘者，就要邀约面试。一般面试流程包括电话初面、考试/第一次面试、复试、终试等，面试最多不要超过4次。电话初面主要是验证简历内容及问询工作意愿；考试内容包括文化水平测试、智力测试、岗位专业知识等，这些考试内容的设

计也必须依据岗位说明书中任职资格的相关要求，在考试合格基础上，由人力资源招聘专员或主管进行第一次面试，面试的目的是初步判断应聘者的学（经）历、对公司岗位的认知、工作能力等是否符合公司要求；复试的方法有很多，很多组织选择用人单位主管和人力资源招聘主管联合面试的方式，用人单位主管主要面试应聘者的专业能力，人力资源招聘主管主要评估应聘者的人格特质；终试是安排公司高层主管进行，以决定是否录用。

（四）具体面试过程

招聘的职位面试过程如表8-23至表8-25所示。

表8-23 面试评估表（初试）

评估内容	1～5分	优势	不足
职业素养			
专业技能			
过往工作业绩			
人际沟通/表达能力			
成就动机			
文化融合度			

其他信息：
应聘者离职原因：
求职者个人需求（工作地点、职位等）：
原薪酬（税后）： 期望薪酬（税后）：
意见：□复试 □建议复试其他岗位 □储备 □不合格
签名/日期：

表8-24 面试评估表（复试）

评估内容	1～5分	综合评价
战略规划能力		
组织构建管理能力		
执行/管控能力		
沟通与影响力		
创新能力		
文化融合度		

意见：□复试 □建议复试其他岗位 □不合格
签名/日期：

表8-25 面试评估表（终试）

综合评价
意见：□录用 □不录用 □储备 签名/日期：

（五）录用

人力资源单位依据职位说明书与面试结果，通知应聘人面试结果：面试合格，通知录用；面试不合格，通知应聘者不符合本次岗位招聘需求。

（六）体检安排/报到/签订劳动合同等办理

人力资源部门依据职位说明书与重要性签订和办理相关标准的劳动合同与入职手续。一般越是重要的职位与人员的劳动合同标准要求越高。

第三节 在人员培训与开发中的应用

中国人口红利的消减、互联网时代知识更新的速度加快，很多组织特别是企业以往依靠外招人才满足组织经营发展的人力需求越来越困难。通过人才的内部培养与开发，掌握最新的知识、技术，才能进行创新，才能适应外部的变化，才能保持组织的竞争力，才能战胜竞争对手。

培训与开发是指通过一定的科学方法，缩小员工目前的知识、技能、态度水平与岗位工作任务所要求的知识、技能、态度标准之间的差距。具体如图8-5所示。

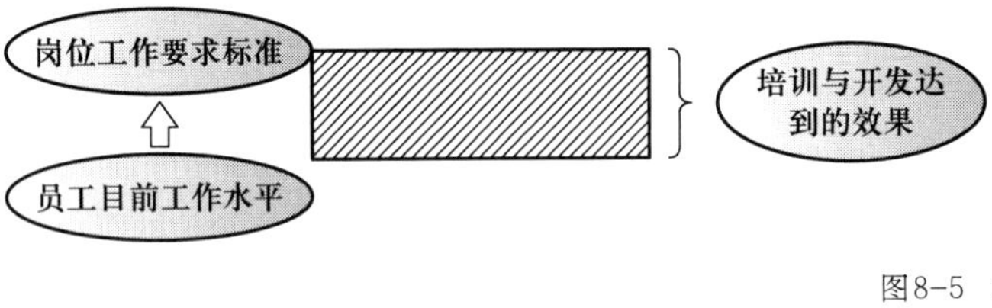

图8-5 培训与开发的内涵

一、工作分析和培训与开发的关系

（一）培训与开发的一般作业流程

培训与开发需求调查→制定培训与开发计划→实施培训与开发→培训与开发成果评估。

（二）工作分析和培训与开发流程的关系

1. 工作分析和培训与开发需求调查的关系

（1）在组织进行培训与开发需求调查之前，需通过工作分析依据组织的发展需求，建立组织及岗位的应知应会体系。

① 组织应知应会体系：以组织整体为单位，通过工作分析，分析为实现组织战略目标，各层各类员工需要具备哪些通用的知识、技能和态度。如产业知识、企业文化、工业安全、法律法规、客户要求、品质服务意识等。

② 各岗位应知应会：通过工作说明书中的岗位目的/职责/任务/专业知识/岗位技能/工作关系/工作环境的具体要求，分析出从事各岗位的人员，为完成岗位目标任务，必须具备的知识、技能和态度，即应知应会，并确定各岗位应知应会的熟练程度。某公司设备维修主管岗位的应知应会及熟练程度要求（见表8-26，有删减）。

表8-26　公司设备维修主管岗位应知应会及熟练程度表

类别	技术项目	应知应会		岗位需求熟练程度	说明
烤漆技术	普通烤漆技术	1	涂装工艺流程	5	熟练程度说明 1表示入门：仅了解相关内容 2表示基础：在指导下可完成本职工作 3表示熟练：能独立完成本职工作 4表示精通：应用自如，且能有效训练新人 5表示专精：可超额完成工作，且能贯通关联技术
	Soft Touch烤漆技术	2	Soft Touch油漆的开发运用	5	
	UV烤漆技术	3	UV油漆等新型油漆的开发运用	5	
	PU高光烤漆技术	4	PU全光油漆等新型油漆的开发运用	5	
	烤漆设备线应用技术	5	烤漆设备原理与操作	3	
		6	涂装设备使用及管理	3	
	Plasma设备应用技术	7	特殊材料涂装前Plasma处理运用	3	
		8	Plasma处理设备的应用	2	
	烤漆治具开发技术	9	治具开发流程建立与应用	4	
		10	烤漆治具设计开发	3	
		11	烤漆治具结构设计	2	
		12	绘图软件技能掌握	1	
烤漆知识	化工材料类	1	塑料材料加工性能	2	
	涂料基础知识	2	油漆的基本组成及性能	3	
	喷涂类	3	涂装工艺学	4	
		4	烤漆缺陷与预防	5	
	颜色类	5	色彩学	3	
		6	光泽有关知识	3	

续表

类别	技术项目	应知应会	岗位需求熟练程度	说明
烤漆知识	烤漆设备类	7 烤漆设备原理与操作	3	熟练程度说明 1表示入门：仅了解相关内容 2表示基础：在指导下可完成本职工作 3表示熟练：能独立完成本职工作 4表示精通：应用自如，且能有效训练新人 5表示专精：可超额完成工作，且能贯通关联技术
		8 涂装设备维护及其选择	3	
		9 Plasma前处理应用知识	3	
NPI管理	PE	1 工程变更流程明细说明	3	
		2 新技术开发流程及任务	3	
		3 新机种开发流程	3	
统计分析	DOE	1 DOE	3	
		2 MINITAB软件应用	3	
项目管理	项目管理	1 项目管理	3	
		2 工管系统流程	3	
	8D手法	3 8D手法	4	
	设备维护	4 涂装设备使用及管理	3	
		5 涂装设备维护及其选择	3	

（2）在建立了组织和各岗位的应知应会体系后，需要通过基于工作分析设计的人员素质测评对目前在岗具体人员的知识、技能、态度进行评价，即在岗人员的能力盘点，评价结果与岗位应知应会的标准要求之差距，就是培训与开发的需求。

2. 工作分析和培训与开发计划制定的关系

一份培训与开发计划一般包括培训与开发目标、培训与开发组织、培训与开发对象、培训课程与开发活动、培训与开发评估和结果应用，这和工作分析密不可分，如表8−27所示。

表8−27　工作分析和培训与开发计划制定的关系

工作分析	培训与开发计划项目
工作技能/能力与素质要求	培训与开发目标
工作关系＋人力资源	培训与开发组织
岗位从业人员/工作关系	培训与开发对象
工作职责/任务/工作规范	培训与开发内容
工作主管与指导关系	培训与开发监督者与讲师
工作绩效标准要求	培训与开发评价及结果应用

3. 工作分析和培训与开发计划执行的关系

在培训与开发计划执行的过程中，依据工作分析的结果，对培训与开发课程教材、讲师与导师资格、教学与开发方式、教学与开发要求达成状况进行管理，以保障培训与开发活动等符合要求。

4. 工作分析和培训与开发效果评估

培训与开发效果评估一般分为四个层次：反应层面、学习层面、行为层面、效益层面。依据工作分析的工作职责、任务、绩效要求，进行反应层面、学习层面的培训效果评估比较容易，而行为层面、效益层面的培训与开发效果评估，则需要根据岗位说明书进行长时间的观察和统计才能得出。

二、工作分析在培训与开发方案中的应用案例

2010年，W公司决定扩大产品开发部门人员规模，以提升竞争客户订单核心能力。为降低成本，将生产基地内迁，但资深产品开发工程师不愿跟随工厂内迁，W公司决定各厂区从本地高校中招募相关专业的应届毕业生，送至总部进行专案培训，培训合格后由资深产品开发工程师师傅带徒弟，历练一年后再分发到内迁厂区产品开发部门。产品开发部门主要职能是将客户设计的产品进行评估、设计、样品制作、量试直至量产爬坡。其业务流程为：

市场评估阶段→设计规划阶段→细部设计阶段→设计验证阶段→产品承认阶段→产品移转阶段→量产阶段

人力资源处曹处长带领训练部主管拜访W公司A/B事业处产品开发部杨部长、黄部长，对产品开发部门岗位设置、职责范围进行了解。产品开发工程师主要岗位有：产品塑件开发工程师、产品冲件开发工程师、产品组件开发工程师、产品表面处理开发工程师、成型技术开发工程师、冲压技术开发工程师、表面处理技术开发工程师。人力资源处请杨部长、黄部长从部门中各遴选21位（每个岗位三位）表现较好的在职工程师进行访谈调查。

（一）培训与开发需求信息调查

人力资源处在说明目的的前提下，请42位工程师填写产品开发工程师胜任力信息，包括两部分：

1. 岗位职责信息表（见表8–28）

2. 岗位任职资格信息表（见表8–29）

（二）培训与开发标准确定

人力资源处曹处长和训练部梅部长对42位工程师所填写的内容进行分析总结，得出产品开发工程师胜任力表，如表8–30所示。

表8-28 岗位职责信息表

岗位名称	岗位工作项目	岗位工作职责	自我能够胜任工作岗位要求是因为		
			所具通用能力	所具专业能力	所具独特能力

表8-29 岗位任职资格信息表

岗位名称	岗位考评量化指标		基础资格				外语要求	工作时间	工作环境
	指标	衡量标准	性别	学历	专业	经验			

表8-30 产品开发工程师胜任力表

类别	具体能力	衡量指标
通用能力	英文能力	6级/口语
	沟通表达能力	具备内部讲师资格
	Pro软件应用技能	机构设计考评
专业能力	深厚的机械结构设计理论知识	1. 主导或参与专案客户满意度 2. 量产与否
	精通塑模、冲模结构，具备塑模、冲模设计经验	
	精通塑胶成型、冲压、表面处理工艺，掌握产品各种工艺造成的缺陷解决方法	
	熟悉常用塑胶、金属原材料的物理化学性质	
独特能力	项目管理经验	项目管理师级别
	沟通协调能力	客户满意度
	执行力	工作任务完成状况
	抗压能力	

人力资源针对以上胜任力请两产品处部级、课级主管进行评价，各级主管对产品开发工程师岗位胜任力表进行了补充，要求具有品管/风险/成本相应能力。

（三）产品开发工程师新人开发设计与实施

1. 人员选拔

（1）来源：2010年应届大学本科毕业生。

（2）专业：机械类专业（含材料/模具/化工设备等）。

（3）特质：外向/逻辑表达能力。

（4）英文要求：6级。

2. 培训与开发对象

共48人，其中B单位25人，A单位23人。

3. 培训与开发目标

（1）使新人系统了解手机机构产品制造工艺及作业流程，建立系统观和整体观。

（2）使新人通晓手机开发专业术语、熟悉产品开发流程及建立关联单位人脉。

（3）使新人快速掌握软件应用操作技能，并通过专题设计检验训练成果。

4. 培训与开发的组织

（1）人力资源处：负责训练项目规划、训练组织管理及相关人事作业、讲师聘请、学员庶务管理。

（2）各单位人事：负责学员选拔申报、协助学员管理及内部讲师提供。

（3）各用人单位：负责学员堂课训练及专题设计辅导。

（4）各支持单位：课程讲师授课支持及（或）OJT训练安排与辅导。

5. 培训与开发时间

（1）课堂训练：2010年10月22日—12月29日，星期一至星期六全天脱产机构课程训练。

（2）OJT训练（在专训开课前进行）：

① 成型厂、塑模厂各3天，共6天，自2010年10月8日至13日。

② 冲压厂、冲模厂、表面处理厂各2天，共6天，自2010年10月15至20日。

6. 培训与开发内容

（1）课程表（见表8-31）。

表8-31 培训与开发课程表

课程	课时	课程	课时	课程	课时
PPT报告制作技巧	4	手机塑料材料性能检测	3	涂装技术	3
工管系统	3	成型常见不良原因分析	3.5	手机性能检测	3
手机研发与制程简介	3	塑模基本结构	3.5	模具验证尺寸量测	3.5
机构设计工程	3	Tooling Design Review	3.5	CAV	3
机构图研读	3.5	金属材料	3	风险管理	2
公差分析	3.5	冲压工艺	3	成本分析	2
产品设计案例	6	金属材料性能检测	3	PDM	3
品管系统	3	冲压常见不良原因分析	3.5	工程分析（模流）	3

续表

课程	课时	课程	课时	课程	课时
QC七大手法及制程品管	3.5	冲件后处理工艺	3	工程分析（结构）	3
MSA	3	冲模基本结构	3.5	软件训练（Pro-E/CATIA）	192
客户产品质量标准	3	冲压零件设计方法	3.5	专题设计方法与范例	6
塑料材料	3	金属表面处理技术	3	专题设计	136
成型工艺	3	电镀技术	3	—	—

（2）OJT训练（92H）（由OJT单位安排现场辅导员）。

B班：成型厂、塑模厂各3天，共6天。

A班：成型厂、塑模厂各3天，共6天。

B/A班：冲压厂、冲模厂、表面处理各2天，共6天。

7. 培训与开发评估

（1）评估内容：学习综评＝课程训练（40%）＋软件训练（25%）＋专题设计（20%）＋出勤/纪律（15%）。

（2）评估方式：课程测试＋软件操作＋专题报告＋出勤/纪律。

（3）评估标准：单课成绩60分（含）以上和学习综评均70分（含）以上为合格。

（4）汰劣标准：

① 单课成绩不合格可补考一次，再不及格者为汰劣对象。

② 补考课程达6门以上者予以淘汰。

③ 学习综评评比，汰劣最后2 ~ 3名（调换工作岗位或辞退）。

8. 培训与开发签约

（1）参训学员须与公司签订培训与开发服务合约。

（2）自愿原则：不签约的，不得参加培训与开发。

9. 培训与开发激励

（1）讲师：每位授课讲师或辅导员均可获赠礼品一份。

（2）优秀学员：

① B班：第一名：1 500元；第二名：1 000元；第三名：500元。

② A班：第一名：1 500元；第二名：1 000元；第三名：500元。

10. 座谈会总结

每班每周五安排一次座谈，主要内容如下：

（1）小组报告：学习知识总结、小组每人学习情况、对训练工作的意见和建议。

（2）沟通：用人单位主管、辅导员、人力资源部主管同学员座谈，发现问题，解答疑惑。

11. 培训与开发费用核算

B班：总支出为185 950元，人均培训成本（25人计）：7 438元。

A班：总支出为176 050元，人均培训成本（23人计）：7 654.35元。

（四）培训与开发效果评估

（1）48位应届毕业生参加专案培训与开发，培训与开发中有一位学员因为个性原因中途退出，两位学员成绩不合格淘汰。

（2）45位学员走上产品开发岗位，一年后可独立承担专案工作，三年后成为骨干，五年后50%成长为专案负责人。

第四节 在绩效管理中的应用

绩效管理是指组织与员工就员工的工作目标及如何达成工作目标双方达成一致的过程。在此过程中，双方达成一致的依据就是工作分析的结果。绩效管理使员工清楚努力的方向、需要的资源、自己的职责及权限，以及达成目标与否自己会得到怎样的奖惩，而工作分析为绩效管理提供作业保障。

一、工作分析与绩效管理的关系

（一）工作分析与绩效管理指标计划

通过工作分析确定绩效管理指标，是指依据各岗位说明书中的工作目的、职责、任务、工作关系等，再结合工作目标，提取各岗位的工作绩效管理指标，这种方式的好处是各个岗位非常清楚自己的工作绩效指标。

现代组织绩效管理推出很多绩效考评指标体系的订立方法，如目标管理、KPI、平衡计分卡、OKRs等方法，越来越受欢迎。这些方法简单易行，层层分解，可操作性强，且中高层的绩效管理指标可以直接量化。如图8-6所示。

绩效管理仅有量化指标是不够的，还需要通过工作分析对岗位能力、工作关系的分析提取一些非量化的指标，否则，绩效考评将丧失整体性，使企业组织不能实现整体战斗力的提升。另外，绩效考评指标既要考虑现在又要兼顾长远，既要员工完成工作目标又要员工能力得到提升。

绩效管理中双方在绩效指标达成一致后，还需制定工作目标达成计划，以利执行。

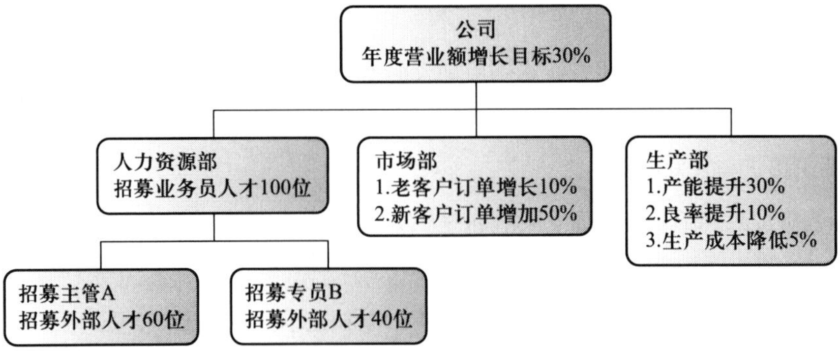

图8-6 某公司绩效管理指标

（二）工作分析与绩效面谈

绩效管理中，组织管理者与员工定期进行绩效面谈是绩效管理中的关键环节。在进行绩效面谈前，需要对前期的工作流程、职责、难度与目标达成状况进行分析与评估。如何进行评估？评估是根据双方达成一致的绩效考评指标与工作计划，依据工作分析中的工作流程与双方责任，对工作进度及成效进行评估。其中绩效考评指标中量化部分较容易评估，非量化的部分就需要靠管理者平时多观察员工的行为的积累，以便做出评估。由谁来评估？依据工作分析确定的工作关系，可以请该员工的上级、关联者、下级进行评估。绩效评估出来后，组织管理者与员工即可进行绩效面谈，对照工作分析中的工作日志、工作目标和工作实施流程总结经验、改善问题，若有必要，可以对工作目标进行调整，并确定下一阶段的工作计划。

（三）工作分析与绩效管理结果的关系

绩效管理的结果必须在组织中进行应用以保证绩效管理体系的正常运行，否则就会陷入空谈，而绩效管理结果的应用与工作分析密不可分。

如果绩效结果超出预期，就应该对员工进行奖励和晋升，如根据工作分析所确定的工作关系进行职位的晋升或轮岗，根据工作分析中所确定的岗位薪酬体系进行加薪；绩效达到工作目标要求时，亦应有奖励或晋升；未达到目标要求的，没有奖励和晋升，并根据工作分析所确定的技能、能力标准与要求进行强化培训；与目标要求相距甚远，则应该依据工作分析所确定的职位关系与薪酬等级进行降级降薪等。

二、工作分析在人员绩效管理方案中的应用

W公司A事业处产品设计中心主要负责承接客户新产品设计开发，一般为一个团队负责一个产品专案，2007年开发专案5个，平均每个专案为23人，2008年7个专案，平均每个专案26人，2009年开发专案10个，每个专案21人。随着客户产品专案的增加，产品开发中心的人力规模越来越大，人力成本也越来越高。

经过访谈调查产品开发中心的开发人员，发现开发人员工作积极性不高，原因是专案开发不论成功与否，专案开发人员投入多少，专案开发人员收入都差不多，甚至于表现不好的员工收入还会超过表现好的。因为产品开发中心的薪资收入中包含固定薪酬和加班费两部分，加班多加班费就多，每月收入就多。产品开发效率高的，收入反而少，产品开发效率低的，收入反而多。产品开发中心主管和人力资源处主管协商后，决定利用工作分析的方法改善目前状况。

（一）绩效管理目标

（1）取消产品开发中心加班制，施行专案责任制，设置专案开发奖金。

（2）建立公正、公平的奖金分配机制，多劳多得。

（3）合理配置产品开发中心人力，降低用工成本。

（二）专案开发流程分析

1. 专案开发流程

产品评估（01）→产品机构评估与设计（02）→产品机构验证/模具验证（03）→产品量产移转（04）

2. 专案设计开发类型

（1）移转客户完成之产品开发（OEM）。

（2）参与客户机构段设计之产品开发（MJRD）。

（3）参与客户电子功能设计之产品开发（MJRD+）。

（4）参与客户最新一代产品之开发（3G）。

3. 专案产品机型及功能分类

按照机构分类：直板产品、翻盖产品、滑盖产品。

按照功能分类：C代、L代、G代。

（三）专案开发岗位分类

（1）专案管理师、产品开发工程师、技术开发工程师。

（2）产品开发工程师：塑件开发工程师、金属件开发工程师、表面处理开发工程师、组装开发工程师、电子开发工程师。

（3）技术开发工程师：塑件技术开发工程师、金属件技术开发工程师、表面处理技术开发工程师、组装技术开发工程师、电子技术开发工程师。

（四）专案开发岗位工作分析

针对产品开发各岗位进行岗位工作分析与工作评价，对关键职责进行分析与评价，具体见表8-32。

按照上述工作分析与评价标准分一览表操作，简单相加得分将所有岗位分为三层次：

A类：专案管理师。

B类：金属件产品开发工程师、电子件开发工程师、金属件技术开发工程师、表面处理开发工程师。

C类：塑件开发工程师、组件开发工程师、电子组装技术开发工程师。

表8–32 专案开发岗位工作分析与评价标准分一览表

工程师类别		关键职责	分析与评价指标（标准满分）			合计
			工作难易度	可替代性	培养难易度	
专案管理师	—	专案评估、策划、监控	5	5	5	15
产品开发工程师	塑件	开发产品塑件（如前后盖等）	3	3	3	9
	金属件	开发产品金属件（如卡扣等）	2	3	2	7
	组件	开发产品组装件	3	3	3	9
	电子	开发产品电子部分	4	3	3	10
技术开发工程师	塑件	负责塑件制造技术开发	3	3	3	9
	金属件	负责金属件制造技术开发	4	3	4	11
	表面处理	负责塑件、金属件表面处理技术开发	4	4	4	12
	组件	负责组装技术开发（如焊接等）	3	3	3	9
	电子	电子组装测试技术开发	3	3	3	9
		合计				100

（五）产品开发奖金分配方案

1. 按照2007—2009年专案开发时长、人数、加班费，进行每个专案绩效奖金测算

（1）计算每个专案平均投入人数、开发时长及平均加班费用。计算结果具体见表8–33。

表8–33 专案平均投入人数、开发时长及平均加班费用一览表

专案类型（01—04阶段）	人数及时间投入		平均加班费/专案			每人每月平均加班费
	人数	时长（月）	2007年	2008年	2009年	
OEM	1	3	1 400	2 600	2 900	767元
MJRD	8	9.5	42 000	71 000	72 000	811元
MJRD+	28	10	110 000	397 000	230 000	877元
3G	30	10	110 000	450 000	300 000	956元

（2）测算每个专案绩效奖金。以三年每人平均加班费作为专案绩效奖金申请及发放基数，具体结果见表8–34。

表8-34 专案绩效奖金申请及发放基数

专案类型（01-04阶段）	绩效奖金基数
OEM	767元
MJRD	811元
MJRD+	877元
3G	956元

2. 按照专案机构和功能类别，进行专案绩效奖金的申请

申请表具体见表8-35。

表8-35 专案绩效奖金申请表

难易度	易（3分）	难（5分）	难（5分）
机构	直板	折叠	滑盖
功能	C代	L代	G代

专案开发总分为3分或6分时为易，绩效奖金预算申请为基数乘0.9倍；为8分时，则难度为中等，绩效奖金预算申请为基数乘1倍；为10分或5分时，难度为高，绩效奖金预算申请为基数乘1.1倍。OEM/MJRD只有机构，所以积分为3分或5分；MJRD+与3G有机构及功能，所以分数为6分、8分、10分。

如专案开发类型为3G，开发机构为滑盖，功能为G代，参与专案人数为30人，则申请绩效奖金预算为：30人 ×956元 ×1.1×10个月=315 480元。

3. 发放专案绩效奖金的总原则

（1）按照专案开发进度发放：

① 专案开发整体预算达成率≤100%，绩效奖金按照总预算100%发放；整体预算＞100%，绩效奖金发放90%；整体预算≥115%，绩效奖金发放80%；整体预算≥125%，绩效奖金发放60%。

② 01—03阶段各申请及发放预算总额的20%，剩余40%在量产成功后再进行申请。

（2）专案参与人数减少，则绩效奖金预算额度不变，但每人最多参与3个专案。

（3）专案中途结束，则奖金停止发放。

4. 进行专案绩效奖金分配原则

（1）按照岗位类别进行奖金发放：

A类：最高为平均奖金的1.5倍；

B类：最高为平均奖金的1.2倍；

C类：最高为平均奖金的0.8倍，但不得超出申请额度。

（2）按照多劳多得原则，参与多个专案的人员，参与多个专案绩效奖金分配，但最

多为3个。

（3）专案绩效奖金分配申请表请见表8-36。

表8-36　专案绩效奖金分配申请表

专案名称		专案类型		难易度		奖金总额	
申请日期	阶段	起止日期	申请金额	产品中心主管审查		事业处主管批准	
				核定金额	签名	核定金额	签名
	01						
	02						
	03						
	04						

（4）专案奖金分配表见表8-37。

表8-37　专案奖金分配表

专案名称			阶段		难易度		奖金额度
序号	姓名	岗位	任务目标	达成状况	奖金分配额度	分配权重	申请奖金总额度（含其他参与专案）

5. 绩效奖金发放后的总结

若专案结束后，专案费用超出整体预算，则多发奖金扣回。

（六）绩效管理实际效果评估

该方案执行一年后，奖金发放额度相对以往加班费额度降低，开发专案数量增加，人力资源规模反而下降。

第五节　在薪酬管理中的应用

薪酬管理是组织依据一定的原则向每个员工做出的劳务给予的各种形式的酬劳，包括货币与非货币的心理获得感。在组织运行过程中，薪酬对于员工具有保障功能、激励功能、调节功能和凝聚功能。薪酬设计必须具备外部公平性、内部公平性与个人公平性。外部公平性指同一行业或同一地区或同等规模的不同组织类似职务的薪酬应该大致相同；内部公平性指同一组织中不同职务所获薪酬应与各自的付出与业绩、贡献成正比。工作分析与评价是决定内部公平的首要办法。个人公平性指组织应该根据员工个人获得的薪酬与其素质、绩效和付出变化成正比，如业绩水平和学历等，对完成类似工作的员工支付大致相同的薪酬。同样，工作分析及建立在工作分析基础上的人员评价，是决定个人公平的基础。

工作分析与薪酬管理的关系具体可以参见表8-38。

表8-38 薪酬管理的基本过程中工作分析、工作评价与薪酬管理工作的关系一览表

薪酬管理过程	工作分析应用
制定本组织付酬原则与策略	通过广义工作分析，明确组织总体薪酬策略（如高于市场、与市场持平等）
职务设计与职务分析	基于工作分析，进行组织结构设计，撰写各级部门职能和岗位说明书
职务评价	基于工作分析与评价，确定付酬因素，选择评价方法，建立职位管理体系
薪酬结构设计	基于工作分析确定和做出薪酬结构与水平线
薪酬状况调查及数据收集	1. 同类组织的薪酬调查 2. 当地标杆组织的薪酬调查
薪酬分级与定薪	基于工作分析与评价，进行各职务、岗位薪酬范围及数值的确定
薪酬体系的运行控制与调整	基于工作分析与评价，进行薪酬体系的成本控制与调整

从以上过程可看出，薪酬管理在明确组织的总体薪酬策略后，进行组织的工作分析，然后对各部门、各岗位进行工作评价，根据评价结果，对每个岗位的薪酬进行定级，建立薪酬结构。对比薪酬状况的调查信息，以判断薪酬结构的外部公平性和竞争性。接下来是将众多类型的职务薪酬归并结合成若干等级，形成一个薪酬等级（或称职级）系统。通过薪酬分级，就可以确定组织内每一职务具体的薪酬范围，保证员工的个人公平性，即可称为定薪。

组织薪酬体系一经建立，即可投入正常运作，并依据实际情况和外部的变化，而进行有效的管控和管理，以使其发挥应有的功能。若不能发挥应有的功能，则需要进行调整，而调整的依据亦是工作分析的结果及工作评价。表8-39是来自薪酬调查得到的工业与制造类2016年各职位薪酬报告。其中数据体现了工作分析与薪酬之间的市场水平关系。

表8-39 工业与制造类2016年各职位薪酬报告

工业与制造类2016年各职位薪酬报告				
职位名称	学历	资历（年）	年薪（万元）	
			最低	最高
总经理	MBA/Bachelor	20+	90	180

续表

工业与制造类2016年各职位薪酬报告				
职位名称	学历	资历（年）	年薪（万元）	
			最低	最高
厂长	MBA/Bachelor	15+	65	110
运营副总裁	MBA/Bachelor	20+	80	130
运营总监	Master/Bachelor	15+	65	100
运营经理	Bachelor	5 ~ 8	40	65
生产总监	Master/Bachelor	15+	45	75
生产经理	Bachelor	5 ~ 8	20	40
质量总监	Master/Bachelor	15+	65	100
质量经理	Bachelor	5 ~ 8	20	40
维修经理	Bachelor	8 ~ 10	20	40
市场总监	Master/Bachelor	15+	40	75
市场经理	Bachelor	5 ~ 10	20	35
销售总监	Master/Bachelor	15+	75	140
高级销售经理	Bachelor	8+	40	75
销售经理	Bachelor	5 ~ 8	20	50
大客户经理	Bachelor	5 ~ 10	25	55
产品经理	Bachelor	5 ~ 8	20	40
项目经理	Bachelor	5 ~ 8	20	40
研发总监	PhD/Master	15+	75	130
技术总监	Master/Bachelor	20+	60	120
工程副总裁	Master/Bachelor	20+	70	150
工程总监	Master/Bachelor	15+	60	120
工程经理	Master/Bachelor	10 ~ 15	25	45
精益生产经理	Bachelor	5 ~ 8	20	45
采购总监	Master/Bachelor	10 ~ 15	65	100
采购经理	Bachelor	5 ~ 8	20	40
供应链副总裁	Master/Bachelor	15+	70	140
供应链总监	Master/Bachelor	15+	60	120
供应链经理	Bachelor	5 ~ 10	30	55
物流经理	Bachelor	5 ~ 8	20	40

资料来源：网络HRD精英汇。

本章小结

工作分析是整个人力资源管理过程的基础与前提，在人力资源管理实践中发挥了先导性与奠基性的作用。本章力求揭示工作分析在人力资源规划、人员招聘与甄选、人员培训与开发、绩效管理、薪酬管理等工作中的应用。

工作分析为人力资源规划提供科学依据。在组织扩大经营、组织变革、转型升级的过程中，人才是关键因素，因此组织人力资源规划的有效性、科学性、可操作性至关重要，而工作分析的结果可以为人力资源规划提供坚实的科学依据。

工作分析直接为组织的人员招聘提供依据。招募是指组织为了经营发展的需要，在外部人力资源市场吸引、选拔及录用直接人力、间接人力和关键人力的过程，而这些人力资源的数量和质量需要依据工作分析和人力资源规划来确定。

工作分析和人员培训与开发密切关联。通过工作分析建立的应知应会标准体系，与组织及员工实际情况对比形成的差距，即我们进行培训开发的需求。同样，工作分析也在培训与开发过程中影响了计划制定、培训与开发方案执行和效果评估等环节。

工作分析是绩效管理的保障。绩效管理是管理者与员工就工作目标和如何达到工作目标达成共识的过程，而这种共识的依据就是工作分析的结果。绩效管理使员工清楚努力的方向、需要的资源、自己的职责及权限、达成目标与否自己会得到怎样的奖惩，在此意义上，工作分析为绩效管理提供了工作保障。

工作分析在薪酬管理中发挥重要作用。薪酬管理在明确组织的总体薪酬策略后，进行组织的工作分析，然后对各部门、各岗位进行工作评价，根据评价结果，对每个岗位的薪酬进行定级，建立薪酬结构。工作分析是工作评价的基础，也是薪酬管理的先导。

即测即评

扫描右侧的二维码图标（内含若干判断题、单选题和多选题），您可在线自测并查看答案。

思考题

1. 试述工作分析与人力资源管理主要环节的关系。
2. 工作分析为什么是整个人力资源管理活动的基础？
3. 举例说明工作分析如何在人力资源管理环节中进行应用。

实例经验与启发

1. 卫达公司在进行工作分析并且与薪酬奖励制度挂钩的过程中，是否存在问题？可能存在什么样的问题？

卫达公司在进行工作分析并且与薪酬奖励制度挂钩的过程中存在一定的问题。首先，卫达公司的工作分析可能存在一定的不客观、不科学的问题，导致根据工作分析结果所制定的薪酬难以与工作岗位的实际情况相匹配；其次，薪酬奖励制度缺乏动态性，忽视了当前经济不稳定所造成的消费市场颓废的社会经济环境，以及公司内部技术革新不足的问题，导致员工难以完成绩效指标，最终造成了公司的管理困境。

2. 如果你是卫达公司人力资源部门的负责人，你准备采取何种措施，扭转当下公司的困境？

作为卫达公司人力资源部门的负责人，首先，应重新进行工作分析与评价，并在此基础之上制定新的薪酬制度，使员工个人获得的薪酬与其素质、绩效与付出变化成正比，保证组织内外部公平；其次，根据组织内外部实际情况和发展变化，进行有效的管理和控制，对薪酬制度进行及时的调整和更新，以适应组织发展需求。

本章实训

实训目的

掌握工作分析在人力资源规划、人员招聘、培训与开发、绩效管理、薪酬管理等人力资源管理环节中的具体应用。

实训内容

以某企业为例，选取该企业中的某个代表性岗位，使学生在工作分析的基础之上，分别制定该岗位的人力资源规划、人员招聘计划、培训与开发计划、绩效管理计划、薪酬管理计划。

实训组织与步骤

（1）教师讲解工作分析在组织中应用的一般原理和具体方法。

（2）教师将学生分成4 ~ 6人一组，并明确实训任务和实训内容，学生分为5组，分别对岗位进行观察，并制定人力资源规划、人员招聘计划、培训与开发计划、绩效管理计划和薪酬管理计划。

（3）学生分组做成PPT在课堂上演示或讲演。

（4）教师分组对学生演示的内容进行点评和指导。

延伸阅读

[1] 萧鸣政.工作分析的方法与技术 [M].北京：中国人民大学出版社，2002.

[2] 冉斌.工作分析与组织设计 [M].深圳：海天出版社，2002.

[3] 李永杰.工作分析理论与应用 [M].北京：中国劳动社会保障出版社，2005.

第九章
W公司工作分析应用案例

学习目标

1. 了解W公司的背景和发展历程
2. 分析W公司工作分析的问题和困境
3. 掌握W公司进行工作分析后组织变革的优化路径与效果

本章的主要内容是进行案例分析，通过对W公司发展的背景和历程的介绍，了解W公司的基本信息和进行工作分析的基础和依据，进而观察W公司进行工作分析的方案规划、实施历程、存在问题和优化路径等，在具体案例中学习工作分析的流程、方法和实践应用。

第一节 W公司发展简介

W公司是集团新成立的消费性电子产品专属事业处，总部的周边单位人资、品保、工标等为新组建，各厂是从集团其他事业处中划拨，周边职能基本具备。

W公司成立于1999年，主要经营生产消费性电子产品。2001年前，因为冲压、成型技术设备不能满足客户产品品质要求，无法获得客户青睐，人力规模仅有4 000人左右，营收1亿元人民币上下，利润微薄。此阶段公司的组织架构如图9-1所示。

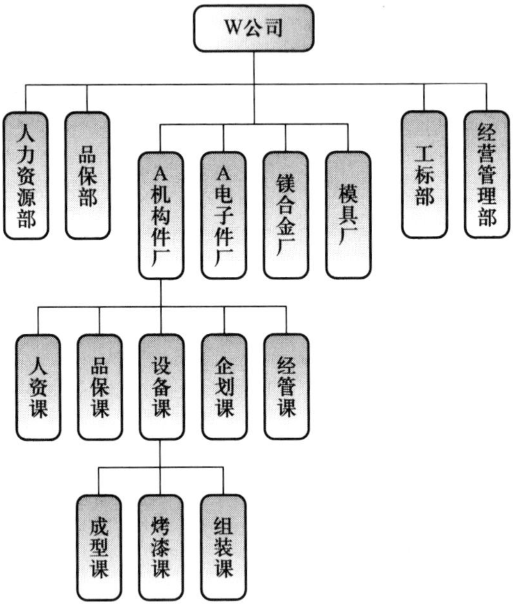

图9-1 W公司的组织架构

2004年，对于A客户某新产品，W公司凭借精密开发制造技术及成本、速度优势，打败德国竞争对手，取得A客户订单。对于新组建的B系统组装厂，因为厂长和B客户的良好关系，也成功导入B客户产品整机开发制造生产。W公司审时度势，依据公司的客户订单状况，对组织进行调整，调整后的组织结构如图9-2所示。

因为产品线增加，在公司总部增设总管理处，在原经营管理处基础上组建，负责W公司总体经营计划、协调和业绩评估，物流处负责原物料、设备、成品的运输，采购处负责大宗物料、关键零组件的采购，产品设计处负责帮助客户进行产品机构设计完善，系统资讯处负责W公司各管理系统的架设，工标部成为工程标准处，品保部品规、品保、品管等职能下放各事业处。各生产厂功能扩充为事业处，增设市场、产品开发、供应链管理、设备开发等职能单位，原有周边职能课升格为部级单位。

人力资源部晋级人力资源处，下设政策规划部、招募部、教育训练部、人事行政

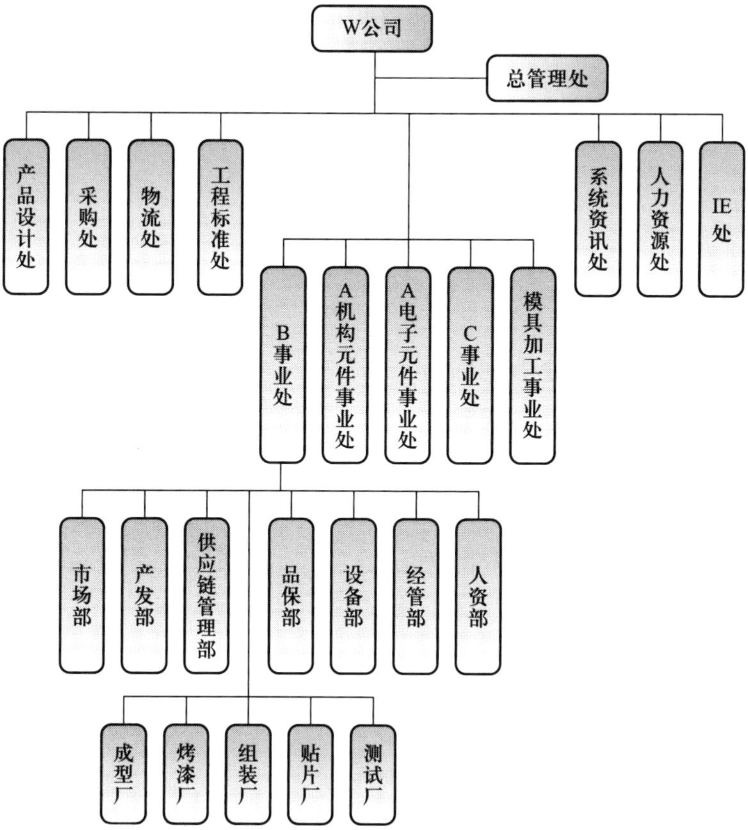

图9-2　W公司的组织架构（调整后）

部，并与各事业处人资部首次进行职能切分。人力资源处负责W公司的人资政策制定，人力招募（干部）、新人入职培训、管理培训、专案培训，薪资奖金制度制定，绩效考评方案规划等。事业处的人资部主要负责本单位人事行政（如纪律奖惩、出勤、调动等）、教育训练（OJT培训、技术类培训等）、招募需求统计申报等。

新组织成立后，迎来W公司历史上成长最快的时期。截至2008年，W公司人力规模达12万，营收从1999年的1亿元跃升至100亿元人民币，深圳总部及全国各地分厂达10余个，W公司成为中国电子产品制造巨头。

2008年，全球经济危机不期而至。因为A、B两大客户各自产品长期占领国内市场的前两位，远远领先竞争对手，自信心膨胀，造成对产品的未来趋势判断失误，在产品升级换代之际，竞争对手趁虚而入，迎合了消费者的需求，一举占领市场。首先是B客户轰然倒塌，A客户挣扎了两年，还是被市场抛弃。两大客户的订单占据W公司营收八成以上，公司经营面临困境。虽然W公司经营层也预见了危机的到来，也采取了一些措施，开发自主品牌产品，积极开发新客户，但都未成气候，缓不济急。

为走出经营困境，W公司经营层决定：

（1）出售海外非核心业务资产，关闭海外亏损工厂。

（2）将国内某分公司转售集团。

（3）积极开发新客户，特别是国内消费电子产品新贵。

（4）处理呆滞设备、物料、厂房等资产。

（5）通过工作分析进行组织盘点，人力精实，规范管理，以降低人力成本，提升组织战斗力。

第二节　W公司工作分析的流程

2008年年底，经W公司经营层同意，并报备集团，人力资源处主持成立公司工作分析专案推动委员会，进行组织和岗位盘点。

工作分析流程为：

成立工作分析专案组织→收集资料→组织结构及部门职能盘点→岗位职责盘点→编制岗位说明书

一、成立工作分析专案组织

（一）目的

期望通过工作分析实现：

（1）对公司的组织设置及管理进行规范，包括组织架构设置、组织职能分工协作、组织层次设置、组织职权关系合理化，以利组织运作高效。

（2）对岗位进行盘点，以达成岗位设置规范化、人力配置的合理化（直接间接比，适才适所）。

（二）试点单位

考虑到公司规模及厂区分布实际情况，以及工作分析进行组织和岗位盘点的时间成本、费用成本、人力成本，为取得良好效果，经营层决定先选择两个处级单位——B事业处供应链管理处和制造一处进行试点，评估效果后，再推广到整个公司。

（三）成立推动委员会及职责分工

1. 推动委员会决策层组织成员及职责

总管理处：王处长。人力资源处：曹处长。B事业处供应链管理处：孟处长（周边试点单位）。B事业处机构制造一处（生产试点单位）：王经理。

职责：专案推动方向、目标、方案决策；专案推动过程中重大问题的协调解决；专案推动效果评估。

2. 推动委员会PM及职责

因为是第一次进行工作分析，为顺利推动，在推动委员会中特设PM（Project Manager），负责对内和对外的沟通协调，PM由人资处教育训练部陈经理担任。

职责主要有：工作分析方案规划及外部管理顾问的选择；专案推动重要性和必要性的推销；制定专案推动计划；依据内部客户反映情况，及时调整工作分析方案。

3. 专案顾问及职责

W公司针对工作分析聘请外部企业管理咨询公司洪姓顾问，负责工作分析方法讲授和工作分析整体推动顾问。

另外，为了中基层管理人员管理能力的提升，长期聘任一位陈姓外部管理顾问，进行中基层管理人员的培训，此次工作分析推动亦请其参加指导。

洪顾问：在理论层面，进行工作分析方法的培训及应用指导。

陈顾问：在实际操作中给予指导，负责工作分析的结果汇总分析及改善方案的制定。

4. 总干事

由人资处政策规划部曹经理担任，因其熟悉公司人力资源管理的整体运作。

主要职责：负责工作分析按照推动计划执行；就工作分析的推动与专案PM、专案顾问定期沟通；统筹安排干事组和执行干事组的任务及跟进进度。

5. 干事组人员组成及职责

干事组成员由人资处、总管理处、B事业处人资部、试点单位各厂部指定人员组成。

主要职责：负责工作分析的具体执行，并确保过程质量；工作分析前期资料收集、分类及初步分析；工作分析跟进及问题反馈；工作分析问卷组织填写、回收及整理。

二、收集资料

（一）试点单位组织架构、职责分工文件收集

组织架构：

供应链管理处和制造一处都提供了组织架构表，包括组织管理层级（上级单位及下级单位厂部、课、组、线）、人力编制（含资位分布比例）、管理职编制等（该单位组织管理系统中可以导出）。

职责分工文件：

从处到厂部再到课再到组、线没有明确成文的职责分工，只能从厂部、课、组、线名称上判断单位的功能，如成型、烤漆、企划课、仓库组、原料A班等；因为每个厂部都要对新人进行培训，在厂部简介中包括厂部职责的内容，所以各单位提供此部分教材作为替代资料。

（二）试点单位业务、管理流程及作业表单收集

业务流程：

因为W公司通过了ISO9000等认证，每个厂部、课都有业务流程及相关作业表单。但是跨部门的业务流程很少有文件规定，每个部门对自己的业务流程很清楚，而跨部门的协作就要依赖上级主管召开跨部门协调会。

管理流程：

各级主管权限规定、信息传递管理流程、计划制定流程、文件签核流程等。

（三）试点单位现有岗位信息收集

管理岗位属性：

在组织管理资讯系统中，对各管理职的岗位属性有简单描述，如管理职名称（经理、协理）；管理职职级要求，如经理必须为10级（职位等级，依能力进行评定），不符合的只能代理；该岗位编制人数，如工程部副课级职位，编制为3人，现职人数为2人；所管理部门人数，如工程部编制有146人，现职人数87人。

岗位说明书：

W公司岗位管理体系只有层别（依经营责任、作业性质分层），依技术能力、作业性质及任职资格进行归类，但对每个岗位的工作职责、任职资格、技能要求、工作环境及条件未进行清晰定义，也就是没有岗位说明书。在人力招募时，人力资源部门会要求需求部门提供“部门人力需求申报表”，见表9-1。由招聘人员对供应链管理处和制造一处招聘过的岗位“部门人力需求申报表”进行整理，提供参考。

表9-1 部门人力需求申报表

<table>
<tr><td>需求部门</td><td colspan="2">事业处</td><td colspan="2"></td><td colspan="2">申报部门</td><td colspan="5"></td></tr>
<tr><td rowspan="4">部门编制</td><td colspan="2">部门名称</td><td colspan="2"></td><td colspan="2"></td><td></td><td colspan="2"></td><td colspan="2"></td></tr>
<tr><td colspan="2">编制</td><td colspan="2"></td><td colspan="2"></td><td></td><td colspan="2"></td><td colspan="2"></td></tr>
<tr><td colspan="2">现有</td><td colspan="2"></td><td colspan="2"></td><td></td><td colspan="2"></td><td colspan="2"></td></tr>
<tr><td colspan="2">差异</td><td colspan="2"></td><td colspan="2"></td><td></td><td colspan="2"></td><td colspan="2"></td></tr>
<tr><td>补充原因</td><td colspan="11"></td></tr>
<tr><td>职位名称</td><td>需求人数</td><td>职系</td><td>职位</td><td>薪资范围</td><td colspan="4">录用条件</td><td>到岗日期</td><td>人数</td><td>面试主管</td></tr>
<tr><td></td><td></td><td></td><td></td><td></td><td>学历</td><td>专业</td><td>专业经验要求</td><td>工作经历要求</td><td></td><td></td><td></td></tr>
<tr><td></td><td></td><td></td><td></td><td></td><td></td><td></td><td></td><td></td><td></td><td></td><td></td></tr>
</table>

三、组织结构及部门职能盘点

（一）供应链管理处的组织架构

经盘点，发现供应链管理处的组织结构如图9-3所示。

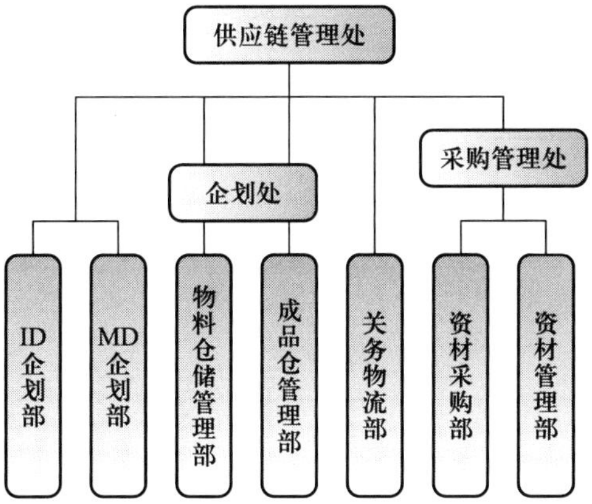

图9-3　供应链管理处组织架构图

（二）制造一处的组织架构

经盘点，发现制造一处的组织结构如图9-4所示。

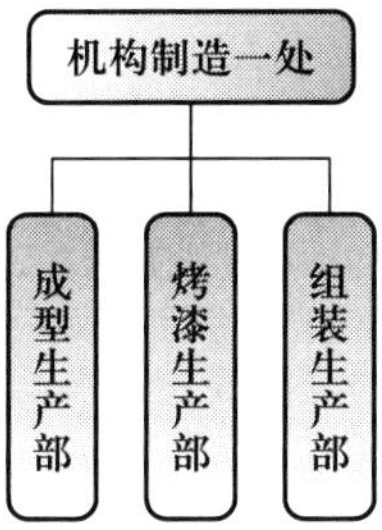

图9-4　制造一处组织架构图

（三）盘点组织架构和部门职能

盘点过程中所需要的表单如下：

（1）处级主管填写“处级单位组织架构盘点表”（见表9-2）与“处级单位工作职责盘点表”（见表9-3）。

表9-2　处级单位组织架构盘点表

姓名		工号		产品处		制造处		管理职	
职系		职级		专职/兼职		处职能简述			

续表

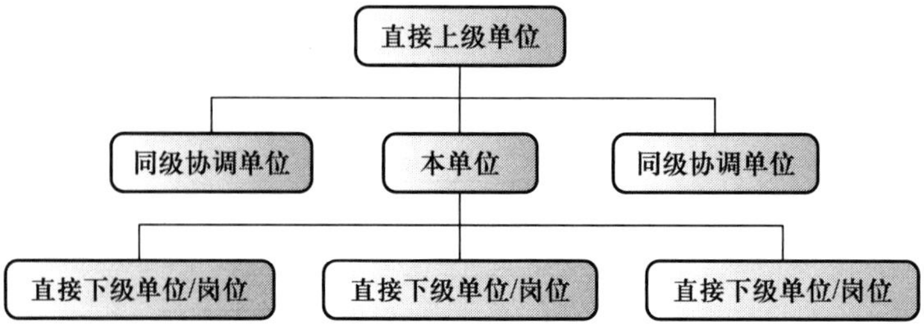

岗位名称			
编制人数			
现职人数			
该岗位职级范围			
该岗位任职者代表			

表9-3　处级单位工作职责盘点表

姓名	工号	产品处	制造处	管理职
职系	职级	专职/兼职	厂部职能简述	

第一部分：
1. 主办职责，即由单位承担的主要职责，包括本单位主导的工作、承担关键责任的工作等
2. 处级主管/部级主管填写相应职责时，要考虑本级职责及下级单位职责分工及相互协调合作

职责	具体工作任务	责任单位/直属岗位

第二部分：配合职责，即由其他单位主导，本单位负责配合支持的职责及任务

职责	具体工作任务	责任单位/直属岗位

（2）各厂部级主管填写“厂部级单位组织架构盘点表”（见表9-4）与“厂部级单位工作职责盘点表”（见表9-5）。

表9-4 厂部级单位组织架构盘点表

姓名	工号	制造处	厂部	管理职
职系	职级	专职/兼职	处级职责简述	

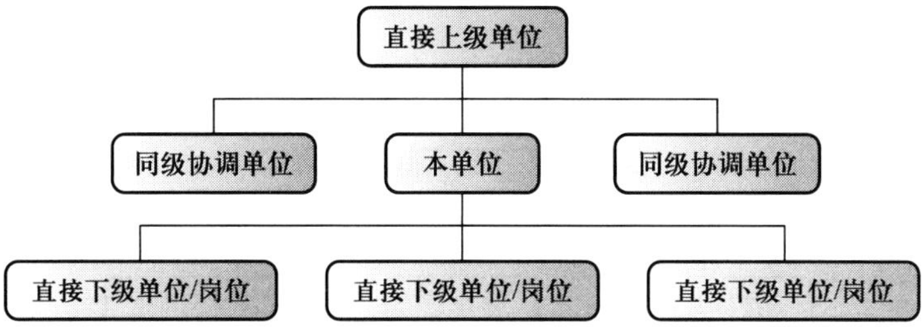

岗位名称	
编制人数	
现职人数	
该岗位职级范围	
该岗位任职者代表	

表9-5 厂部级单位工作职责盘点表

姓名	工号	制造处	厂部	管理职
职系	职级	专职/兼职	厂部职能简述	

第一部分：
1. 主办职责，即由单位承担的主要职责，包括本单位主导的工作、承担关键责任的工作等
2. 处级主管/部级主管填写相应职责时，要考虑本级职责及下级单位职责分工及相互协调合作

职责	具体工作任务	责任单位/直属岗位

第二部分：配合职责，即由其他单位主导，本单位负责配合支持的职责及任务

职责	具体工作任务	责任单位/直属岗位

（3）课级主管填写“某课组织架构盘点表”（见表9-6）与“某课工作职责盘点表”（见表9-7）。

表9-6　某课组织架构盘点表

姓名		工号		厂部		课		管理职	
职系		职级		专职/兼职		课职能简述			

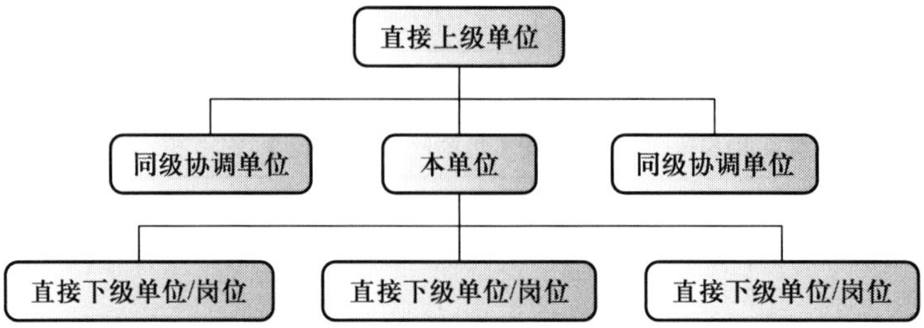

岗位名称										
编制人数										
现职人数										
该岗位职级范围										
该岗位任职者代表										

表9-7　某课工作职责盘点表

姓名		工号		厂部		课		管理职
职系		职级		专职/兼职		课职能简述		

第一部分：

1. 主办职责，即由单位承担的主要职责，包括本单位主导的工作、承担关键责任的工作等
2. 处级主管/部级主管填写相应职责时，要考虑本级职责及下级单位职责分工及相互协调合作

职责	具体工作任务	责任单位/直属岗位

第二部分：配合职责，即由其他单位主导，本单位负责配合支持的职责及任务

职责	具体工作任务	责任单位/直属岗位

（4）组级主管填写“组级组织架构盘点表”（见表9-8）和“组工作职责盘点表”（见表9-9）。

表9-8　组级组织架构盘点表

姓名		工号		课		组/线		管理职	
职系		职级		专职/兼职		组职责简述			

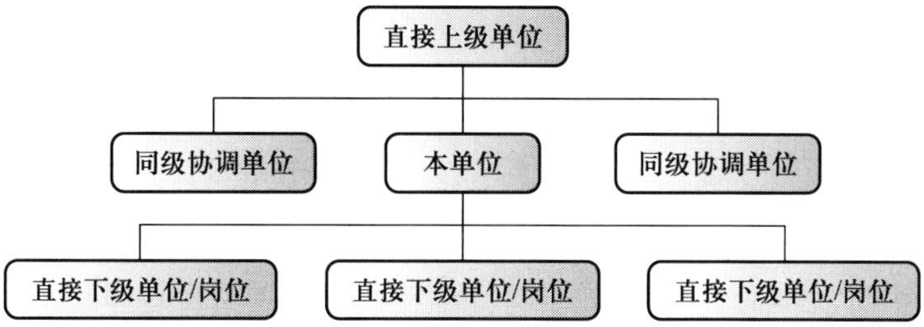

岗位名称						
编制人数						
现职人数						
该岗位职级范围						
该岗位任职者代表						

表9-9　组工作职责盘点表

姓名		工号		课		组/线		管理职	
职系		职级		专职/兼职		课职责简述			

第一部分：
1. 主办职责，即由单位承担的主要职责，包括本单位主导的工作、承担关键责任的工作等
2. 处级主管/部级主管填写相应职责时，要考虑本级职责及下级单位职责分工及相互协调合作

职责	具体工作任务	责任单位/直属岗位

第二部分：配合职责，即由其他单位主导，本单位负责配合支持的职责及任务

续表

职责	具体工作任务	责任单位/直属岗位

四、编制岗位说明书

从以上八张表的填写与分析中可以得到处、厂部、课、组、线各级部门的工作职能，并得出处长、厂长、部长、课长、组长、线长的工作职责，根据各级部门的工作职能和部门主管的工作职责，再结合已收集的资料，如部门人力需求申报表中的信息，最后可以得出各部门各岗位的职责，即各岗位的岗位说明书（见表9-10）。

表9-10 岗位说明书

一、岗位基本信息							20160823A版
岗位名称		岗位编码		所属部门		岗位性质	
所属职系		岗位应设资位范围		职等		管制系统	
二、岗位工作信息							
NO.	工作项目	工作内容		所需专业知识及技能			
1							
2							
3							
三、工作评价							
NO.	评价指标	目标值					
1							
2							
3							
四、工作时间							
五、工作环境							
六、任职资格							

续表

1	基本资格	学历:	专业:
2	工作经历		
3	外语要求		
4	通用技能		

第三节 W公司工作分析的内容

工作分析专案组将收集的资料和各级主管填写的组织设置、组织职能、岗位职责的资料进行汇总分析。

一、供应链管理处组织设计及职能分析

（一）组织设置分析

1. 处、厂部级组织设置（见表9-11）

表9-11 处、厂部级组织设置

组织系统中的供应链管理处组织	供应链管理处实际运作组织架构
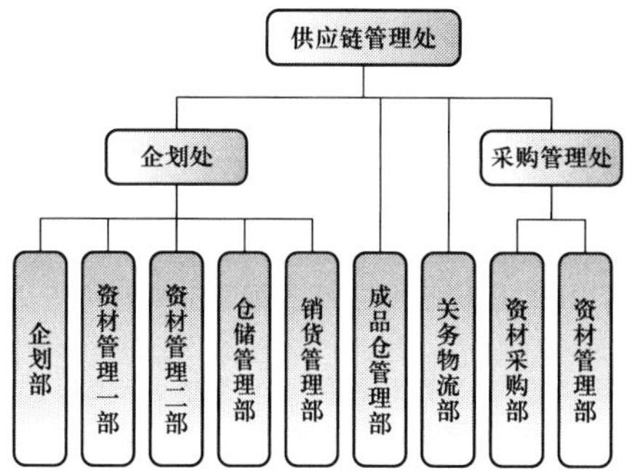	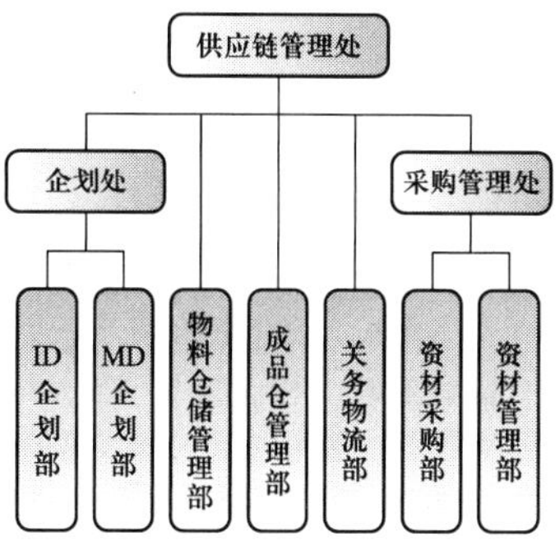

主要问题：
（1）组织系统中供应链管理处有9个部级单位，而实际运作中有7个，系统与实际情况不符。
（2）系统中厂部重复设置，如资材管理一部、资材管理二部和资材管理部。
（3）系统和盘点的组织架构中都有企划处和采购管理处，但实际运作中并没有实际负责人，因此组织层级有叠床架屋之嫌。据了解，主要是为了人员升职晋级方便。

2. 课级组织（以采购部为例，下设机构采购课、电子采购课、采购管理课、外包采购课，见表9–12）

表9–12 课级组织设置

组织系统中组织及人数				实际运作中组织及人数			
课级单位	组级单位	编制人数	现有人数	课级单位	组级单位	编制人数	现有人数
机构采购课	采购一组	7	6	机构采购课	五金件采购组	17	13
	采购二组	6	6		塑件采购组		
	采购三组	8	7		Die-cut采购组		
	采购四组	9	5		ODM采购支援组		
电子采购课	采购一组	5	4	电子采购课	采购一组	33	18
	采购二组	8	5		采购二组		
	采购三组	6	3		采购三组		
	采购四组	9	5		采购四组		
	NPI采购组	6	1		电子NPI		
采购管理课	采购管理组	5	6	采购管理课	采购管理组	7	5
	进出口物流组	5	7		Kitting采购组	7	6
	Kitting采购组	5	7		Buysell采购组	5	5
	Buysell采购组	6	8		结报组	10	9
	结报一组	11	13				
	结报二组	9	11				
	结报三组	4	0				
外包采购课	外包塑胶采购组	4	3	外包采购课	外包塑胶采购组	12	9
	外包金属采购组	5	5		外包金属采购组		
	包材采购组	4	4		包材采购组		

主要问题：
（1）组级单位设置：组级单位名称不规范，不统一；设置数量比较随意，如采购管理课在系统中有7个组，而实际中仅有4个组。
（2）采购管理课：按照职能不应该设置Kitting/Buysell采购组，因为有采购费用结报职能。还有设置进出口物流组，职能和供应链管理处关务物流部如何切分？
（3）各组人数：编制人数没有依据功能及任务量进行定编，完全根据需要任意变动（为编制扩充和自我升职方便），容易造成人力规模的整体失控。
（4）在现职人数超过编制人数时，组织管理系统没有进行预警，管理系统失效。

3. 组级单位岗位设置（见表9-13）

表9-13 组级单位岗位设置

课级单位	组级单位	岗位	现职人数	主要职责
机构采购课	五金件采购组	冲压件采购员	2	1. 在保障合理库存的前提下，按照生产订单要求进行机构件和电子件的采购作业 2. 管理供应商，保障及时保质的交货 3. 对于采购物料中的不良品退货、换货，造成损失的要进行求偿
		紧固件采购员	1	
		压铸件采购员	1	
	塑胶件采购组	镜片采购员	1	
		按键采购员	2	
		翻盖及后盖采购员	1	
	Die-cut采购组	Die-cut采购员	2	
	ODM采购支援组	ODM采购支援采购员	1	
电子采购课	电子采购一组	电子采购员	4	
	电子采购二组	电子采购员	5	
	电子采购三组	电子采购员	3	
	电子采购四组	电子采购员	5	
	电子NPI采购组	电子采购员	1	
采购管理课	采购管理组	采购管理师	1	设计部门KPI及执行评价、推动上级单位要求之专案、配合客户稽核
		助理采购管理师	3	管理维护采购系统、制作进出口通知单、负责推动教育训练
	Buysell采购组	采购管理师	3	控制Buysell交货、处理不良品
		助理采购管理师	2	询价、下单、处理作业表单
	Kitting采购组	采购管理师	3	控制Buysell交货、处理不良品
		助理采购管理师	1	询价、下单、处理作业表单
	结报组	助理采购管理师	8	负责部所有采购作业的结报，以付款给供应商
外包采购课	外包金属采购组	采购管理员	5	询价、下单、交货控制、不良品处理、结报事宜
	外包塑件采购组	采购管理师	3	
	包材采购组	采购管理员	4	

分析：

（1）岗位名称：不规范、不统一，如电子采购员，无法判断岗位职责及工作难易程度。

（2）岗位分工：岗位设置分工太细，如冲压件采购员、压铸件采购员，只负责一种物料或零件的采购，不利于岗位从业人员综合能力的提升，也不利于采购成本的降低。

（3）因人设岗：采购管理课各组的岗位设置，采购前段作业由助理采购管理师负责，后段由采购管理师负责，增加内部沟通成本，又可能造成采购失误。该职能应该集中到同一岗位。

（4）岗位职责：与部门职能描述相似，岗位职责描述仅描述干什么，但不能清楚为什么做、何时做、如何做及做到什么程度。

（5）岗位协作：岗位采购的物料都是用在同一产品或类似产品生产，但岗位互相的协作关系不清，若其中一种物料出现问题，其他物料是否继续采购？若从同一供应商采购多种物料，应该如何去询价？

（6）岗位职责交叉：采购管理课即负责采购业务，又负责整个部的KPI管理评估，如何避免瓜田李下？

（7）人力配置：采购部各课人力配置人数接近，因从岗位职责无法判断工作负荷，所以无法判断人力配置合理与否，但从岗位设计过细和采购管理课采购管理师、助理采购管理师的分工上判断存在人力浪费。

（二）组织职能分析

1. 供应链管理处各部职能分析（见表9-14，从表9-3中得出的资料信息）

2. 课级职能分析

以采购部为例职能分析结果如表9-15所示。

二、机构制造一处组织设置及职能分析

（一）组织设置分析

1. 处、厂部级组织设置（见表9-16）

2. 课级组织（以成型生产部为例，下设企划课、生产一课、生产二课、模具专案课、模具工程课、设备课、支援课，见表9-17）

3. 组级组织及岗位设置（以成型生产部为例）

（1）企划课岗位盘点（下设生产企划一组、生产企划二组、仓储组、包材仓、账务组，见表9-18）。

（2）生产一课岗位盘点（生产一课成型加工A组A/B区与C/D区、E区成型加工性质相同，只盘点分析A/B区A组。生产一组为成型后加工，功能单一，未进行盘点，见表9-19）。

表9-14 供应链管理处各部职能

供应链业务流程	规划产能 ⇨	采购原物料 ⇨	运输管理 ⇨	入库 ⇨	发料 ⇨	出货
职能拆解	1. 向市场部确认客户订单需求 2. 制定生产月、周、日生产计划 3. 各产品生产进度跟进 4. 跟进交货运输计划 5. 准备量产需求物料 6. 成品仓管理	原物料、零配件、半成品采购: 1. 根据产能规划和生产计划进行原物料采购 2. 根据生产进度进行零配件、包材的采购 3. 以上采购交货进度管控 4. 跟进仓库资源准备 5. 处理采购异常 采购生产辅助设备、测试治具等: （1）开发评估生产辅助设备、测试治具等供应商 （2）根据生产需要进行辅助设备、治具的下单、收货等作业	1. 根据物料、产品采购计划安排运输车辆 2. 进行进出口关务通关报备及通关作业 3. 物料、产品账务作业	原物料仓: 1. 合理规划使用仓储空间资源 2. 对采购的原物料仓、半成品、包材进行对账、盘点、入库 3. 成品仓入库管理 4. 定期盘点物料等库存状况，分析成本及物料多少情况并反馈企划和采购	1. 依据生产计划排配准备物料及发料 2. 对于新产品物料要重点管控，及时与上下游单位沟通使用及库存信息	1. 按照客户需求计划安排产品出货计划 2. 跟进生产单位产品生产进度 3. 对于客户退货，及时与企划及生产单位沟通
责任厂部	ID/MD 企划部	资材采购部/ 资源管理部	关务 物流部	物料仓储 管理部	物料仓储 管理部	成品仓 管理部

主要问题:

（1）企划部和成品仓职能重叠，都有成品仓管理，互相之间的协作关系不清晰。

（2）资源管理单位进行辅助设备/测试治具供应商开发及采购，职能错位或与设备处职能重叠。

（3）各部职能只进行了简单描述，只有做什么，没有为什么做、怎么做及做到什么程度。对与各部之间的协作关系定义不清晰，只是各干各事。

表9-15 课级职能

厂部主要职能	职能拆解	课级单位设置	课级单位职能	主要职能拆解
采购原物料	采购机构件物料	机构采购课	采购机构件物料	五金件采购作业
	采购电子件物料			塑胶件采购作业
	采购外包物料			Die-cut件采购作业
	采购Buysell/Kitting			ODM采购支援作业
监督采购作业流程	制定采购部KPI及执行	电子采购课	采购电子件物料	OEM电子零件采购
	制作国外货物进口通知单			ODM主动电子零件采购
	制定采购SOP			ODM被动电子零件采购
	管理维护采购系统			ODM电机零件采购
推动事业群、处要求之专案	VMI/JIT推动			新机种NPI电子零件采购
	教育训练推动	采购管理课	采购支持作业	采购部KPI推动
	提案改善推动			Buysell、Kitting采购作业
	RoHs推动			结报管理
	客户稽核			采购系统维护管理
行政事务	部门费用预算	外包采购课	委外物料采购	委外物料采购
	人员考勤等行政事务			供应商管理
四个课共性职能			VMI/JIT推动、教育训练推动、提案改善推动、RoHs推动、客户稽核、部门费用预算、人员考勤等行政事务	

主要问题：

采购部根据采购物料类别进行课级单位划分，专业性强，但有如下不足：

1. 分工太细

采购部从部到课再到组的专业分工太细，若同一供应商既供应机构件，又供应电子件、包材，则需要不同课不同组的人对接供应商，既造成人力浪费，又不利于整体采购成本的降低。

2. 各课职能划分不合理

三个采购课在关键职能基础上，还有大量专案推动等职能；采购管理课的关键职能是管理监督服务，所以应该将采购Buysell/Kitting作业归属机构或电子采购课，三个课专案推动等辅助职能归属采购管理课，使采购课从行政事务中解脱出来，更有利于发挥关键职能之效益。采购管理课将各课共性职能进行整合，可以从采购部整体上进行监督支持服务。

续表

3. 各课职能协作性 各课采购的零部件是同时进行，还是应该依据产品生产进度依次进行？若电子采购中某种零部件供应不足，同一产品的机构件是否需要暂缓采购，还是按照原计划进行采购？在职能描述中，对于各课之间应该如何协调配合没有进行规定。 4. 职能评估标准 各课职能完成状况如何进行评估和评价没有标准。各课中若出现失误所造成的损失职能描述中也没有进行强调。

表9-16　处、厂部级组织设置

组织系统中的机构制造一处组织	制造一处实际运作组织架构
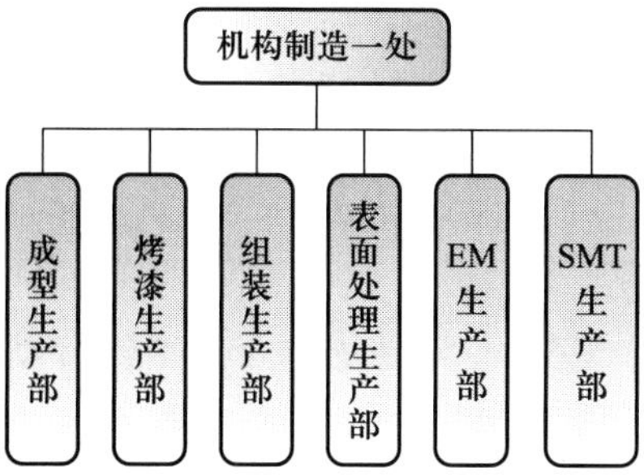	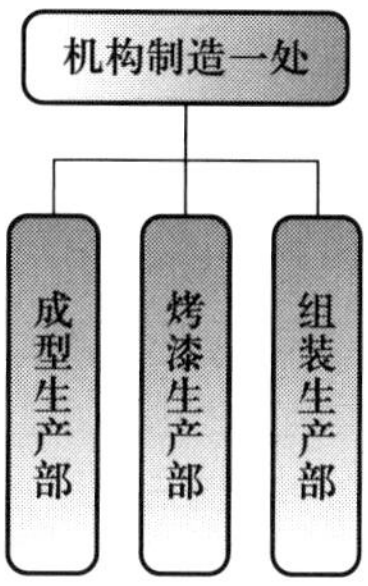
机构制造一处同级协调部门有：产品管理处（新产品开发）、工程管理处（新技术开发）、设备开发处（设备开发）、制造二处（制造）、产销平衡处（市场）、品质保证处（品保）、人力资源处。 主要问题： （1）部级单位设置和供应链管理处存在同样问题，系统中有6个厂部，实际仅有3个部。 （2）SMT生产部属于电子生产的职能，而制造一处主要负责机构零组件的生产。 （3）人力编制为9 900人，而实际仅3 749人。	

表9-17　课级组织设置

组织系统中组织及人数			实际运作组织及人数		
课级单位	组级单位	编制人数	课级单位	组级单位	现职人数
企划课	企划一组	10	企划课	生产企划一组	9
	企划二组	10		生产企划二组	8
	企划三组	12			
	账务组	9		账务组	4
	仓储管理组	58		仓储管理组	20

续表

组织系统中组织及人数			实际运作组织及人数		
生产一课	成型生产一组	21	生产一课	工程组	2
	成型生产二组	21		机台AB区A组	8
	加工一组	413		机台AB区B组	8
	物流一组	33		机台CD区A组	8
生产二课	成型生产三组	21		机台CD区B组	9
	成型生产四组	21		机台E区A组	5
	加工二组	205		机台E区B组	5
	物流二组	33		成型后加工A组	1
生产三课	成型生产五组	13		成型后加工B组	2
	成型生产六组	13		物流组	25
	加工三组	435	生产二课	生技组	2（管理人员）
	物流三组	13			
	移印生技一组	20		生产一组	2（管理人员）
生产四课	移印生技二组	21		生产二组	3（管理人员）
	热压成型组	0		后加工组	10
	切片成型组	0		移印组	4（管理人员）
	成型生产七组	25		物流组	2（管理人员）
	成型加工四组	196			
	物流四组	13	模具专案课	工程组	14
模具专案课	成型工程组	25		试模A组	13
	成型试模组	36		试模B组	14
模具工程课	模具维修组	15	模具工程课	模具工程组	5
	模具保养A组	10		模具维修组	5
	模具保养B组	10		模具保养一组	5
成型设备课	设备维修组	14	设备课	治具一组	8
	设备保养组	10		治具二组	8
	治具组	10		保养组	6
生产支援课	安全管理组	8		维修一组	6
	专案推动组	11		维修二组	5

续表

组织系统中组织及人数			实际运作组织及人数		
生产支援课	资源管控组	10	支援课	支援组	2
				安全组	6
				资源组	3
				请购组	3

主要问题：
（1）成型生产部组织系统中有9个课35个组，实际运作中有7个课35个组。
（2）成型生产部为了组织管理的方便，或是为了部分员工的提拔，人为设置课或组，而组织系统完全不能管控。

表9-18　企划课岗位盘点

组级单位	生产企划一组					
岗位	组长	产能规划员	报表处理员	企划工程师	生产计划员	生产协调员
职责	部属教育训练的开展	根据订单计算每月成型厂人力、机台等	对生管的报表进行归档、汇总等处理	检讨细生管系统并优化、改善	生产计划制作，生产进度跟进	对生产出现的各种异常进行即时处理
在职人数	1	1	1	2	4	1
组级单位	生产企划二组					
岗位	组长	庶务请购员	教育训练员	考勤管理员	行政管理员	周边支援
职责	部属教育训练的开展	固定资产、费用性资产、量治具仪器请购及管理	提案改善、教育训练推动	出勤、加班、医疗费报销、社保卡办理等员工福利处理	员工转正、调动、薪资异常申报	厂部纪律、安全宣导、5S推动
在职人数	1	1	1	1	1	4
组级单位	仓储组					
线班级单位	半成品仓A/B班					
岗位	领班	仓管员（组装件）	仓管员（烤漆件）	仓管员（收料）	仓管员（不良品）	叉车司机
职责	半成品仓管理	1. 为确保后制程生产顺利进行，及时跟踪物料信息，确保账务一致及盘点工作的开展 2. 配合生管作业，降低物料异常而造成的生产后制程异常				
在职人数	2	未盘点一线作业人员				

续表

线班级单位	包材仓A/B班				
岗位	领班	仓管员（包材进货）	仓管员（配送包材）	仓管员（化学品）	仓管员（包材回收）
职责	包材仓管理	包材请购与费用管控	包材入库管控	包材、油墨进货验收及费用性领料	包材回收和出入库管控
在职人数	2		未盘点一线作业人员		
组级单位	账务组				
岗位	仓储账务员		发料账务员		
职责	账务处理、及时过账（入库单、捡料单、溢领单、退料单等）		依工单备料发料、现场物料状况了解、停机料号工单结案、现场退料入库、工单结案、物料报废		
在职人数	2		2		

企划课岗位职责盘点分析		
问题	问题描述	涉及岗位
管理岗位	企划课各组组长职能仅有部属教育训练的开展，职责不清晰	管理岗位
岗位分工细，工作负荷不饱满	企划课各岗位之分工太细，基本上是一岗一事，甚至于两岗一事。如： 1. 企划一组：生产计划员、生产协调员、报表处理员、企划工程师 2. 企划二组：考勤管理员、行政管理员、庶务请购员 3. 仓储组：组装仓储员、烤漆件仓储员、收料仓储员	所有岗位
岗位设置不合理	包材仓班组内为什么会有化学品岗位?	包材仓
职责描述	各岗位的描述不具体、不全面，主要是做什么	各岗位
职能错位	企划二组职能多为人事行政事务，非企划职能	企划二组各岗位
职能交叉	企划的仓储组设有半成品、包材仓等功能，和供应链管理处物料仓、成品仓功能如何区分？如何协调?	企划仓储组岗位
岗位评价	部分岗位价值没有正确体现，如庶务请购涉及费用、设备管理，教育训练、提案改善要进行课程规划、案件评审等，产能规划是一件复杂的工作，但却定位为员级岗位	各岗位
总结: （1）从以上分析可看出，成型生产部设置企划课中的企划功能、仓储功能和供应链管理处中企划部物料、成品仓功能重叠。 （2）企划属于生产业务流程中规划功能，依据订单进行生产排配，不应该设置在成型生产部，而应该设置在制造处。 （3）即使在生产厂部中设有企划功能，也应该回归其专业性，不应该有很多无关职能。		

表9-19 生产一课岗位盘点

组级单位	工程组			
岗位	组长	模具改善分析员	试模技术员	架模员
职责	1. 生产计划、改善计划制定推动 2. 部属培育	1. 成型周期的检讨与改善 2. 制程良率的检讨与改善 3. 制程品质改善	1. 异常模具修复后试模确认 2. 模具改善执行	1. 异常模具修复后试模确认 2. 模具改善执行
在职人数	1	1	1	0

组级单位	物流组			
班级单位	A班			
岗位	领班	物流运输	耗材、废料处理	工单入库
职责	1. 生产计划达成及损耗管控 2. 生产效率及良率达成提升 3. 部属培育	包材运送到产线	耗材报废处理	搬运产品及工单入库
在职人数	1	10	10	3

组级单位	成型加工A组（A/B区）				
线班级单位	A区线				
岗位	线长	技术员	架模员	加料员	模具保养员
职责	1. 生产计划执行 2. 生产人员排配 3. 部属培育、提案改善推动	成型机点检、保养，辅助设备点检、保养	成型模具架设	原料、耗材的领用及管控	成型模具点检与保养
在职人数	1	5	1	1	0

生产一课岗位盘点分析		
问题项目	描述	涉及岗位
岗位名称	1. 不规范：物流运输，工单入库，耗材、废料处理为工作职责，不能作为岗位名称 2. 工作性质：如技术员是哪种工作技术员？ 3. 岗位职级：生产一课的岗位基本都为员级，而模具改善分析员从工作难易度看应该为工程师级	所有岗位
岗位重复	工程组和成型加工A区线岗位有重复	工程组岗位、成型加工
职能交叉	成型生产一课模具相关岗位职责与成型模具专案课、工程课职能交叉	模具相关岗位

（3）模具专案课岗位盘点分析（见表9-20）。

表9-20 模具专案课岗位盘点

组级单位	工程组			
岗位	组长	专案工程师	生产支持工程师	物流线长
职责	统筹厂内各专案的开发进度	1. 新专案导入试模及问题点检讨 2. 责任机种的开发进度跟进	1. 成型新技术评估、引进、应用 2. 成型机技术难点攻克 3. 成型技术研究	试模物料的领料、运输等
在职人数	1	4	4	6
组级单位	试模A组（试模B组与试模A组职责相同）			
岗位	组长	试模技术员	架模员	量试线长
职责	1. 组内人员与任务的合理安排 2. 组内教育训练	1. 每日试模、量试作业的达成 2. 模具的点检与保养	对所承接的模具进行试模、量试作业	1. 量试产品加工效率及人力评估 2. 加工质量提升 3. 量试制程评估及SOP文件审查应用
在职人数	1	5	3	5

模具专案课岗位盘点分析		
问题项目	描述	涉及岗位
岗位名称不规范	如专案工程师、生产支持工程师等，不能体现岗位性质及特点	各岗位
岗位职责描述	各岗位描述基本上都是做什么	各岗位

（4）设备课岗位盘点分析（见表9-21）。

表9-21 设备课岗位盘点分析

组级单位	治具一组		
岗位	组长	治具设计	治具维护
职责	治具设计、人员管理	1. 治具设计：去料头、机械手设计开发 2. 成型生产、加工自动化技术的开发应用 3. 新治具开发发包及验收	治具维护保养
在职人数	1	6	2
组级单位	治具二组		
岗位	组长	治具开发工程师	治具维修技术员
职责	治具设计、人员管理	1. 治具设计：去料头、机械手设计开发 2. 成型生产、加工自动化技术的开发应用 3. 新治具开发发包及验收	治具维护保养
在职人数	1	6	2

续表

组级单位	设备保养组			
岗位	组长		保养员	
职责	1. 保养组技术的提升及提案改善的推进 2. 保养组人员的管理		1. 新设备的安装调试 2. 成型机及辅助设备保养 3. 保养异常处理	
在职人数	1		6	
组级单位	设备维修组			
岗位	组长	副组长	维护工程师	维修技术员
职责	1. 设备维修的日常工作安排及稽核 2. 配合成型生产对设备进行改善和改进工作 3. 安全管理 4. 人员管理	配合组长工作	1. 成型机及接口设备的日常维修 2. 新进设备的安装、调试及问题点的解决	成型机及接口设备的安全，日常点检及稽核
在职人数	1	1	4	1

设备课岗位盘点分析		
问题项目	描述	涉及岗位
职能重复	治具一组和治具二组职能相同，可合并成一个组	治具一组、二组
岗位名称不统一	治具一组的治具设计 、治具维护岗位应该改为治具开发工程师、治具维修技术员	治具一组岗位
岗位分工不明确	设备保养组有6位保养员，应该进行合理分工，以利于定岗	保养组岗位
管理层级	设备维修组编制有7人，设一层管理层级即可，没必要再设副组长	维修组

（5）支援课岗位盘点分析（见表9-22）。

表9-22 支援课岗位盘点

组级单位	支援组			
岗位	组长	支援汇总		EICC稽核
职责	组内各项事务统筹	1. 治具发包 2. 对厂部所有工务及零星工程的异常开单跟催处理 3. 按照生产的出货量打印相对应料号的标示单，提供产品出货 4. 每日出勤及加班按考勤规定时间传给考勤人员		部内EICC推动
在职人数	1	2		1
组级单位	7S/工业安全组			
岗位	组长	7S班	机电工务班	纪律维护/工业安全班

续表

执掌	组内各项事务统筹	1. 现场清洁维护 2. 7S稽核及评比	机电工务异常处理	厂部纪律稽核及工业安全隐患处理	
在职人数	1	4	1	1	
组级单位	支援备品组				
岗位	组长	备品请购	备品管理	固定资产管理	RoHS推动
执掌	组内各项事务统筹	备品请购及收货作业	备品管控作业	报关及固定资产管理	RoHS管理材料整理
在职人数	1	1	1	1	兼职
组级单位	请购组				
岗位	组长	模工请购	生产请购	设备请购	请购单签核
执掌	组内各项事务统筹	1. 模工课物品请购进度跟催 2. 模工课请购异常处理	1. 生产课物品请购进度跟催 2. 生产课请购异常处理	1. 设备课物品请购进度跟催 2. 设备课请购异常处理	请购单签核
在职人数	1	1	1	1	兼职
支援课岗位盘点分析					
问题项目	描述			涉及岗位	
岗位名称	支持课各岗位没有具体名称，只有岗位职责			各岗位	
岗位职能定位模糊	支持课各岗位职责基本上是行政事务，和其他部门岗位职责有交叉重叠，如请购组和企划、采购的岗位			各岗位	

综合以上，从供应链管理处采购部、制造一处成型生产部岗位盘点分析可以看出，W公司岗位管理体系基础薄弱。

（二）组织职能分析

1. 制造一处各部职能分析比较（见表9-23）

表9-23　制造一处各部职能分析比较

制造一处主要职能	成型生产部	烤漆生产部	组装生产部
生产机构零组件及组装半成品	按照生产计划成型零件	按照生产计划和成型生产部、金属件生产部交货数量进行零件烤漆	按照生产计划组装机种半成品
制造管理（职能相似）	1. 生产管理 2. 物料、半成品管理 3. 生产设备设施维护及保养 4. 生产人员调配 5. 生产成本管理 6. 跨部门协调（人、料、设备），以保障生产进度		

续表

协助产发进行新产品量试	协助产发进行新产品量试，合理排配设备和人员
主要问题： （1）在各厂部职能中有物料、半成品管理，即设有仓库。和供应链管理处物料仓/半成品仓职能如何区分，没有清晰界定。且按照该公司盘点的规定，每半年进行一次大盘点，半年内生产部门可能堆积大量物料。 （2）生产厂部主要职能为生产，周边职能应该归属到专责单位。如物料半成品管理、生产设备设施维护及保养等。 （3）处/部职能仅描述做什么，而没有清楚说明为什么做、如何做、做到什么程度。	

2. 部级单位职能分析（以成型生产部为例，见表9-24）

表9-24 部级单位职能分析

成型生产部主要职能	职能拆解
1. 成型零件生产 2. 生产管理（产销排程、生产、库存） 3. 人员管理 4. 设备及设施管理 5. 成本管理（预算及费用管控） 6. 跨部门协调	1. 生产交货及营运目标达成 2. 制造成本管理 3. 安全生产总体目标制定及督导 4. 产能规划，人力设备，厂地规划审查 5. 组织规划管理及方针展开 6. 全面质量管理 7. 重要干部提拔及培养 8. 组级以上重要干部培训计划审核 9. 训练部属提拔优秀人才 10. 员工绩效管理 11. 与其他部门协调沟通
协办职能	协办职能拆解
新产品量试协助	协助NPI成型零件新产品量试

3. 课级职能及职能拆解（以成型生产部各课为例）

（1）企划课（见表9-25）：

表9-25 企划课职能及职能拆解

企划课主要职能	职能拆解
1. 产能规划	产能规划： 1. 收集、整理标准工时资料 2. 收集、整理各机种Forecast 3. 预算产能（成型机及接口设备，人）需求 4. 制定产能瓶颈或产能富余解决对策并落实
2. 交货达成	交货达成状况： 5. 制定每周生产排配 6. 检讨每日生产达成状况 7. 检讨每日原物料供应状况 8. 及时反映交货异常

续表

企划课主要职能	职能拆解
3. 库存控制	库存控制： 9. 半成品出入库管制 10. 分析、控制半成品良品库龄 &库存 11. 分析、控制半成品仓不良品库龄库存
4. 包材费用管控	包材费用管控： 12. 每周依照排配进行包材请购 13. 每日进行包材配送 14. 每日包材回收
5. 账务管控	账务管控： 15. 保证账物一致 16. 每日依工令进行收料、发料 17. 工令结案时效性的管控
6. 部门KPI管控考评	部门KPI管控考评： 18. 收集、整理KPI数据 19. 分析KPI数据，制定未达标之对策并落实
7. 人事行政作业	内部管理： 20. 每日出勤/加班管控申报 21. 员工需求申报
8. 教育训练	教育训练： 22. 教育训练作业 23. 提案改善申报与管控
9. 资产请购	资产请购： 24. 固定资产请购与管理 25. 费用性资产的请购 26. 量治具仪器的管理

（2）生产一课（见表9-26）：

表9-26 生产一课职能及职能拆解

生产一课主要职能	职能拆解
1. 产能达成	产能达成： 1. 生产计划跟进与达成 2. 生产人员的调配及管理 3. 生产异常处理及对策分析 4. 每日例会执行及政策倡导 5. 产品质量持续改善 6. 生产效率持续改善 7. 成型参数设定及优化 8. 提案改善推动及执行 9. 成型机台每日的维护及点检
2. 产品加工及包装	产品加工及包装： 10. 生产计划达成与跟进 11. 生产人员的调配及管理 12. 加工异常处理及对策分析 13. FQC 批退管控 14. 每日例会执行及政策倡导 15. 推动提案改善及执行 16. 生产环境维护及执行 17. 工业安全教育与推动

续表

生产一课主要职能	职能拆解
3. 治具的安装、保养及点检	治具的安装、保养及点检： 18. 治具的安装、调试与维修 19. 治具的点检与定期保养 20. 治具的开发与制作
4. 产品的入库及生产耗品的领用	产品的入库及生产耗材管控： 21. 生产原料领发 22. 现场产品入库 23. 现场物料清运
5. 教育训练的规划及推动	教育训练的规划及推动： 24. 制定年度及每月的课培训计划 25. 培训计划达成状况的跟进
6. 模具维修与改善	模具维修及改善： 26. 与模工课共同检讨模具的维修方案，提出改善建议
7. 专案推动	专案推动： 27. 协助支持课开展纪律、安全等活动的稽核及参与活动 28. FPS活动的规划及推动 29. 5S、工业安全、提案改善、QC小组等活动的推动

（3）生产二课（见表9-27）：

表9-27 生产二课职能及职能拆解

生产二课主要职能	职能拆解
产品移印（生产二课其他职能和生产一课相同）	1. 负责产品移印生产 2. 操作人员的工作方法的指导和生产机台5S管控 3. 生产异常处理与机台的维护保养

（4）模具专案课（见表9-28）：

表9-28 模具专案课职能及职能拆解

主要职能	职能拆解
1. 新产品导入的试模量试	新产品导入的试模量试 1. 每日依试模、量试排配合理安排试模量试工作任务 2. 试模状况的及时跟进，并做好状况记录 3. 拟订详细的试模检讨报告并收集样品（作修模参考） 4. 试模各类窗体的审核与验收
2. 主导模具试模问题点检讨及改善	主导模具试模问题检讨及改善 5. 明确试模目的，检讨模具改善状况 6. 检讨试模问题点，并拟订建议对策 7. 针对试模异常，拟订详细的分析报告并提出改善建议 8. 针对长期存在的成型难点问题，主持检讨会并拟订几种解决方案

续表

主要职能	职能拆解
3. 统筹厂内各专案的开发进度	统筹部内各专案的开发进度 1. 明确各机种的整体开发进程 2. 机械手取出治具及加工治具的评估与申请 3. 掌控开发项目的量试良率，重点关注具有较大改善空间之产品，并稽核其作业流程 4. 根据各项目的开发难易度和紧急度，弹性调配人力 5. 制程文件的评估，发行状况跟催 6. 新产品的导入量产
4. 人员管理	人员管理： 7. 课内工程师，技术员的合理调配
5. 新技术的引进、评估、传承及提案改善推动	新技术的引进、评估、传承及提案改善推动 8. 教育训练课程规划与落实 9. 针对各种产品的成型特点，进行DOE验证，寻求成型参数的最优化 10. 新进设备的使用与评估 11. 各类特殊机构的模具试做与评估 12. 先进成型工艺的引进及评估 13. 推动提案改善的达成
协办职能	**协办职能拆解**
1. 协助塑件开发完成新项目开发	协助塑件开发完成新专案开发： 1. 协助塑件开发完成量试出货需求 2. 针对产品模具问题，同塑件开发沟通，建议对策，最终确定改善方案 3. 协助塑件开发确认修模及改善状况
2. 协助生产完成新项目的导入量产	协助生产完成新项目的导入量产： 4. 新产品的导入量产 5. 协助完成标准成型条件的确定 6. 制程文件的评估，发行状况跟催 7. 提供模修模具开发段常见的问题及改善对策进行修模参考
3. 协助品管跟进开发段产品的质量	协助品管跟进开发段产品的质量： 8. 掌控开发项目的量试良率 9. 从模具、设备、原料三方面考虑提升产品质量 10. 协助DQE检讨并完成开发段产品制程的检验规范

（5）模具工程课（见表9–29）：

表9–29　模具工程课职能及职能拆解

主要职能	职能拆解
1. 负责成型模具异常的维修与改善	负责成型模具异常的维修与改善： 1. 模具异常取证，检讨异常原因，制定改善方案 2. 综合考虑成效、难度、交期，制定模具维修方案，并监督执行 3. 模具设计及产品设变方案，出图及加工工序排配 4. 模具零件机械加工任务执行 5. 整理模具失效改善报告并对提案改善负责

续表

主要职能	职能拆解
2. 负责成型模具的管理、保养及维护	成型模具的管理保养及维护： 6. 根据生产记录及模次，制定成型模具定期保养计划，并督导执行，负责模具保养异常检讨、保养制度完善 7. 成型模具类固定资产管理，包括模具存放、取用、出入接送 8. 成型厂模具进出管理，通知企划、生产、制工及品保，管制模具的变异 9. 依据生产排配，准备模具、版次、料号，及时提供给生产单位生产，待其生产完毕后接收模具并妥善处理
3. 成型模具工程数据的建立及管理	成型模具工程数据的建立及管理： 10. 模具工程文件/图文件承接 11. 模具备品、工具备品图纸建立、请购与管理 12. 模具ECN设变方案的评估
4. 组织的健全及员工素质的培育提高	组织的健全及员工素质的培育提高： 13. 模工课职能完成的检讨，优化人员任用及责任分工 14. 全员安全/纪律的培训，教育训练的制定与执行 15. 建立项目小组，定期检讨进度，推动技术突破与人员训练
5. 新设备新工具及新技术引进	新设备新工具及新技术引进： 16. 模具保养及维修相关工具、刀具、治具的引进 17. 成型模具领域先进技术的引进、推广 18. 模具维修方法的创新实验，模具设计的创新实验
6. 专案项目的展开、推动及检讨	
协办职能	**协办职能拆解**
1. 成型治具和其他单位治具的加工	成型治具和其他单位治具的加工： 1. 成型周期缩短项目的推动，降低模具故障率，提升效率、良率，精简后加工人力 2. 成型治具或检测治具等图纸的接收、审核及零件加工
2. 制工及品工提出产品设变的执行	制工及品工提出产品设变的执行： 3. 制工单位或品工提出产品设变和改善的方案，由模工课负责执行

（6）设备课（见表9-30）：

表9-30　设备课职能及职能拆解

主要职能	职能拆解
1. 成型设备维修及旧设备改善	成型设备维修及旧设备改善： 1. 日常设备的点检 2. 日常设备的维修 3. 生产辅助设备的改善 4. 设备损失时间的管控及提出长期改善计划
2. 成型设备保养和新进设备的承接	成型设备保养和新进设备的承接： 5. 成型设备的预防性保养（一、二、三级保养标准） 6. 成型新进设备的安装、调试、试机 7. 成型设备厂内移动的安装、调试、试机 8. 成型设备固定数据的管理 9. 新建成型厂LAYOUT的初步规划

续表

主要职能	职能拆解
3. 成型自动化设备的开发及改善	成型自动化设备的开发及改善： 10. 日常治具的维修 11. 成型新切浇口治具的设计与开发 12. 机械手特殊治具的设计与开发 13. 成型自动化设备的设计与开发 14. 现有治具的改善
4. 人员管理、培训	人员管理培训： 15. 每周周会的主持 16. 每周主要工作的展开 17. KPI的管控 18. 针对故障多发项目作出改善对策并进行人员的教育训练 19. 新自动化设备开发注意事项培训 20. 培训组级人员的协调管理能力
5. 了解成型其他课别新的需求	了解成型其他课别新的需求： 21. 每周部内周会了解各位对设备、自动化设备、保养新的需求进行改善或开发
6. 了解塑件开发对新的治具需求	了解塑件开发对新的治具需求： 22. 向塑件开发了解新机种开发对治具的特殊要求

（7）支援课（见表9-31）：

表9-31 支援课职能及职能拆解

主要职能	职能拆解
1. 负责本部所有物品请购、消耗分析管控	负责本部所有物品请购/消耗分析管控： 1. 固定资产及消耗性物品请购与管理作业 2. 针对厂部生产各消耗品出入库的需求进行物品请购与交货跟进，确保厂部生产顺畅 3. 各类备品进出入库管理与系统化作业，使厂部消耗性物料成本得到有效控制 4. 根据厂部各类消耗成本进行厂部每月的费用分析，及时掌握并控制生产成本 5. 各课请购物品的收货验收及发放作业 6. 量具、治具仪器的管理 7. 备品周、月、季度、年度盘点及清册汇总作业 8.备品请购时质量/交期异常处理
2. 8s、工业安全、纪律规划及执行	8s、工业安全、纪律规划及执行： 9. 厂部8s、安全、纪律规划及落实 10. 厂部安全设施规划与配置，保障安全生产及消防设施检查与维护，杜绝意外 11. 安全事故分析与异常排除，物料及人身安全控制，保障信息安全，将损失降至最低 12. 厂部人员安全教育，提升全员素质 13. 加强纪律倡导与稽查，提升全员素质，提升厂部形象 14. 每日纪律、安全、8s稽查及改善，并做“回炉”教育训练

续表

主要职能	职能拆解
3. 人事行政	人事行政： 15. 人事规章、EICC、SER的倡导及执行 16. 人员加班、考勤、请假汇总申报 17. 督导和协助厂部训练开展及厂部活动组织与开展 18. 内外部稽核应对（ISO9000、EHS、SER等系统稽核及客户稽核中涉及员工培训方面应对）
4. 负责请购单据核对	负责请购单据核对： 19. 与采购课、使用单位核实请购单数量及交货进度 20. 配合采购处理退补料事宜
5. 负责厂部零星工程跟进	负责厂部零星工程跟进： 21. 与厂务部确认部内维修事项进度跟催
6. 新技术、新设备的开发	新技术、新设备的开发： 22. 参与模工、设备课在模具及设备上的改良，提升生产质量、效率

4. 对成型生产部各课的职能设计及分工协作进行分析总结（见表9-32）

表9-32　成型生产部各课的职能设计及分工协作

问题项目	问题细项	描述	涉及部门
职能设置	重复设置	• 成型生产部上级单位制造一处同级协调单位有设备、企划，还有外部模具单位，成型生产部不应再设置设备课、企划课和模具专案及模具工程课 • 可以请相关单位在成型生产部设置派出单位，生产单位主要职能应该是生产	设备/企划/模具专案/模具工程
	协调性	• 成型生产部同级的烤漆、组装生产部都设有企划课，成型、烤漆、组装是业务流程联系紧密的单位，增加协调成本 • 企划职能应该设置为制造一处的职能，以利统一协调成型、烤漆、组装的生产排配	企划
职能描述	职能结构	• 从部主要职能、协办职能到拆解为各课的主要职能、协办职能及拆解描述，基本都为主动结构，而不是动宾结构	各课
	职能权限	• 从职能描述中，看不出部、课的职能权限及信息传递路线	
	职能评价	• 职能描述中没有对职能进行绩效评价的标准	
职能交叉	人事行政	• 企划课负责成型生产部所有人事行政事务作业	企划课
		• 支援课又有人事行政职责	支援课
	物品请购	• 固定资产请购与管理 • 费用性资产的请购 • 量具、治具仪器的管理	企划课
		• 负责本部所有物品请购、消耗分析管控	支援课
	治具开发	• 治具的开发与制作	生产一课、二课
		• 机械手取出治具及加工治具的评估与申请	模具专案课

续表

问题项目	问题细项	描述	涉及部门
职能交叉	治具开发	• 日常治具的维修 • 成型新切浇口治具的设计与开发 • 机械手特殊治具的设计与开发 • 成型自动化设备的设计与开发 • 现有治具的改善	设备课
		新技术、新设备的开发： • 参与模工、设备课在模具及设备上的改良，提升生产质量、效率	支援课
		• 量具、治具仪器的管理	支援课
	成型设备保养	• 成型机台每日的维护及点检	生产一课、二课
		成型设备维修及旧设备改善： • 日常设备的点检 • 日常设备的维修 • 生产辅助设备的改善 • 设备损失时间的管控及提出长期改善计划 成型设备保养及新进设备的承接： • 成型设备的预防性保养（一、二、三级保养标准）	设备课

第四节 W公司工作分析中发现的问题

通过对W公司B事业处供应链管理处和制造一处的工作分析，专案组发现W公司组织及岗位管理主要存在的问题见表9-33。

表9-33 W公司组织及岗位管理存在的主要问题

项目	维度	主要问题
W公司	主要业务及管理模式	W公司业务主要是为客户产品进行贴牌生产，客户负责市场和产品设计。在消费电子产品兴起的年代，W公司随着客户产品全球市占率的提升而业务量大增，为满足客户需求，公司规模急速扩充。十年间，W公司生产基地从一地扩充到全国各地，设备大量采购，拥有大规模的组装生产线，人员只要事业单位提出需求人资部门就全力招聘，有一年从社会招聘了干部7 000余人。在此期间，W公司的管理主要依赖： 1. 移植母公司的管理模式 2. 客户协助管理 3. 各级管理干部的责任心
	职能设计	公司级职能： 基本职能：产品设计、产品开发、生产、资讯、物流、经管、人资、会计、财务 关键职能：产品开发、生产 组织设计围绕产品开发、生产职能进行资源配置，但没有合理的管控模式，造成其他职能只有配合的义务

续表

项目	维度	主要问题
W公司	组织设计	W公司的组织设计内部称为“画组织”，画一版组织架构（包括各级部门设置、各部门负责人、各部门职责、人员编制）相关权限主管签字认可，就成为部门成立、人力招募、员工晋升等作业依据
	组织管控	组织设计中部门设置、管理层次、管理幅度没有规范及评估标准，组织管控只能依靠集权
	组织制度	对于组织设置、组织管理、组织绩效等没有相应规范
厂部级以上组织	职能结构	1. 各事业处按照业务流程进行职能划分：市场、产品开发、制造工程、生产、供应链、品质管理、经营管理等。其中关键职能为产品开发、生产
		2. 各事业处之组织不分业务量多寡、人力多少，职能部门一应俱全。 如新成立的一个事业处，人力规模不足100人，也要设立人资处，就因为一位人资的协理加入新组织
		3. 纵向职能：W公司纵向职能层次多，拆解细，在消费电子产品市场需大于供、公司订单多时，此种分工能适应大规模生产的需要。但外部市场发生变化时，造成公司反应慢、转身难
		4. 职能协调： （1）横向难协调：W公司部门本位主义严重，横向协调要靠上级主管权威、私人关系、开各种会议进行沟通协商。如B事业处每周都要召开产销协调会，生产部门、生产支援部门、辅助部门之间是相互指责，互不买账。两个小时的会议，往往不了了之。最后只能由更高一级的主管出面解决问题 （2）纵向有断层：W公司总部各职能单位为新成立的，从集团划拨及新成立各事业单位均拥有相对应的职能单位，总部职能单位和事业处职能单位是业务关系，事业处职能单位的直接上级单位是事业处主管，所以对于职能体系中真实情况总部职能单位并不了解。如人力需求，基本上是事业单位申报数量，而对于需求的合理性，人资处无从评估
	职权结构	W公司为大型制造业，在经营上执行成本战略，高度集权，人事权、财务权都集中在事业群和事业处两级主管手中
		职权结构： 1. 直线职能权： 事业群—事业处—产品处—制造处—厂部指挥链清晰，管理范围、责任明确，但对于管理权限没有明确界定 2. 参谋职权： 周边部门拥有建议权，但专业性不足，多为被动因应，解决问题，不具前瞻性 3. 职能职权： 周边部门不具有直线指挥权，专业业务也需要事业群主管及事业处主管同意后才能进行
		W公司管理层级： 生产单位：厂部级及以上管理层级为5级。 （集团→）事业群→事业处→产品处→制造处→厂部 总部周边单位：厂部级及以上管理层级为3级。 （集团→）事业群→产品处→厂部职权结构

续表

项目	维度	主要问题
厂部级以上组织	管控模式	1. 集权制。因为各事业处之业务性质相同或相似，都为生产制造型，为节省成本及利于规范化、标准化，W公司对各公司管控模式为操作性管控，如人事/财务/经营决策/绩效指标等都由事业群和事业处级主管掌握，没有相应的标准
		2. 因为没有明确的管理规范和体系，各级主管的管理完全依靠经验、责任心和个人喜好。如B事业处总经理为美籍华人，喜欢授权，管理宽松，但太过宽松造成组织规模臃肿。A事业处总经理喜欢集权，大事小事都喜欢自己决定，在组织规模上相对精干，但造成干部责任心不足，凡事都喜欢往上面推
		3. W公司的管控模式虽然有很多不足，组织扩充很快，有人力浪费，但因为该公司能快速进入新产品线，拥有的人力储备和技术储备使该公司拥有成本竞争优势
厂部级以下组织	职能结构	厂部级职能划分： 1. 生产职能： 按照生产工艺流程进行职能划分，如成型、烤漆、机构组装、SMT、系统组装、测试维修等厂部 2. 周边职能： 按照职能进行部门设置，如采购、物流、品管、设备 3. 生产课级职能： 大而全。在生产厂部中，职能应该以生产为主，如成型厂主要就是塑件成型，工艺很简单。但该公司的生产厂部职能基本和产品处级的职能差不多 4. 周边课级职能： 按照生产需要进行周边职能设置，但与生产厂部内周边职能重叠
	职权结构	生产厂部：有5级。 厂部→课→组→线→岗位 周边厂部：有5级。 厂部→课→组→班→岗位 从公司到具体岗位生产单位有9级管理层次，周边厂部有7级管理层次
		直线职能权： 厂部主管→课级主管→组线班指挥链，但管理权限等不清晰，存在不当授权，特别在人力管理上 参谋职权： 厂部没有对应各参谋单位的对应窗口，负责对接上级各参谋单位
	组织管理	厂部的组织管理无章可依，特别是对人员的管理，组线级主管拥有与其职位不对称的权力，如对不如意的员工任意处置，包括除名、不安排加班等。而厂部级/课级主管一般都会支持组长/线长，不愿意直接面对基层员工，所以该公司一线员工离职率居高不下
岗位管理与人力配置	岗位管理	1. 该公司对于工作岗位按照工作性质、难易度、复杂度进行了职系、职级的定义，如人资职系，招聘专员岗位，职级范围，师一—师三等 2. 在职系、职级定义的基础上，没有进一步对具体岗位职责、任务和工作规范进行分析，即岗位没有岗位说明书 3. 各单位对于岗位设置原则、数量、名称、职责分工、任职资格等无法可依，基本上按照传统或管理者经验进行设置和描述 4. 因人设岗现象严重 5. 管理层级、管理权限、晋升条件等无法可依，所以各部门主管争相扩大地盘，扩大编制，以显示自己部门工作的重要。还有自己给自己升官现象，如部门组织从部级画成处级，部门主管就顺理成章升为处级 6. 岗位设置没有考虑岗位工作重要程度、复杂程度、任务量大小等，很多岗位是一人多事，或一事一岗，忙的忙死，闲的闲死

续表

项目	维度	主要问题
岗位管理与人力配置	人力配置	1. 人力配置数量： 一线岗位人力配置由产线线长申报，组长、课长、厂长又层层加码，造成人力配置失真，无限膨胀 管理技术干部岗位人力配置由部门主管决定，有业务新增、工作量增加、工作拆分、补充离职等因素，但多数主管心里想的是扩充势力 2. 人岗匹配： 无从评估，只能凭借主管经验进行安排。但因为岗位分工很细，岗位工作复杂度不高，所以一般人员只要执行力够，基本能够适应 3. 直接间接比： 直接人力能够达到80%，间接人力20% 4. 管理幅度： 管理幅度偏窄
管理规范	管理制度	职、责、权管理规范不清晰 有职无责、有责无权、有权无责的现象严重，没有制度进行规范
	激励制度	个人激励，但没有组织激励制度

第五节　W公司工作分析结果的应用与效果

专案组工作分析发现的W公司组织设置中存在的问题，呈报公司高层后，决定在第一次工作分析基础上，建立组织设置流程规范，确定组织设置作业原则，以及对组织岗位管理规范化，并进行组织设计变革和岗位设计。

一、W公司组织整顿

（一）组织设置流程规范

参考业界标杆企业组织，专案组制定W公司组织设置作业流程，并在W公司新成立的事业处组建进行试点验证，取得良好效果。该流程经W公司经营层批准，作为公司组织设置的标准作业流程（见表9-34），并依据此流程展开全公司组织盘点和建置。

表9-34　组织建置作业流程规范（以成立事业处为例）

流程	说明
制定组织战略、目标	企业战略、目标是组织建立的前提
规划技术鱼骨图	为实现企业战略目标，我们要从事哪些业务，具备哪些技术和能力。因此，在战略目标基础上要规划技术鱼骨图

续表

流程	说明
整理业务主流程	如何应用我们的技术和能力创造价值，需要先有作业流程，然后有投入、过程和产出。所以在技术鱼骨图基础上，从功能或阶段整理确定主流程
一级组织角色分工	在业务主流程图上，一个或多阶段功能应对应一个组织；合理的阶段功能整合与分工，也应对应一个组织
设置处级组织	依据各功能的分工和协作，设置产品处、周边机能处级组织结构
二级组织角色分工	对处级某一个或多阶段功能进行拆解，可得出此阶段功能的工作职责
生产制造处/周边部级组织架构确定	依据二级组织角色分工确定的工作职责，进行制造处、厂部级组织架构的确定： 1. 生产单位可设制造处级组织 2. 周边单位可设部级组织
三级组织角色分工	将制造处、部级组织的工作职责拆解成具体工作项目和具体工作任务
生产部、周边课级组织及人力配置	依据三级组织角色分工之工作职责进行生产部、周边课级组织的建置，依据工作任务对生产部和周边课进行人力配置评估
四级组织角色分工	将生产部、周边课级组织的工作职责按照生产工艺或内部分工拆解成生产课—组—线/班—岗位或周边组—岗位的工作项目和工作任务
生产课—组—线—岗位、周边组—岗位组织及人力配置	依据四级组织角色分工之工作职责进行生产课—组—线—岗位/周边课—组—岗位组织的建置，依据工作任务对课—组—线—岗位和周边组—岗位进行人力配置评估

（以上为作业原则，四级分工也可以是两级或三级分工。）

（二）组织设置作业原则

1. 功能归类及拆解

依据业务主流程，共梳理出22项主要功能，对各功能进行归类，以作为组织分工与合作的基础。功能主要分为四类，并拆解为二级职能，包括：

（1）工程类：包括市场行销、设计工程、设备开发管理、产品开发工程、模具设计、模具开发管理。

（2）生产类：包括制造工程、供应链管理、机构制造、电子制造、系统组装、维修制造。

（3）经营类：人力资源、工业工程、行政总务、系统资讯、经营管理、工务。

（4）品质类：工程标准、品质工程、品质保证、品质检验。

二级功能按照技术类别拆解为三级功能，如供应链管理，包括物料控制、仓储管理、物流、关务、资源管理等，三级功能按照具体职责继续拆解为四级功能，如仓储管理可拆解为仓储规划、仓储管理、仓储作业具体工作岗位。

2. 功能整并

依据功能归类原则，生产制造单位专注生产，其组织中不应包含IT、工务及周边等功能，应回归事业处周边职能部门。

3. 组织层级

构建合理、精干、高效的组织层级

（1）事业处组织最多为7层：事业处→产品处→制造处（直属部）→生产部（课）→课→组→线（班）。

（2）事业处周边单位最多为4层：机能处→部→课→组（如有必要）。

4. 管理幅度

（1）生产单位：课/组管理幅度扩大1 ~ 3倍（目前平均为9人），线长管理幅度扩大1 ~ 2倍（目前平均为20人），并制定生产单位线组长管理幅度规范，如表9–35所示。

表9–35 生产单位线组设置规定

分类	制程	子制程	（单位：人）组级	（单位：人）线级	备注
设备	成型	机台操作	12 ~ 15人/组	/	不设线，4台机/人
输送带	涂装	上下挂/喷房	2 ~ 3	30 ~ 35	每条烤漆线白夜班各设1组长
输送带	涂装	印刷	2 ~ 3	20 ~ 30	/
Line	印刷	/	3 ~ 4	25 ~ 35	/
Line	组装	组装/检包/成型后加工	3 ~ 4	30 ~ 35	/
Line	印刷	CELL印刷	3 ~ 4	15 ~ 25	新增
Line	组装	CELL组装/检包/成型后加工	3 ~ 4	15 ~ 25	新增

（2）周边单位：直属机能处、部、项目、课管理人数极少者，直接管辖员工，不设下级组织。

例如，35人以下者，不下设组织（特殊职能可以例外申请）。

5. 人力配置

间接人力的配置，按照直接间接比进行配置，避免人力浪费，如规定直接间接比最低标准为4 : 1。

6. 组织管理

（1）在目前管理基础上，对参谋职能单位施行双重管理，如各事业处人资既接受事业处主管领导，又接受总部人资处领导。

（2）制定各级管理者管理权限规范。

（3）后续组织新增或变更，必须经人资/经管共同把关审核，否则不予承认。

（三）部门各岗位名称设置规范

厂部/课级组织名称：

1. 直接间接生产单位

部级名称：成型生产部。

课级名称：设备管理课、专案管理课、生产一课等。

2. 周边单位

部级名称：人事行政部。

课级名称：人资规划课、薪酬绩效课。

二、岗位管理规范

在组织设置管理规范基础上，对岗位亦进行了相应规范。

（一）功能—部门—岗位识别

根据功能定义，在二、三、四级组织中，均能找到对应的部门和岗位，以具体的组织为中心（部—课—组—线），可梳理出与不同功能相对应的岗位设置，并汇总于表9-36内，以对岗位进行识别。

表9-36 功能—部门—岗位识别

单位名称	供应链管理处			所属功能大类	经营管理	
二级功能	三级功能	四级功能	岗位名称	部门—岗位识别		
				物控管理部	仓储管理部	物流部
供应链管理	物料控制	物控规划	物控规划师	●		
		物控管理	物控管理师	●		
		物控作业	物控作业员/师	●		
	仓储	仓储规划	仓储规划师		●	
	物流	全球物流作业	物流作业员/师			●

（二）岗位名称规范

岗位名称设置原则：

（1）岗位名称=课级或组级职能+职称。

（2）若岗位分工细，以组织机能无法区分岗位，则岗位名称=岗位机能+职称。例如：

生产单位：设备开发工程师、模具维修技术员、制造工程师、生产技术员等。

周边单位：人资规划管理师、薪酬绩效管理员。

表9-37为岗位职称分类。

（三）岗位信息表统计

在将岗位进行部门归属后，确定名称并将岗位职责、工作项目、岗位所需任职资格等进行简单描述，汇总于表9-38中（举例，内容节略）。

表9-37 岗位职称分类

单位性质	职称	职级范围
直接间接生产单位	助理技术员	不铨叙
	技术员	员1—员3
	助理工程师	师1—师2
	工程师	师3—师4
	高级工程师	师5及以上
周边单位	助理管理员	不铨叙
	管理员	员1—员3
	助理管理师	师1—师2
	管理工程师	师3—师4
	高级管理师	师5及以上

表9-38 岗位信息表

岗位名称	岗位工作项目	岗位工作职责	所需专业知识和技能	熟练程度	岗位级别
产品开发工程师	1. 产品制程评估与报价	1. 参与Concept Design并协助设计人员进行初步制程分析 2. 制造技术能力的评估，包含现有制造能力分析、外部资源分析、设备需求和其他资源需求分析 3. 主导3D Model或2D图面检讨并完成制程评估报告，提出改善意见 4. 产品的制造流程，产出良率及Cycle Time评估	1. 冲压及注塑模具结构，原理及常见问题分析 2. 金属、塑料零件的表面处理工艺 3. 相关组装技术 4. 具备一定的产品相关结构设计知识和制程开发能力	熟练	工程师2级—4级
	2. 产品制程验证，承认	试模，量试单主导及结果检讨，对策拟订	试模、量试作业流程	熟练	

（四）岗位说明书编写

由岗位从业人员制作、填写岗位说明书，经专案委员会和岗位所在功能单位主管确认后，即纳入人力资源管理流程中，作为人力招募、培训等依据（见表9-39）。

以上岗位管理几张表是建立岗位管理规范的基础，岗位设置、修订、更新、取消等必须使用这几张表来进行，用于岗位设计、岗位培训、岗位评估等人力资源管理。

表9-39 岗位说明书

岗位基本信息							20160823A版
岗位名称		岗位编码		所属部门		岗位性质	
所属职系		岗位应设资位范围		职等		管制系统	
岗位工作信息							
NO	工作项目	工作内容		所需专业知识及技能			
1							
2							
3							
工作评价							
NO.	评价指标			目标值			
1							
2							
3							
工作时间							
工作环境							
任职资格							
1	基本资格	学历:		专业:			
2	工作经历						
3	外语要求						
4	通用技能						

三、某制造处组织的设置

（一）制造处2009年经营成长策略目标内容

（1）目标（描述要明确/具体/可量化/可实现，要包含客户及产品）：2009年生产客户产品份额达50%，成为全国同行业第二大制造商。

（2）任务（为达成目标，需要我们完成哪些任务，是目标的具体延伸，要是关键任务，要细化可衡量）：产品份额：25%→50%；营业额增长30%；良率：75%→95%。

（3）行动方案（为了完成任务、达成目标需要展开哪些工作和行动）：引进新技术，以提升效率，降低成本，争取客户更多订单等。

（二）技术鱼骨图设计

依据目标任务行动方案，定出制造处技术鱼骨图，厂部再拆解厂部技术鱼骨图，如

图9-5所示。

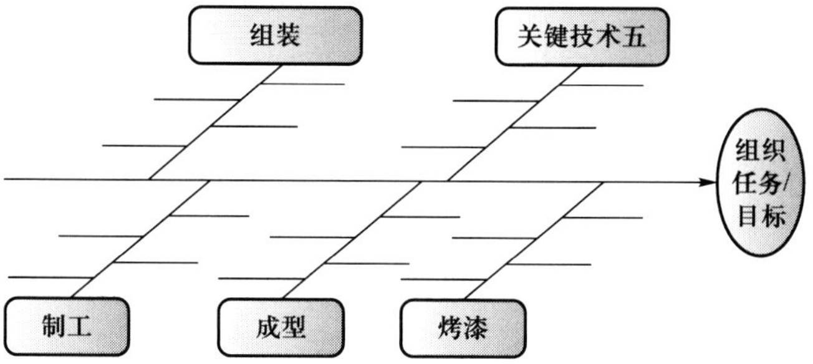

图9-5　制造处技术鱼骨图

（三）流程检讨

在技术鱼骨图基础上，从功能别确定业务和生产价值流程。

流程图上各个节点即为后续组织角色分工的业务。如某产品的设计制造流程为：产品设计→产品量试验证→产品承认→产品移转→物料设备采购→大量生产阶段→品质检验→入库→出货。

此简要流程各个业务点，即相对应为一个或多个作业部门。

（四）一级组织角色分工

制造处、机能处、直属部角色分工如表9-40所示。其中○表示主导，□表示协办，/表示无关。

表9-40　一级组织角色分工表

流程阶段	市场	设计产发	采购	制造处	品管	仓库	物流
产品设计	□	○	/	□	□	/	/
产品量试阶段	□	○	/	□	□	/	/
制造工程阶段	□	□	□	○	□	/	/
物料设备采购	□		○	□	□	□	□
量产阶段	□	□	□	○	□	□	□
品管阶段	□	□	□	□	○	/	/
入库阶段	/	/	/	□	□	○	□
出货	○	□		□	□	□	□

（五）二级组织角色分工

部级单位分工如表9-41所示。制造处作业流程为：制造工程→生产计划安排→成型→烤漆→组装→入库→出货。

表9-41 二级组织角色分工表

流程阶段	制工	企划	成型	烤漆	组装	仓库	物流
制造规范制定	○	□	□	□	□	/	/
排配生产计划	/	○	□	□	□	□	/
生产执行	/	/	○	○	○	/	/
产品入库	/	□	□	□	□	○	/
产品出货	/	□	□	□	□	□	○

（六）三/四级组织角色分工

以成型厂为例，课级单位分工如表9-42所示。

表9-42 三、四级组织角色分工表

一级角色	二级角色分工	三级角色分工	四级角色分工
制造处	成型生产部	生产课	生产组—线—岗位
		模具保养维修课	模具保养组—岗位 模具维修组—岗位
		生技课	生技规划组—岗位

综合以上，制造处组织规划及各生产部职责如图9-6所示。

总之，通过以上工作分析、组织设计工作及其结果应用发现，W公司取得如下效果：

（1）组织设置：目标量化/流程化/标准化，人力配置有章可循。

（2）专业部门化：生产单位中的周边职能归属事业处或事业群级相应周边单位，生产单位专心生产制造。

（3）组织精干：通过管理幅度规范化，有效减少管理人员，减少管理层级，管理高效。

（4）职能协调化：通过明确业务流程，在职能设置上强调横向协调配合，并列入部门绩效考评KPI中。

（5）岗位管理体系化：建立岗位管理规范。

（6）组织及人力盘点：W公司经过人力盘点，精实近10%，部门减少，管理干部亦减少。

在此基础上，专案组重新进行岗位说明书的制作，并纳入人力资源管理体系中。

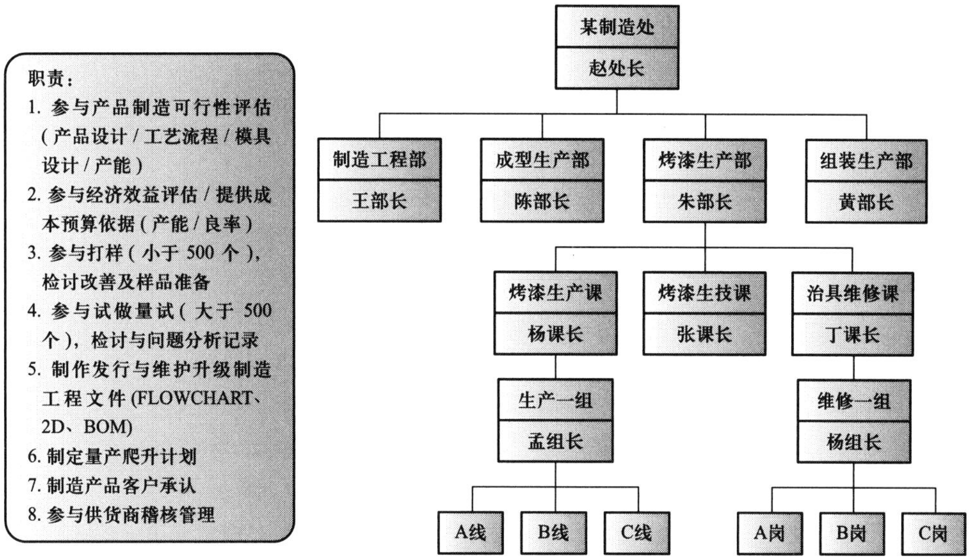

图9-6　某制造处组织结构

本章小结

W公司主要经营生产消费性电子产品。2008年，全球经济危机严重打击了W公司的A、B两大客户，二者共计占据W公司营收八成以上，使W公司经营面临困境。在此意义上，W公司决定采取工作分析与组织设计等一系列措施扭转颓势。

W公司成立了工作分析与组织设计专案组，并选择了两个下级部门进行试点，将收集的资料和各级主管填写的组织设置、组织职能、岗位职责的资料进行汇总分析。在工作分析与组织设计的过程中发现了W公司、厂部级以上组织、厂部级以下组织、岗位管理与人力配置、管理规范等多个方面的多个维度上的问题。针对这些问题，工作分析与组织设计专案组在呈报公司高层后，在第一次工作分析基础上，建立组织设计流程规范，确定组织设计作业原则，对组织岗位管理规范化，进行组织设计变革和岗位设计，并重新进行岗位说明书的编制，将之纳入人力资源管理体系，取得了工作分析与组织设计的预期效果，增强组织竞争优势，促进了W公司的可持续发展。

思考题

（1）工作分析发现W公司的内部管理存在哪些问题？

（2）如果是你负责W公司的工作分析，你还会增加哪些工作内容或采取哪些措施？

教学支持说明

建设立体化精品教材，向高校师生提供整体教学解决方案和教学资源，是高等教育出版社“服务教育”的重要方式。为支持相应课程教学，我们专门为本书研发了配套教学课件及相关教学资源，并向采用本书作为教材的教师免费提供。

为保证该课件及相关教学资源仅为教师获得，烦请授课教师清晰填写如下开课证明并拍照后，发送至邮箱：jingguan@pub.hep.cn或xiwei@hep.com.cn，也可通过QQ：525472494或QQ群：234904166，进行索取。

咨询电话：010-58581020，编辑电话：010-58581862。

证　明

兹证明________________大学______________学院/系第_________学年开设的___________课程，采用高等教育出版社出版的《__________》（__________主编）作为本课程教材，授课教师为_________，学生_____个班，共_____人。授课教师需要与本书配套的课件及相关资源用于教学使用。

授课教师联系电话：________________　　E-mail：________________

学院/系主任：________________（签字）

（学院/系办公室盖章）

20___年___月___日

图书在版编目（CIP）数据

组织设计与工作分析 / 萧鸣政, 张满, 张占武编著
. -- 北京 : 高等教育出版社, 2019.10 (2023.6 重印)
ISBN 978-7-04-052365-2

Ⅰ. ①组… Ⅱ. ①萧… ②张… ③张… Ⅲ. ①人力资源管理-高等学校-教材 Ⅳ. ①F243

中国版本图书馆CIP数据核字(2019)第161670号

组织设计与工作分析

ZUZHI SHEJI YU GONGZUO FENXI

策划编辑　奚　玮
责任编辑　奚　玮
封面设计　张　志
版式设计　张　志
责任校对　刁丽丽
责任印制　田　甜

出版发行　高等教育出版社
社　　址　北京市西城区德外大街4号
邮政编码　100120
印　　刷　人卫印务（北京）有限公司
开　　本　787mm × 1092mm　1/16
印　　张　19.5
字　　数　390 千字
购书热线　010-58581118
咨询电话　400-810-0598
网　　址　http://www.hep.edu.cn
　　　　　http://www.hep.com.cn
网上订购　http://www.hepmall.com.cn
　　　　　http://www.hepmall.com
　　　　　http://www.hepmall.cn
版　　次　2019年10月第1版
印　　次　2023年6月第4次印刷
定　　价　45.80元

物 料 号　52365-00